'When the hoary deep is roaring,
and the sea is broken up with foam,
and the waves rage high,
then lift I mine eyes
unto the earth and trees...'

– *Theocritus*

Magus, Leer & Ritueel
Auteur: © Benjamin Adamah
2018

v 1.3
Openingsbeeld: *'Stolas'* uit het *Dictionnaire Infernal* (editie 1863) van Collin de Plancy (1793 – 1881)
Vormgeving omslag en binnenwerk: Sylvia Carrilho, www.burokd.nl
Tekstcorrectie: Melvin Goudbeek, www.omecorrector.nl

ISBN 978-94-92355-36-2

VAMzzz Publishing
Postbus 3340
1001 AC Amsterdam
www.vamzzz.com
vamzzz@protonmail.com

MAGUS
LEER & RITUEEL

Benjamin Adamah

UITGEGEVEN DOOR
VAMzzz PUBLISHING, AMSTERDAM
MMXVIII

═══════

INHOUD

I. INLEIDING IN DE MAGIE   9
Magie en cultuur   *10*
Wat is magie?   *11*
De magische gelaagdheden of werkvelden   *14*
Korte ontwikkelingsschets westerse magie   *14*
Het magisch realiteitsbeeld   *16*
Het magisch kernproces   *20*
Chaosmagie   *22*
Magische basisbeginselen   *24*
Magische ethiek   *29*

II. TETRASOMIA (ELEMENTENLEER)   33
Vuur   *34*
Water   *35*
Lucht   *36*
Aarde   *37*
Magisch correspondentietabel Elementen   *38*
De Elementalen   *38*
De verborgen betekenissen van kleuren   *39*

III. ASTROLOGISCHE CORRESPONDENTIES (BASIS)   43
Waarom basiskennis van astrologie belangrijk is   *43*
De Zodiak   *45*
De klassieke planeten   *46*
Overige spelers   *47*

IV. KABBALA (BASIS)   51
Opbouw en werking van het kabbalistisch universum conform
   de oude planeetsferen   *51*
Plaatsing van engelen in hiërarchie en psychosfeer   *57*

V. ENGELEN-MAGIE 59

Coelestes *59*

De achtergrond van de engelenmagie via petities *60*

Een wonderlijke en lange geschiedenis *61*

Contact met engelen gebeurt psychosferisch *63*

Engelenmagie is "magisch downloaden" *64*

Praktische engelenmagie *67*

Gabriël *71*

Michaël *75*

Raphaël *79*

   Raphaël door Gabriël petities of contemplaties *81*

Haniël of Anaël *85*

Samaël *91*

   Twee Samaël-rituelen *94*

   Ritueel 1: huisexorcisme *95*

   Ritueel 2: Scheidingsritueel *97*

Sachiël *101*

Cassiël *105*

Uriël *108*

   Het Bliksemschicht-ritueel *109*

   Choronzon, Uriël's demon *110*

Over het materialiseren van geesten *111*

VI. DE GOËTIA OF KLEINE SLEUTEL VAN SALOMO 117

Twee soorten toepassing van de Goëtia *118*

Toepassing 1. De Middeleeuwse methode *121*

Toepassing 2. De moderne methode *122*

72 daemones van de Goëtia *123*

72 daemones van de Goëtia geclassificeerd naar rang *156*

Goëtische daemones in defensieve en offensieve magie *157*

VII. GEDACHTEVORMEN-MAGIE 159

Het Philip-experiment *160*

Gedachtevormen, constructs, tulpas, larven, egregors, familiars,
servitors, homunculi, e.a. *162*

Algemeen belangrijke Maan-regel voor de creatie van
alle scheppingsvormen *163*

De schepping van een servitor of servitor companion (familiar) *164*

Het werken met een gedachtevorm *167*

VIII. FASCINUM (HEKSERIJ)   169

Diana en Silvanus – heksen, vruchtbaarheid en het Heilige Bos   *169*
Bestond er een doorlopende heksencultus en Diana-verering?   *175*
Fascinum versus Habentis Maleficia   *180*
De Sabbat   *182*
Diana, Hekate, de Godin en de Maan   *187*
De 33 namen aanroep van Hekate   *190*
Pan en Wilhelm Reichs orgone psychosomatiek   *192*
De Familiar   *194*
Daemones van land, huis en vruchtbaarheid   *197*
Maan en natuur   *202*
Seksuele magie   *204*
Astraal reizen   *206*
Psychotrope middelen   *208*

IX. TRAINING   217

Energetische voorbereiding   *217*
Energetische theorie   *218*
1-Minuut voetreflex zelfmassage   *219*
De vier meridiaandrukpunten   *220*
De zelfexorcisme-chakraoefening van Igor Saveljev   *222*
Zonnestorm   *224*
De gouden licht – blauw schild oefening   *225*
Wu Chi   *226*
Yi Jin Jing – Changhai stijl   *228*
50 kniebuigingen (vrije squat)   *230*
Het samentrekken van het perineum   *230*
Vampier-oefening om uitputting door straling te voorkomen   *231*
Training van verbeeldingskracht   *232*
Training van focus (gedachtestilte)   *233*
Droombewustzijn   *233*

APPENDIX I. LITERATUURGESCHIEDENIS   235
APPENDIX II. BEGRIPPENLIJST   265

Pan werd gedemoniseerd tot Duivel en behield bokkepoten en horens.
'Huwelijk uit rijkdom door duivel gesloten' 1575-1609 door Jan Saenredam.

I. INLEIDING IN DE MAGIE

• Waarom en wat is magie • Magie en cultuur • Magische gelaagdheden of werkvelden • Korte ontwikkelingsschets westerse magie • Magisch realiteitsbeeld • Magisch kernproces • Chaosmagie • Magische basisbeginselen • Magische ethiek •

Waarom magie? Het kortste antwoord op deze vraag is: *Magie kan je uit een farce halen en je toekomst weer open zetten als alle andere middelen falen en zo je leven zich weer laten ontwikkelen volgens je eigen wil.* Phil Hine vatte in zijn boek *Condensed Chaos* perfect samen waarom magie ons zulke goede diensten kan bewijzen. Magie biedt:

• Een middel om je los te maken van de opvattingen en beperkingen waarmee je bent grootgebracht en die de grenzen bepalen van wat je zou kunnen worden.
• Manieren om je leven te onderzoeken; om gedrag, emotionele en gedachtepatronen te ontdekken, te begrijpen en aan te passen, wanneer ze je ontwikkeling en groei belemmeren.
• Toenemend zelfvertrouwen en persoonlijk charisma.
• Een verruiming van je perceptie van wat er mogelijk is, als je eenmaal je geest en je hart erop hebt ingesteld.
• De ontwikkeling van persoonlijke mogelijkheden, vaardigheden en percepties – hoe beter we de wereld zien, des te meer waarderen we dat de wereld leeft.
• Plezierige ervaringen. Magie is er ook om van te genieten.
• De kans om overeenstemmend met je wil veranderingen teweeg te brengen.

Persoonlijk zou ik hier nog aan willen toevoegen dat je er, door een jarenlange beoefening van magie en/of astrologie, steeds bewuster van wordt wanneer je echt de besturing van je leven in eigen hand hebt en wanneer *iets* die besturing probeert over te nemen of weg te drukken of te hinderen. Ter illustratie: letterlijk alle gevoelens en gedachten die je *niet* wilt hebben zijn *niet* van jou, maar worden door een andere wil ingegeven! In het gevolg van deze strekking zal in de loop der jaren, na veel vallen en opstaan, duidelijk worden hoe belangrijk (en beschermend) een *hoeveelheid extra energie* is! En verder, wat daarom met betrekking tot magiebeoefening, de vitale waarde is van qi-gong en aanverwante technieken om dagelijks die extra energie te laden. Dit laatste is iets wat je enkel gaat begrijpen door het te doen en te ervaren. Zoals je vinger in de buurt van een kaarsvlam "hitte" beter doet begrijpen, dan een 1000 pagina's tellend boek hierover.

MAGIE EN CULTUUR

Iedereen weet wat cultuur is, in de zin van het herkennen van verschillende culturen naast elkaar. In de diepste essentie echter is cultuur een specifieke verzameling uitingen, die voortkomen uit het onbewust oppikken van de zo-geheten genius loci, de ziel van een gebied. Een magiër is zich deze genius loci bewust, terwijl iemand die enkel uit gewoonte gevolg geeft aan culturele uitin-gen, de traditie alleen als iets symptomatisch kan bevatten. Folklore hangt een beetje tussen magie en cultuur in en kan naar de ene of andere kant zwenken.

Globalisering en economisering van de wereld drukt veel van de genius loci-invloed weg. Daarnaast maakt een veel te hoog levenstempo ongevoelig voor subtiele waarneming. Moderne culturele, subculturele of massaculturele verschijnselen wortelen dan ook niet, of slechts zeer marginaal, in de genius loci en zijn vooral geënt op *memen, gedachtevormen en indoctrinaties* vanuit politiek, industrie en media, of juist een rebellie tegen deze indoctrinaties (zo-als bij allerlei subculturen). Maar ook hier geldt dat de memen, gedachtevor-men en indoctrinaties bewust en context gerelateerd, door de magiër worden opgepikt en niet door de go-with-the-flow-massa. In deze lijn heeft de magiër overlap met de cultuurfilosoof.

Dwars door dit alles heen, dus door cultuur geworteld in de genius loci en door moderne culturen, bespeurt de astroloog de dominante energieën van de macrokosmos en met welke impact deze zich kunnen inbedden in de micro-kosmos (wereldactualiteit). Astrologie, zeker als basiskennis, is redelijk onmis-baar voor verdieping in de traditionele magie. De synergie tussen beide levert een scherpte van bewustzijn op, die zeer ver boven het default-bewustzijn in samenleving, politiek, wetenschap en mediawereld staat. De wereld van de magie is daarom van oudsher een wereld geweest voor mensen, die een inhe-rente drang voelden de ketens met deze "blinde-vlekken-samenleving", haar verstikkingen, zelfdestructieve trends, onzinnige taboes en beperkingen, te verbreken. De magiër heeft daarbij een besef van de grote, nog meer verborgen processen, stuwkrachten achter de dagelijkse realiteit en onderscheidt scherp de natuurlijke realiteit van de gemodificeerde werkelijkheid; zelfs die van een complete tijdgeest of evolutie. Ditzelfde magische instinct ligt ook aan de grondslag van alle vormen van divinatie, dus het vermogen te voorspellen hoe bepaalde processen zullen uitwerken. Astrologie, tarot, nigromantie, handlijn-kunde en geomantie zijn vanouds de meest gebruikte technieken hiervoor.

De hiervoor beschreven scherpte om de realiteit en onzichtbare realiteit te per-cipiëren, vrij van een door anderen opgelegde consensusrealiteit en daarmee vervlochten sociaal of persoonlijk gekweekte geloofssystemen, is de kracht van de magiër, door alle tijden heen. Cruciaal hierbij is zijn of haar vermogen om te snappen hoe de eigen geloofssystemen en gedachten twee verschillende dingen zijn. Dat een geloof (religieus, profaan, technisch, magisch, cultureel, filosofisch of persoonlijk, of herinnering en levenservaring gebonden) een grid is dat gedachten een bepaalde kant op stuurt en mogelijkheden beperkt. Degenen die dit boek praktisch willen gebruiken raad ik daarom aan om de methodes die ik aandraag gewoon letterlijk te benutten, zonder interpretaties en in vertrouwen. Ik heb met name waar het de engelenmagie betreft erg mijn best gedaan het "magisch erfgoed" in mijn systematiek zoveel mogelijk te onttrekken aan de blubberlaag van internet-ruis en fantasieën van channelaars met een "roeping", om deze oerkrachten weer echt te kunnen aanraken en in te zetten.

> 'We are all powerful beings who unfortunately
> have been taught to settle for a
> very limited slice of the reality pie.'
> – John Kreiter

WAT IS MAGIE?

Zoals men nooit een bevredigende definitie van religie heeft kunnen bedenken bestaat er ook geen alle lading dekkende definitie van magie. Ooit in het oude Egypte vielen magie en religie overigens samen in het begrip *Heka*. Goden konden net als mensen in goed en in slecht humeur verkeren. Was dat laatste het geval, dan hadden de Egyptenaren er geen zin in om daar meteen last van te krijgen, dus specialiseerden hun hogepriesters zich in praktische magie, die de schade beperkt moest houden.

Misschien moeten we terug naar die oude Egyptische insteek om in ieder geval de praxis van de magie zo scherp mogelijk te kunnen omschrijven.
• Magie kenmerkt zich in ieder geval door handelingen die *interactief* het "bovennatuurlijke" (metafysische) hanteren om effecten in de concrete, energetische of de psychomentale dimensie te bewerkstelligen.
• Binnen de chaosmagische revolutie en de opleving van interesse voor sjamanisme zou je magie ook als een volwassen gebruik van de gedachtekracht kunnen omschrijven, aangezien veel technieken, niets anders doen dan vermogens wakker schudden die latent in ons sluimeren, maar waaraan we nooit appelleren. (Onze tijd kenmerkt zich vooral door een mechanistisch

pragmatisme, hetgeen eigenlijk een soort status van kunstmatige achter-
lijkheid en geestelijke impotentie heeft opgeleverd.) Magische handelingen
binnen deze strekking kenmerken zich door het veranderen van de concrete
wereld en toekomst door actief te zijn in de *eigen binnenwereld,* wat de astrale
dimensie in wezen is. Deze eigen binnenwereld reikt echter van het persoonlijke binnen, tot het oneindige onpersoonlijke binnenmultiversum en alle
gradaties en dimensies daarbinnen.

Wat rituelen betreft zit er tussen veel vormen van rituele magie en religieuze
rituelen en gebeden in feite geen wezenlijk verschil. Ook de grens tussen magische en mystieke handelingen en praktijken is in hoofdzaak een overlapgebied.
Mystici beogen bijzondere ervaringen, kennis of stadia van zijn of activiteit op
te roepen, die via eenwording met een ander wezen, een andere dimensie of
psychosfeer wordt verkregen. Ofwel men bereikt dit door het zogeheten dubbel te projecteren en er in te reizen. Een tussenvorm vinden we in de rituelen
van de Benandanti en Malandanti (twee groepen NoordItaliaanse heksen) en
bij sabbattrips, waarbij psychotrope planten, zwammen of schimmels als ergot
of moederkoorn *(Claviceps purpurea)* werden gebruikt om de dubbel op een
specifieke wijze en in een specifieke seksuele conditie te laten uittreden.

Religie valt uiteen in de officiële staatsreligies en de verzameling traditionele
gebruiken, rituelen en geloofsovertuigingen, die door het volk zelf werden
voortgezet. Zo is momenteel nog steeds de juju een van de grootste religies ter
wereld, terwijl de meeste westerlingen er nooit van gehoord hebben. In Afrika
wordt een vertekend beeld geschetst van hoofdzakelijk christelijke en islami-
tische landen, terwijl in de laag daar onder, zeker in West- en Midden Afrika,
de juju (voorloper van voodoo en andere Afro-Caribische magisch-religieuze
afgeleiden) in de dagelijkse praktijk veel belangrijker is.

Staatsreligies hebben vooral een rol als ondersteuning van de heersende politieke machtspiramide. Eenzelfde rol die de natuurgeesten en goden en voorouders hebben in de juju, hadden deze tot laat in de 19e eeuw ook in Europa. Zie
hiervoor de fascinerende boeken van Wilhelm Mannhardt, (waarvan James
Frazer zei, dat hij zonder deze Duitse folklorist en mythologiekenner, nooit
zijn beroemde *The Golden Bough* had kunnen schrijven), Carlo Ginsburg en
meer recent, Claude Lecouteux.

Oud Europa dreef tot voor zeer kort op volksmagie en eeuwenoude voorchristelijke tradities en men blijft pogingen ondernemen dit de kop in te drukken.
Zo ondernam Rome meteen actie toen in de Renaissance veel klassieke goden,
vooral Pan, via de kunstwereld weer populair werden om de, door de kerk zelf

bewerkstelligde mutatie van Pan in de Duivel te redden. Zonder angst voor de Duivel immers geen kerkelijke macht! Zonder repressie met kunstmatige schuldgevoelens van zinnelijk genot en levensgeluk, geen behoefte aan piramidale repressiesystemen. Magie an sich heeft tegen een zelfde achtergrond nog steeds een slecht imago van duister, gevaarlijk, Satanisch, etc.. En de staatsreligieuze leiding heeft haar sloopwerk wat dit betreft dusdanig goed gedaan, dat ook heden ten dage nog jaarlijks zo'n honderd vrouwen als "heks" worden opgehangen, gestenigd, onthoofd (Saoedi Arabië) of verbrand (India). In Saoedi Arabië gaat het daarbij steeds om vrouwen die kruiden- of andere natuurgeneeskunde aanwenden en dus de farmacie in de wielen rijden.

Magie is als begrip net zo neutraal als "boek", "vloeistof" of "kunst". Pas zodra er positieve of negatieve aspiraties aan gekoppeld worden, gaan we het als opbouwend of vernietigend ervaren, los ervan dat ook vernietigen opbouwend kan zijn en opbouwen vernietigend kan uitpakken. Het ethische aspect zit dus nooit aan de magie zelf gekoppeld, maar aan de beweegreden deze kunst toe te passen. Al vanaf de vroege Oudheid bestaan beide toepassingen van magie, de opbouwende en vernietigende, naast elkaar en lopen de daarvoor aangeroepen wezens door elkaar zonder dat hun imago's al de fixaties in goed of kwaad, engel of demon, hebben die hen later in de geschiedenis ten deel vallen. Je komt bijvoorbeeld ook de namen van engelen tegen op loden en stenen vervloekingtabletten *(katadesmoi, tabella defixiones)*. Een magische techniek, die vooral in Ptolemeïsch Egypte zeer in trek was.

Hoewel (lees Mannhardt, Frazer, Lecouteux) het gros van de volksmagie noch eng, noch zeer geheimzinnig was (denk aan het paasvuur, de meiboom, groene tak in top huis in aanbouw, vuurwerk afknallen etc.) kleeft het mysterieuze sinds heugenis aan magie. In veel culturen waar het sjamanistische nog een overheersende rol speelt, kan mysterieus vaak vertaald worden met "ongrijpbaar voor het gewone volk". In delen van Afrika, Zuid-Amerika, Siberië, Azië en Australië kiezen tot aan vandaag sjamanen kinderen uit, die specifiek de kenmerken voor begaafdheid voor het sjamanisme vertonen, om hen verder op te leiden.

In Europa heeft vooral de mystiek veel bijgedragen aan het soort geheimzinnigheden, die nog steeds het aura vormen om de loges van de vrijmetselaars, rozenkruisers en andere occulte groepen. Het zelfstandig naamwoord *mustēs* (μύστης), wil zeggen "een geïnitieerde". Het woord mustikós (μυστικός) betekent "verbonden met de mysteries", of "privé, geheim", zoals in het modern Grieks. Het hele gedoe rond inwijding, mysterieus, esoterisch, geheimzinnig, heeft hier in belangrijke mate de oorsprong.

Daarnaast waren veel "magische kunsten" zoals bijvoorbeeld astrologie een broodwinning, waarbij astrologen enkel om die reden hun kennis geheim hielden. Dan werd het in de Middeleeuwen en ten tijde van de heksenvervolgingen letterlijk levensgevaarlijk om je met "magische zaken" of zelf maar met kruidengeneeskunde bezig te houden, wat geheimhoudingen bevorderde. Ook boezemen diverse magische verschijnselen veel mensen letterlijk grote angst in. Met name die welke de wetenschap – en het daarmee geïndoctrineerde realiteitsplaatje – tarten als veel voodoorituelen of tirauclairistische verschijnselen, dus het daadwerkelijk materialiseren van entiteiten. Tot slot is er de angst de ziel te verliezen bij mensen die streng religieus binnen een staatsreligie zijn opgevoed, welke magie doorgaans verbieden en veroordelen. In Exodus 22:18 staat die beruchte, extreem misbruikte zin, die meestal dubieus wordt vertaald met *"Gij zult geen heks (tovenares) laten leven"*.

DE MAGISCHE GELAAGDHEDEN OF WERKVELDEN

Binnen de kabbala onderscheidt men processen die tot de Vuur-, Lucht-, Water- en Aarde-Elementen behoren en rangschikt men deze hiërarchisch als Atziluth (Vuur), Briah (Lucht), Yetzirah (Water) en Assyah (Aarde). Magische operaties die op Atziluth en Briah gericht zijn, doen een beroep op respectievelijk theonische wezens (goden) en aartsengelen. Het gaat doorgaans om rituelen voor de lange of middellange termijn en onpersoonlijke doelen. Voor persoonlijke doelen kunnen deze wezens ook worden geïnvoceerd, maar dan dient dit om "ondergeschikte" c.q. meer verdichte wezens als engelen en daemones aan te sturen via hun supervisors in Briah en Atziluth. Bij een huisexorcisme, wordt (in het voorbeeld van dit boek) bijvoorbeeld de engel Samaël (in Yetzirah) aangeroepen als uitvoerder via Chamaël (in Briah) en Elohim Gibor (in Atziluth). Naar onze tijdservaring vertaald kan het weken, maanden tot enkele jaren duren, afhankelijk van het ritueel en doel, totdat het via Atziluth en Briah wordt voltrokken. Werken we direct in Yetzirah, dus met lagere engelen of daemones of Elementalen, gedachtevormen, servitors etc. dan kunnen de resultaten zeer snel komen als concrete gebeurtenissen, manifestaties, koersveranderingen in onze eigen concrete Aardse wereld (Assyah).

KORTE ONTWIKKELINGSSCHETS WESTERSE MAGIE

Maguš (spreek uit magoesj) komt uit het Oud-Perzisch en betekent magiër. De eerste keer dat op schrift van magie wordt gerept is tussen 522 en 486 v.Chr. in Perzië onder Darius de Grote en in diezelfde periode in Griekenland is het Herakleitos van Ephese, die de profane handelingen van magiërs veroordeeld. In de Oudheid kon magus of *mágos* (μάγος) ook staan voor "volgeling van

Zoroaster of Zara(n)tuštra", de legendarische Perzische profeet, of voor "char-latan, illusionist, bedrieger". In ongeveer de 6e eeuw voor Christus werd in Griekenland de oorspronkelijke chtonische, necromante en sjamanistische magievorm, de *goēteía* (γοητεία) vervangen door *mageía* (μαγεία) en *theourgía* (θεουργία). Naast de term magos en *góēs* kenden de Grieken nog de wonder-doener of *thaumatourgos* (θαυματουργος) en de heks of *strínx* (στρίγξ). Hekse-rij wordt later behandeld in het *hoofdstuk VIII Fascinum.*

Kort samengevat kwamen de verschillende magische disciplines hier op neer:
- *Goēteía*: vat de oudste Griekse magische praktijken samen, die vooral sja-manistisch waren, oorspronkelijk met de Aarde/Moedergodin(nen), hun daemones of Daktyloi (Δάκτυλοι) en de God Hephaistos verband hielden. Goēteía werkte daarnaast veel met necromantie, dus het raadplegen van de doden en Onderwereldkrachten.
- *Mageía*: kwam op in de 6e eeuw voor Christus en voegde astrologie, alchemie en enkele Zoroastrische elementen toe aan de goëtische basis.
- *Theourgía*: is magisch contact met goden, via extase en eenwording *(sustasis, henosis, anagoge).*

In de Renaissance werd goëtische magie geleidelijk identiek aan zwarte magie omdat deze, inmiddels al lang onttrokken aan haar matriarchale basis, nu vooral voor individuele eisen werd gebruikt, meestal voor rijkdom en macht. *Goëtia* werd als zwart tegenover *magia* als wit gezet. Goëtische wezens wer-den onder invloed van het christendom als "demonen" geïdentificeerd – lees: *gestigmatiseerd* – en hiermee begon een tot aan vandaag durend misverstand dat predikt dat de zwarte magiër met demonen werkt en de witte met engelen. In werkelijkheid ontwikkelt zich in Europa vanaf de 10e eeuw, met de publica-tie van het Arabische astromagische werk de *Picatrix,* geleidelijk een klassieke magievorm, die vaak werkt met twee elkaar aanvullende krachten, de engel en de deamon oftewel met meerdere wezens - "verdichtingsgraden" - van dezelfde planeetenergie. De instructieboeken voor het werken met deze wezens worden *grimoires* genoemd. Later integreert deze lijn van magie steeds meer met de kabbala.

De korte historie van de belangrijkste magische geschriften, aangevuld met kabbalistische werken en andere die een grote rol bij de hekserij speelden, vind je in *appendix I Literatuurgeschiedenis,* achterin dit boek.

HET MAGISCH REALITEITSBEELD

Realiteit is een kneedbaar begrip. Hoe je de realiteit ervaart is afhankelijk van talloze factoren, zelfs van je hormoonspiegel of caffeïnegehalte, en wisselt voortdurend. Ook door de geschiedenis heen zie je dat de consensusrealiteit (dat wat "we" algemeen als "realiteit" hebben afgesproken met elkaar en waarbinnen we een mainstreamcommunicatie voeren die daarop anticipeert) voortdurend wisselt. Realiteit houdt het midden tussen een Heisenberg-dingetje, een ongrijpbaar proces, een dictaat van bovenaf, een fascistisch soort automatische-piloot-gebeuren, een massaal gehanteerde default-illusie en iets dat gevoelsmatig voor geen meter klopt, ook al staat het in de krant. "Realiteit" is aan allerlei deformaties door officieel verplichte domheid onderhavig, zoals religieuze en politieke dogma's, serieuze uitspraken van mensen op tv, wetenschappelijk conservatisme en tegenwoordig Roviaanse realiteit *(Reality is what we (the USA) say it is, or we will bomb you)*. Stuk voor stuk blinderingen van de totaalrealiteit, dictatoriaal opgelegde kokervisies (en daarom een gedegen ondergrond voor verslavingen aan drugs en andere "kettingbrekers" uit het romantisch kamp).

Daar schieten we magisch gezien niets mee op. Wat we voor de magie zoeken is een basisrealiteit die intrinsiek geldig is. Kortom een realiteit, die ECHT blijft. Het spreekt voor zich dat dit een oerrealiteit betreft, met een oertaal en symboliek, die zich onder de, aan mode, trends, politiek, religies en mediagekte etc. onderhavige, consensusrealiteit bevindt. In die oerrealiteit vinden we alle wetten en inzichten om grip op het magisch opereren te krijgen (met effecten in die dagelijkse "realiteit").

In veel magische geschriften die zich ook met de metafysica bemoeien, vinden we zowel in het oosten als westen een soortgelijk model. Dit model impliceert twee fundamentele oerkrachten: *contractie* en *expansie,* ook uitgedrukt als vrouwelijk/godin en mannelijk/god, yin en yang, epistrofe (terugtrekken) en proödos (voortschrijden) en Water en Vuur. Deze twee krachten roepen elkaar (dialectisch-correlatief) in de verschijning en versterken elkaar overal waar het dynamisch evenwicht en dus de synergie tussen beide het hoogst is. Dan wordt de meest intense, werkzame, potente en grootste hoeveelheid orgone energie geproduceerd, ook Od, chi, qi, prana of sphota genaamd.

Er zijn diverse metafysische modellen ontwikkeld om bovenstaande schematisch in een vorm te gieten. De bekendste is de Boom des Levens uit de kabbala. Er bestaan echter ook soortgelijke modellen binnen het soefisme, de pythagorese leer, de zoroastrische leer, het tantrisch hindoeïsme en taoïsme. Het probleem met deze oude modellen is echter dat ze niet duidelijk uitleggen hoe de scheppingsgolf een eeuwig doorgaande zelfgenererende multiversale flow is, en hoe contractie en expansie twee stadia van dezelfde tijd/ruimte/energie/ protobewustzijnsstroom (spanda) zijn en niet elkaars tegenstander, zoals dit binnen de dualistische en monotheïstische religies wordt gehanteerd. In de oude modellen stroomt de schepping uit een punt en waaiert deze van archetypen en kernideeën uit, via allerlei verdichtingsgraden (de planeetgebonden hemelen in de middeleeuwse kabbala) tot een detaillerings- en stollingsveld in de concrete materiële realiteit. Vervolgens erkent men erosie en afbraak door demonen (de katabole energieën/intelligenties in de schepping), maar legt men nergens helder uit hoe uit deze afgebroken schepping automatisch (cybernetisch) een nieuwe ontstaat, d.w.z. ontstaan moet.

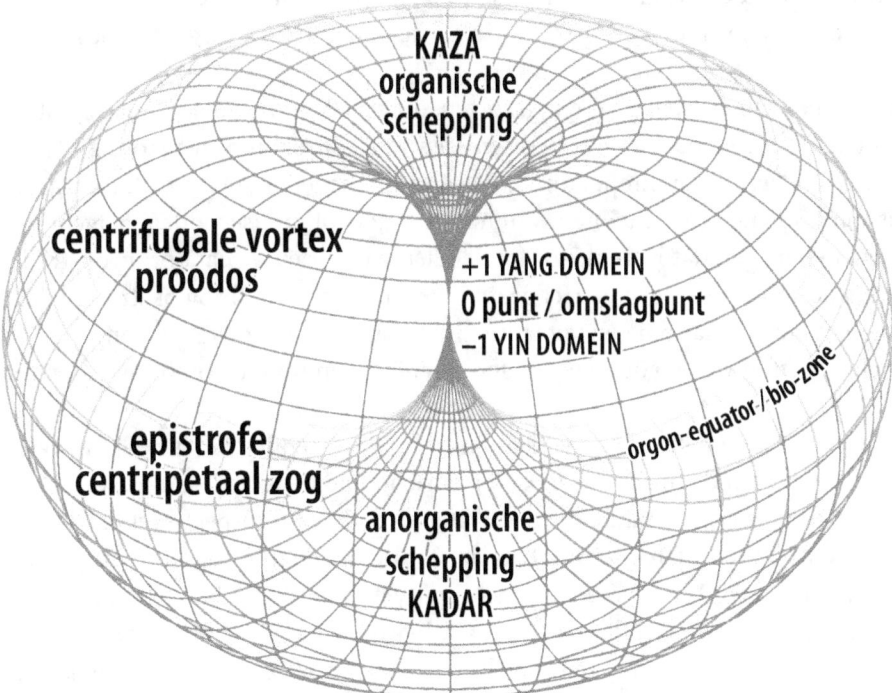

Met de Luriaanse torus (een torusversie, die ik ontwikkelde naar aanleiding van het tzimtzum-concept (contractie-expansie punt in het multiversum) van de kabbalist Yitzchak Luria, is dit echter eenvoudig uit te leggen.

Allereerst zien we twee interactiezones waar yin en yang elkaar raken. De eerste is een (metafysisch) omslag-(bifurcatie-)punt, exact in het midden van de torus. Het tweede is een fysisch raakvlak in de buitenwereld, die ik hier de orgon-equator heb genoemd. Die stroom of flow die door de synergie van yin en yang wordt gevormd heet in de tantrische leer spanda of universele kundalini. Van deze stroom zijn er twee. De ene stelt de natuurlijke of organische schepping voor en "begint" in het yang-domein, het punt waarin alle veelheid en diversiteit van het multiversum is besloten. Dit punt van veelheid en diversiteit bestaat, omdat het dialectisch-correlatief in verhouding staat met het punt waarin alle singulariteit en eenheid besloten ligt, het domein van yin. De drift van de mannelijke vurige, actieve energie, yang, om zich te verenigen met de vrouwelijke, waterige, passieve energie, yin vind je in de basis van ongeveer elke scheppingsmythe over de hele wereld. Echter, yin is niet echt passief, maar gedraagt zich ook volgens een "smachten van de materia", zoals dit door Aristoteles in zijn *Vier Oorzaken der Dingen-theorie* werd beschreven. (Zie mijn boek *Vamachara*, voor uitgebreide toelichting). Dit impliceert een tegenstroom, een tegen-spanda, anti-schepping, anti-kundalini, die Carlos Castaneda c.q. de Yaqui-indianen beschrijven als de opmars van anorganisch leven.

Aldus bestaan er twee scheppingsgolven, die op elkaar botsen en waarbij uit hun onderlinge botsing, in gebeurtenissen van aantrekking en afstoting (de Philia en Neikos van Empedokles) de eigenlijke schepping verwordt tot wat ze is van actualiteit tot actualiteit, van milliseconde tot milliseconde, onafgebroken. Een inzicht dat Herakleitos tot de uitspraak verleidde dat oorlog of strijd de vader van alle dingen is. Het gaat hier echter niet om oorlog of strijd in de moderne zin, maar om een voortdurend uitbalanceren van yin en yang, mannelijk en vrouwelijk, goddelijk en godinnelijk op en rond de orgon-equator.

Het yang-domein heet in de volksmond God de Schepper, het is het punt van de Demiurg. In de magische en kabbalistische traditie is dit YHWH, waarbij de letter Y staat voor Vuur, W voor Water en de H voor respectievelijk Lucht (dat wat Vuur en Water verbindt en laat communiceren) en Aarde, dat wat de interactie tussen Vuur, Water en Lucht spiegelt in het statische, onbeweeglijke en zo (in correlatie met de atman – want bewustzijn is altijd bipolair) geïndividualiseerd bewustzijn schept in alles wat over een wezen beschikt, van steen tot plant tot dier tot mens tot Coelestes. Dat wat Aarde kracht en kwaliteit van het statische geeft is het yin-domein. Waar de staatsreligies de intelligentie van dit punt als "Satan" demoniseren uit pure zwakzinnigheid of een politieke agenda, is het yin-punt simpelweg het punt van individuatie, zonder welk geen enkel goddelijk idee uit het yang-domein vorm zou kunnen krijgen of zich zou kunnen onderscheiden en er dus ook geen vorm van bewustzijn mogelijk zou zijn. Simultaan is het yin-domein het kernpunt van een vortex, een zog of draaikolk die uiteindelijk alle schepping van de orgon-equator doordrenkt, uiteen trekt, doordifferentieert, daarbij de oorspronkelijke organisatie ervan vernietigend tot er enkel een kwantitatief veld overblijft en de laatste kwaliteit (dat waarmee het ene zich van het andere onderscheidt) liquideert. Deze totale eenheid die nu ontstaat kan enkel bestaan bij wijze van een "metafysische milliseconde". Immers, eenheid KAN NIET op zichzelf staan zonder hiermee dialectisch-correlatief veelheid te scheppen. Aldus slaat yin in het midden van de torus om in yang, en zo schrijdt de schepping eeuwig en cybernetisch voort. Zien wij deze oerrealiteit niet en bewegen we ons uit een gevoels- en gezond seksueel geladen vitalistische realiteit naar een meer cognitieve, theoretische en snellere realiteit, dus dieper in het yangveld boven de orgon-equator, dan verklaart dit waarom vandaag de dag astrofysici het universum zien uitdijen, niet vanuit een punt, zoals de inmiddels failliete oerknaltheorie dicteerde, maar vanuit elk willekeurig punt (iets dat "onmogelijk" is, maar desondanks wordt waargenomen).

Het yin-domein is ook het domein van de Kadar, *de individuele wil*, net als het yang-domein ook het domein is van de Kaza, *de grote of universele Wil*. De magiër, opereert exact vanuit het raakpunt c.q. fusiepunt van de Kadar en Kaza. Dit punt kennen we als de atman (innerlijke Zon/god), de fractal van de paramatman (dat wat geen buiten kent – en dus niet verduisterd kan worden; vandaar de kabbalistische term *ain sof or*: oneindig licht).

Door van het yin-punt Satan te maken heeft men het natuurlijk begrip van kosmos, de interactie kosmos-mens-schepping en de realiteit compleet ge-deformeerd en een gigantisch veld van negatieve gedachtevormen en dito clusters geschapen met een survivalinstinct dat moeilijk te doorbreken is met intelligente, logische, realistische en humane versies van realiteit.

Binnen het Adonisme noemt men de toestand van voor de absolutistische, monotheïstische staatsreligies het Gouden Tijdperk, waarin God (Adonis) en godin (Dido) nog in een vreedzame, maar dynamische en vitale harmonie verkeerden, en zo ook de wereld. Ironisch werd in Oostenrijk zelfs door de overheid het streven van de Adonisten (Bardon, Musalam, Quintscher e.a.) als zijnde "satanistisch" verboden en lieten de nazi's veel aanhangers van deze leer in de concentratiekampen verdwijnen, inclusief oprichter Musalam, die de kennis oorspronkelijk uit Noordoost Afghanistan (Nuristan) importeerde. Magie is hiermee voor een deel een strijd van vitalisten tegen een doodscul-tuur (die van overheden, pers, religie en ideale-schoonzoon-aanhang). Magie komt in dit opzicht ook zeer dicht bij de grondslag van de oorspronkelijke hekserij (fascinum), die op en top vitalistisch is. Het probleem van de, door het machtssysteem, gedemoniseerde in plaats van geëmancipeerde Satan heb ik uitgebreid toegelicht in mijn werk *Vamachara*. Het is het kernprobleem van alles, in alles en inderdaad de blokkade van het Gouden Tijdperk (en de reden waarom het ultra-Amerikaanse Facebook je een week blokkeert als je iets post met een paar borsten, maar 350.000 volgers toestaat op een pagina gewijd aan gruwelijke *hollow bullets,* kogels waarmee je hoofden van door de media aangewezen vijanden uiteen laat spatten als rijpe meloenen. De op christelijk-oligarchische leest geschoeide basisfrustratie van de Amerikaanse samenleving en alles wat daaruit aan Weltschmerz voortkomt, bevindt zich psychosferisch onder de orgon-equator, in een zone waar negatieve yin heerst (overcontrole, zondebok-agressie uit seksueel-emotionele frustratie en een technocratie die emoties overruled en mensen verslaafd aan moord maakt). Een gezond seksleven houdt mensen teveel op de orgon-equator en dat is slecht voor elk uitbuitingssysteem, economisch en politiek. Maar dat terzijde en, met een pijnlijke knipoog naar de heksenvervolgingen, lood om oud ijzer...

HET MAGISCH KERNPROCES
1. Bij rituele directionistische magie
Aan de hand van de hiervoor uitgelegde Luriaanse torus kunnen we ons nu richten op het kernproces van een magische operatie volgens het directionismeprincipe; dus een ritueel, waarbij je een magisch commando geeft, als het ware gericht, naar eigen wil, een "steen" in het vijveroppervlak van tijd/ ruimte/energie/protobewustzijn gooit en de kringen precies daarheen stuurt waar je ze hebben wilt. De magisch rituele kernhandeling draait dus om het veranderen van je eigen realiteit. Realiteit ligt niet muurvast, maar vormt zich via resonantie met het waarnemingspunt van de realiteit en dus de homeostase (totaalsynergie tussen geest, gevoel, energie, lichaam en bewustzijn) van de waarnemend magiër. Nu heel simpel, de enige manier om zo'n steen goed in de vijver te werpen is:

1. In de voorbereiding een overload aan energie opbouwen. Doe de Yi Jin Jing-oefening *(zie hoofdstuk IX Training van dit boek)* 5 keer 's morgens en 5 keer 's avonds gedurende een week. Kom niet klaar in de tussentijd, put je niet overdreven uit met sport, laat drank staan en wees zeer matig met suiker.
2. Bepaal een geschikt moment en let op Maanfase en Maanpositie (bij Wassende Maan om iets opbouwends te starten; bij Afnemende Maan om iets kwijt te raken of te laten afnemen. Plan nooit iets bij Afhoudende Maan). Bij liefdesmagie, bij voorkeur Maan in Stier, Weegschaal (Venustekens) en/of in aspect met Venus, etc..
3. Exact weten wat je wilt en niet wilt. Je doet dus een deur DICHT en creëert een vacuüm dat kan volstromen met de realiteit die je wilt, waarmee je een andere deur *opent.* *

---

* Dit deur sluiten en openen ressorteert onder de godin Hekate, de godin van de magie.

4. 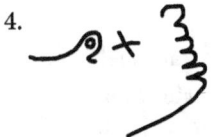 Je volledig te identificeren met je atman of innerlijke onsterfelijke Zon / solair-bewustzijn. (Het sigillum hiernaast symboliseert dat: Kadar X Kaza, waarbij jij je op het kruis bevindt.)

5. Het magisch commando geven. (Het is om het even of je hiervoor chaosmagie of traditionele magie gebruikt.)

6. Op commando onmiddellijk je handeling vergeten en afsluiten. (Het bekende iets de rug toe keren, zonder om te kijken. Komt in veel mythes voor, van *Lot* tot Jasons *Hekate*-ritueel.) Dit laatste is het moeilijkste, vooral voor beginners om de staat te kunnen oproepen, die John Kreiter *detached attachment* noemt. Als je dit achterwege laat voer je geen magische handeling uit, maar smeer je het commando uit in tijd en ruimte, waardoor het alle impact-energie verliest. Je commando moet staan als een zuil en niet oplossen in het grote realiteitsveld, anders heeft je magische operatie geen richting, geen inslageffect en geen inhoud meer. *

2. Bij sympathische magie

Sympathische magie werkt via resonantie, die wordt gecreëerd door een symbool te beïnvloeden dat een afspiegeling en representant is van het te beïnvloeden doel. Dit kan een voodoopop zijn, maar ook een foto van een gebied (bij ecotherapie). Bij sympathische magie is vooral het startmoment (astrologisch) belangrijk. Op commando vergeten is hier minder belangrijk, maar het combineren van rituele en sympathische magie is mogelijk en ook technisch interessant in het verlengde hiervan. Het is beter een opstelling voor sympathische magie om de zoveel tijd te onderbreken en te herstarten, dan onafgebroken te laten voortkabbelen.

Magie werkt het beste als verlengstuk van processen, werkzaamheden, doelstellingen, waar je in het concrete hier-en-nu al inspanningen voor verricht! Succesvolle magiërs, zijn succesvol omdat ze deze regel consistent toepassen. Financiële magie werkt bijvoorbeeld beter wanneer deze procesondersteunend dan sec en zonder dit afzetblok wordt ingezet. Een en ander heeft uiteraard ook te maken met de focus, die dan makkelijker is te behouden en te intensiveren. Je motivatie is bij ondersteunende magie immers al nauwkeurig gedefinieerd, en daarmee je bewuste standpunt in de handeling.

---

* Dit *vergeten op commando* facet is de belangrijkste reden waarom groepsintenties zelden of nooit zoden aan de dijk zetten (bijvoorbeeld heftige bombardementen direct nadat op dezelfde dag wereldwijd groepsintenties voor vrede werden gedaan zoals in 2016.). Het is als solitair opererend magiër al moeilijk om dit proces correct uit te voeren, maar met een groep zo goed als onmogelijk.

Chaosmagie

Chaosmagie is de populairste moderne vorm van magie en kan heel effectief zijn. Chaosmagie plaats ik hier bewust onder de paragraaf "Het magische kernproces" omdat deze techniek het kernproces van *directionistische magie* het minst gecompliceerd en meest direct in de praktijk brengt. Ik noemde Chaosmagie modern, maar de methode werd al gebezigd in de Oudheid waarbij speciale kokers werden gebruikt om bij mannelijke beoefenaars het orgasme (onderdeel van de chaosmagische handeling) te verlengen.

Chaosmagie is doodsimpel uit te leggen, maar minder eenvoudig uit te voeren, omdat ze toch wat training en beheersing vereist. Chaosmagie werkt meestal via masturbatie, waarbij het orgasme de schepping uit het yang-domein (zie torustekening hiervoor) nabootst en het magisch commando op die manier meteen van veel gerichte energie wordt voorzien door de uitstoot van jing-qi c.q. orgon c.q. verdichte en geïnformeerde sphota (de magische agens). Een klassieke chaosmagische operatie werkt als volgt:

---

1. Het beoogde te bereiken magische effect of doel wordt in één zin helder geformuleerd en in blokletters op papier gezet. De meest populaire is deze:

DIT IS MIJN WENS MEER GELD TE VERDIENEN

2. De zin wordt door het wegstrepen van woorden en letters, in een aantal stappen steeds verder verkleind en geabstraheerd, tot je er een paar overhoudt waarmee je een sigillum maakt dat zo de essentie van je wens bevat. Dit is maar een willekeurig voorbeeld en de zin hoeft uiteraard niet via dezelfde systematiek te worden ingekort als ik hier nu doe.

DIT IS MIJN WENS MEER GELD TE VERDIENEN
~~DIT IS MIJN WENS MEER GELD TE VERDIENEN~~
I I MJ WN ME GL T VRINN
~~I I MJ WN ME GL T VRINN~~
IJNELVIN
~~IJNELVIN~~
INLI
INL

3. De overgebleven letters vorm je op een creatieve manier samen tot een sigillum dat je wens nu als het ware in een symbool concentreert.

 Veel chaosmagiërs trekken tegenwoordig een cirkel om het sigillum, omdat men vermoedt dat, wanneer vaak van chaosmagie gebruik wordt gemaakt, het onderbewuste er op den duur een brij van maakt. De cirkels om de sigilli voorkomen dat deze – voor chaosmagische impregneringen van het onderbewuste – gebruikte symbolen elkaar gaan storen en elkaars werking opheffen.

4. Doordat er vanaf de formulering van de wens tot het abstracte symbool, het sigillum, een proces heeft plaatsgevonden van het min of meer verplaatsten van de wens naar het achterhoofd, zoals dit ook bij het Secret-mechanisme gebeurt, is de tijd nu rijp voor de finishing touch. Gebruik nooit door anderen ontworpen sigilli, want het gaat juist om het hele proces.

5. Het sigillum, dat nu je magische wens in abstracte intentievorm bevat, knip je uit. Je concentreert je erop, en op datgene waar het sigillum voor staat, waarbij het slim is te doen alsof je wens al gerealiseerd is. Je begint te masturberen, terwijl je op je wens gefocust blijft tot je een zo heftig mogelijk orgasme bereikt *(mind blowing)*. Direct daarna wordt het sigillum vernietigd en vergeten. Om deze laatste reden kun je het sigillum als hulpmiddel opzettelijk zo ontwerpen dat het moeilijk te onthouden is.

Net als bij een techniek als EFT gebruik je nooit woorden als *niet, nooit* of *geen* in je wens. Op een of andere manier kan ons onderbewuste ontkenningstermen niet verwerken en bereik je juist het omgekeerde. Het op commando kunnen vergeten is het moeilijkste aan chaosmagie. Het resultaat kan zich bij chaosmagie zeer snel aandienen. Een en ander hangt, behalve van chaosmagisch-technische factoren, sterk af van het realisme van je wens. Iemand die per se een roze opblaaseenhoorn van een Laplander cadeau wil krijgen, zal vermoedelijk bot vangen. Werken met gedachtevormen, zoals later in dit boek besproken wordt, is een methode die dezelfde of zelfs betere resultaten boekt dan de chaosmagie, met het grote voordeel dat je geen energie kwijtraakt aan een orgasme. Gedachtevormmagie wordt daarentegen vaak meerdere dagen tot soms enkele weken herhaald om het gewenste resultaat te verkrijgen.

Magische basisbeginselen

De magie, in welke vorm je die ook bedrijft, draait allereerst om tien kernbeginselen:

1. Geloofssysteem
2. Onthechte dominantie - onthechte verwachting
3. Psychosferisch bewustzijn
4. Focus
5. Solair/atman-bewustzijn
6. Verbeeldingskracht
7. Extra energie (Jing Qi)
8. (Zelf)integriteit en zelfkennis
9. Systeem-methode
10. Geheimhouding

1. Geloofssysteem

Je geloofssysteem is allesbepalend en heeft een maximaal Heisenberg-effect bij een magische handeling. De reden dat magie NOOIT werkt voor iemand die op een cliché westerse manier "kritisch test" of een zeker magisch ritueel werkt of niet, is omdat deze als uitkomst de selffulfilling prophecy bevestigd dat magie niet werkt, hetgeen blijkt uit een kritische test. In werkelijkheid is er niets kritisch getest, maar een toneelstuk van geforceerd zelfbedrog opgevoerd, doordat zo iemand simpelweg *krijgt* wat *hij vraagt, onder een vals voorwendsel.* Een magische handeling is nooit een test, maar altijd een creatieve daad met het tijd/ruimte/energie/bewustzijnscontinuum zelf als medium. Je eigen instelling is ALTIJD een hoofdonderdeel van het magisch proces. Tussen die instelling van je geloof en wil en de gewenste uitkomst, bestaat bij een correct uitgevoerde magische operatie eenzelfde soort relatie als tussen twee deeltjes binnen het – inmiddels bewezen – concept van quantum entanglement. Voor een westerling, opgevoed binnen de rigide en inmiddels deels achterhaalde denk- en perceptiedogma's van de Verlichting, kan het bijzonder lastig zijn een mind frame en mind focus eigen te maken die magie mogelijk maakt. Meestal gooit het kritische rationele, in werkelijkheid slechts met een kokervisie geïndoctrineerde, achterhoofd roet in het eten. Met de term geloofssysteem wordt overigens het eigen unieke geloofssysteem bedoeld, dat bij jouw past. Er bestaat geen hapklaar algemeen geloofssysteem of een daaraan gecorreleerde algemene waarheid. Zelfs de harde officiële wetenschap toont dat aan, doordat ze zich enkel met outliers en de onzinterm "wetenschappelijke consensus", dus enkel met onwetenschappelijke middelen kan legitimeren en handhaven. Met 7 miljard mensen die alleen al 7 miljard verschillende geboortehoroscopen bezitten, bestaan geloofssystemen en de waarheid enkel als gepersonifieerde variaties op de idee geloofssysteem en de idee waarheid.

2. Onthechte dominantie en onthechte verwachting

Onthechte dominantie wil zeggen dat je tijdens een magische operatie een resolute, zelfverzekerde, doelgerichte, dominante houding aanneemt, zonder dat je dominant bent in de vorm van dwingende machtsuitoefening over een wezen. Je bent als de Zon en handelt intrinsiek en niet als reactie op of ten opzichte van. Onthechte dominantie is samen te vatten als een staat van absolute zekerheid van slagen en angstloos handelen, vrij van elke twijfel.

Onthechte verwachting is de fase die direct volgt op onthechte dominantie. Je bent zeker van de uitkomst van je ritueel, zoals iemand die een steen in het stille oppervlak van een vijver werpt er zonder bij stil te staan, zonder hoop of verwachting, zeker van is dat de steen voortrollende kringen in het wateroppervlak zal veroorzaken.

3. Psychosferisch bewustzijn

Psychosferisch bewustzijn is het bewustzijn van de realiteit van verschillende psychosferen en archetypische krachten binnen de alledaagse realiteit. Veel mensen zullen kunnen onderscheiden of ergens een gespannen of agressieve sfeer hangt, of juist een plezierige en ontspannen sfeer. Of je nu tussen het publiek van een voetbalstadion op de tribune zit of in een willekeurig restaurant. Iets minder, maar nog altijd een grote groep voelt de sfeer van een locatie aan, ook zonder dat er andere mensen aanwezig zijn. Een zeer kleine groep is daarnaast getraind in het waarnemen van die sferen welke binnen het occultisme en de oude filosofie zijn benoemd, zoals de sferen van Aarde, Water, Vuur en Lucht of die van planeetkrachten of de werking van chakra's en edelstenen. En daarbij gaat het niet alleen om herkenning, maar ook om ze magisch te kunnen liëren aan emoties, gedragingen, ziektes, dieren, planten, landen, etc., en aan wezens als Elementalen, engelen, goden, daemones enz., tot een sfeer, waarbij hetzelfde psychosferische gegeven in verschillende gradaties of verdichtingen een ketting vormt. De Grieken noemden zo'n ketting een seira. De seira van het Element Vuur bevat o.a. het Vuurelement, opstijging, assertiviteit, visie, zicht, focus, hitte, droogte, creatie, initiatief, mannelijke energie, Elohym Gibor, Chamaël, Samaël, Barzabel, Mars, Zon, de tekens Ram, Leeuw, Boogschutter, de kleur rood, scherpe voorwerpen, hete dingen, vuur, messen, zwaarden, naalden, pepers, rode bloemen, doorns, droge gebieden, ijzer, de getallen 1 en 5, assertieve, proactieve, creatieve of agressieve mensen, enz.. Zo zijn er seirai van de hoofdsferen Vuur, Water, Aarde en Lucht en veel meer gespecialiseerde en toegespitste seirai, waarvan binnen het bestek van dit boek die van de oude planeten het belangrijkste zijn.

4. Focus

Focus is essentieel voor magie. Focus als aangehouden contractie van wil en uitkomstbeeld en focus in dienst van het vermogen bewust en op commando te kunnen vergeten, hetgeen essentieel is bij chaosmagie. Een focustrainings-methode vind je in dit boek in *hoofdstuk IX Training.*

5. Solair/atman-bewustzijn

In de meeste magische handelingen neemt de magiër een positie in gelijk aan die van de Zon, de bron van alle schepping. Dit gebeurt door middel van identificatie met wat in het oosten de atman wordt genoemd, de onsterfelijke levensvonk of kern in ons. Het totaalbewustzijn of objectief bewustzijn of god-delijk bewustzijn dat de paramatman wordt genoemd is het bewustzijn en de wil (Kaza) van *dat wat geen buiten kent.* Onze atman, of innerlijke Zon is het bewustzijn van *dat wat geen binnen kent,* de bron van de individuele schep-pingsdrang en wil (Kadar). De atman is een fractal van de paramatman en om nu in gewoon Nederlands over te gaan: bij een magische handeling identificeer je jezelf eerst volledig met de Zon, om vanuit die positie het magisch comman-do te geven. De planeetkracht/intelligentie die je oproept om je commando uit te voeren is sowieso onderdanig aan de Zon, omdat hij/zij deel is van de Zon, maar de Zon alle scheppende krachten bevat. Net als het witte licht alle kleurfrequenties bevat, die met een prisma zichtbaar gemaakt kunnen worden. Symbolen voor de Zon zijn de punt in de cirkel en het getal 666 dat staat voor het beginsel "Zon", de Zon, de aarding (daemon) van de Zon (YHWH Eloah BaDa'ath – Michaël – Sorath). De engelenorde behorend bij de Zon is die van de Malachim (koningen).

6. Verbeeldingskracht

Verbeelding betekent niet visualiseren, maar verbeelding met ALLE zintuigen. Zonder krachtige verbeelding slagen maar heel weinig magische operaties. Een verbeeldingsoefening vind je in dit boek in *hoofdstuk IX Training.*

7. Extra energie (Jing Qi)

Weggelaten in de meeste magieboeken, en de werkelijke reden voor een geadviseerde periode van seksuele onthouding in oude grimoires, is de nood-zaak om, voordat een magische handeling wordt verricht, extra energie op te bouwen. Wat wordt hiermee bedoeld? In de realiteit van alledag bevinden we ons als het ware ingebed in het energieveld van de actualiteit en zijn daarop afgestemd. We resoneren er mee. Om in die massaliteit van deze "energievlak-te" een substantiële verandering, volgens eigen wil, in gang te zetten en aan te brengen is extra energie nodig, analoog aan de wijze waarop een popzanger met een op een versterker aangesloten microfoon de aandacht van een paar duizend concertbezoekers op zich vestigt. Magie kent een medium dat Sphota wordt genoemd of Od (Duitsland). In het oosten bekend als Prana of Qi. Qi kent allerlei verdichtingsgraden, maar Jing-Qi of seksueel-fysieke Qi is het meest verdicht. Naar mate we ouder worden – binnen de ironie dat magie een kunst is die vrijwel altijd door mensen vanaf middelbare leeftijd wordt beoefend – raakt onze Jing-Qi, die we erven van onze (voor)ouders steeds meer op. Dit is de oorzaak van rimpels en zwakte en toenemende klachten. Jing-Qi uitputting heeft als oorzaken vooral seksuele ejaculaties, stress, zwaar werk, slaapgebrek, ziekte, slechte voeding en gebrek aan enthousiasme (Sjen-Qi). Je in een flow bevinden, dus een aanhoudende positieve energiestroom en proactieve instelling, die alles lijkt aan te trekken wat je nodig hebt, is in wezen een magische staat als gevolg van het feit dat enthousiasme (Sjen-Qi) een belangrijke booster is van Jing-Qi, en je vanuit die verhoogde Jing-Qi-staat, meer energie hebt dan het gemiddelde van de alledaagse energievlakte waarin je je beweegt, zodat iedere gefocuste gedachte bijna direct lijkt te materialiseren of te verwerkelijken. Je werpt eigenlijk voortdurend – en zonder er erg in te hebben, dus vanuit een staat van onthechte dominantie en verwachting – stenen in de tijd/ruimte/energie/bewustzijnsvijver en veroorzaakt daar kringen in. Indien je regelmatig in je leven deze flow staat hebt gehad, dan herken je meteen dat je tijdens die periode angstvrij was en nergens over piekerde, maar als het ware een staat van volautomatische doe-energie had bereikt. In dit boek zijn uitgebreide oefeningen opgenomen om de Jing-Qi op te voeren. Een aparte en of aanvullende manier is seksueel zeer actief te zijn zonder het tot een orgasme te laten komen. Adviezen over seksuele onthouding slaan niet op christelijke kuisheid en zonde-waanconcepties, maar op het opbouwen van extra energie. Deze extra energie is noodzakelijk voor vrijwel iedere vorm van magie met goed resultaat.

8. Zelfintegriteit en zelfkennis

Voor dit onderdeel verricht astrologie wonderen. In ons leven zijn verscheidene onderhuidse koersen actief. De Maansknopen-as geeft een karmisch patroon weer dat uit een soort uitbalanceren van twee tegenoverliggende krachten bestaat. De Zwarte Zon geeft aan wat de hoofdkoers is in de tweede helft van ons leven. De Zwarte Manen geven aan welke krachten/levensgebieden we volledig moeten internaliseren, omdat alles wat door anderen, de omgeving of van buitenaf, wordt aangereikt betreffende die krachten/levensgebieden, wordt geweigerd. Echter, je hoeft niet perse diepgaand astrologisch onderlegd te zijn om de wekelijke motivaties in jezelf te herkennen. Een keihard, nietsontziend, onaangepast antwoord geven op vragen als: Wat wil ik nu echt, met welke aanpassingen en veranderingen zou ik gelukkiger in het leven staan of mijn dagelijkse routine een stuk prettiger worden? Welke levensomstandigheden en welk werk, welke relatie, welke seksuele dynamiek etc., brengt je ook bij je werkelijke en diepste motivatie en je zelfintegriteit? Magie die de koers van de zelfintegriteit dient is tien maal sterker dan de terloopse magische truc om even het schip vlot te trekken. Magie op basis van zelfintegriteit kan helpen je leven structureel te veranderen en te verbeteren, omdat je de onderhuidse stuw van de Zwarte Lichten in je horoscoop (Maansknopen, Zwarte Zon, Zwarte Manen) en je magische handeling daarmee dus echt, authentiek en gepassioneerd wordt. Magische scholen en systemen, die veel christelijke of andere staatsreligieuze schuldcomplex & onderdanigheidsinvloed bevatten, zijn daarom sterk af te raden. Magie in dienst van persoonlijke verbetering is GEEN zwarte magie! In tegendeel; hoe gelukkiger je leven verloopt en hoe minder frustraties je hebt, hoe minder negatieve energie je naar de omgeving uitstraalt. Dat maakt de hele wereld beter!

9. Systeem/methode

Het kan van wezenlijk belang zijn, welk magisch systeem of welke magische methode of middelen je gebruikt. Houdou-olieën zijn zo divers, dat je ze elke dag voor iets specifieks ter versterking kunt aanwenden. Datzelfde geldt voor kaars- en wierookmagie of sommige amuletten. Het elke dag opvoeren en onderhouden van de Qi-niveaus is een aanrader. Maar voor grotere koerswijzigingen in je leven is doorgaans rituele engelenmagie of de consistente gedachtevormroutine nummer 1. En de daarmee uitgezette koers kan dan ondersteund worden met bijvoorbeeld de Goëtia en talloze andere middelen. Verder is lateraal en voor alledaags gebruik het scheppen en inzetten van Servitors, een aanrader. We onderscheiden dus ad hoc magie voor het snel oplossen van onwenselijke situaties of omgekeerd wensmagie, ondersteunende magie en levenskoersmagie. Magie die snel moet werken gebruikt Yetzirah, ofwel de meest verdichte astrale lagen en werkt daarom met daemones of Servitors of olieën. Lange-termijnmagie, die binnen enige maanden tot een jaar een structurele levenskoersverandering in gang moet zetten werkt in Briah en met engelen. Korte termijn magie wordt ook wel bullet effect magick genoemd.

10. Geheimhouding

Voor alle magische operaties geldt dat ze privé c.q. in het geheim worden uitgevoerd, er nooit foto's of opnames van worden gemaakt, de rituelen bij voorkeur op de begane grond of nog beter met voeten op de aarde worden uitgevoerd (of een vloer die direct met de bodem contact maakt) en hier niet over gesproken wordt en geen informatie van het ritueel of zelfs het dragen van een sigillum wordt medegedeeld met anderen. Dit doet het effect vaak teniet, omdat er een interruptie met ruisinformatie en energie interfereert met het door het ritueel in gang gezette proces.

MAGISCHE ETHIEK

We gaan hiervoor terug naar Perzië, waar de term *Magus* ontstond en de grondslagen van de westerse magie werden ontwikkeld. In de *Gathas* ziet Zoroaster de menselijke conditie als een mentale strijd tussen *aša* (waarheid) en *druj* (leugen, onnozelheid en chaos). Het concept aša is de fundering van de Zoroastrische leer en omvat *Ahura Mazda,* die het wezen van aša belichaamt, net als de schepping zelf, het existeren en de vrije wil. Het doel van de mens is, net als dat van de schepping, om aša te behouden, te onderhouden, te stimuleren en te verduurzamen. Dit middels actieve deelname aan het leven, constructieve gedachten, woorden en daden. Zoroaster benadrukt de individuele vrijheid om voor goed of slecht te kiezen, waarbij iemand volledig verantwoordelijk is voor diens daden. Door aša te stimuleren maken we deze kracht groter in onszelf en in de wereld. Deze activiteit wordt gezien als het proces van eenwording met de scheppende kracht van het goddelijke. Magische ethiek resoneert nog altijd met deze oude Zoroastrische visie.

'Vuur' met Salamander of Vuur-Elementaal, Adriaen Collaert 1580 - 1584

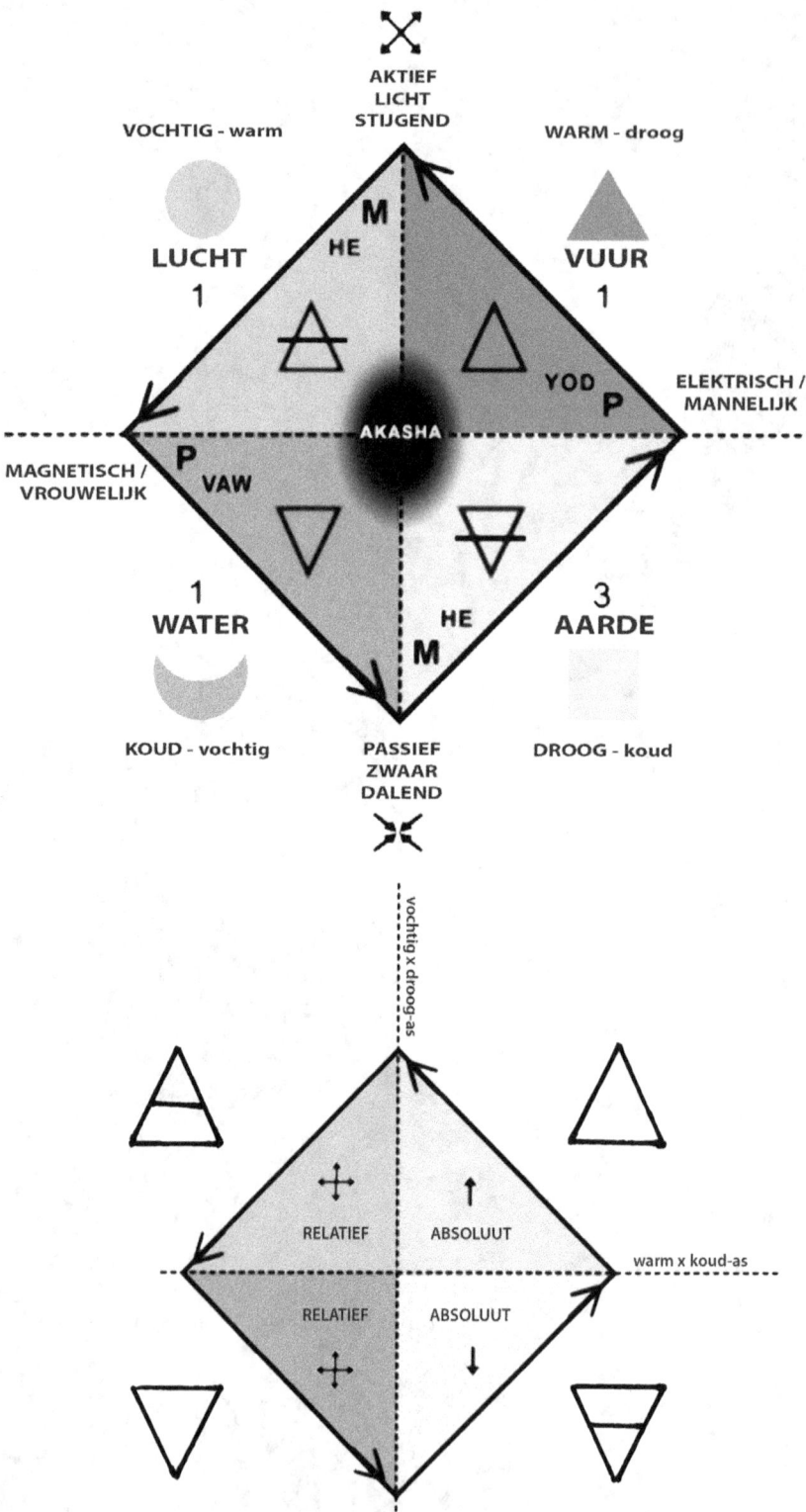

II. TETRASOMIA (ELEMENTENLEER)

• Vuur • Water • Lucht • Aarde • Magisch correspondentietabel Elementen •
De Elementalen • De verborgen betekenissen van kleuren •

De westerse Elementenleer kent de Elementen Vuur, Water, Lucht (het verbindende Element tussen Vuur en Water) en Aarde (de concretisering van alle Elementen). Daarnaast kunnen we het vijfde Element Ether of Akasha toevoegen, waaruit alle andere vier Elementen voortkomen en in terug kunnen keren. Omdat dit boek veel informatie inzake de traditionele magie geeft beperk ik me hier, anders dan in mijn werk *Vamachara*, sec tot de Tetrasomia, ofwel de leer van de Vier Elementen en ga hier meer praktisch dan metafysisch op in.

De traditionele manier om de Vier Elementen weer te geven is een driehoek met de punt naar boven voor Vuur, een driehoek met de punt naar beneden voor Water, een driehoek met de punt naar boven met een horizontale lijn in het midden voor Lucht en een driehoek met de punt naar beneden en doorsneden met een horizontale lijn voor Aarde. Daarnaast bestaan er diverse andere symbolen voor de Elementen.

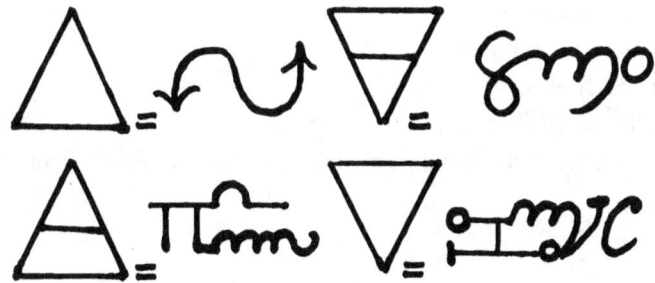

Oude symbolen voor de Elementen: links Vuur en Lucht; rechts Aarde en Water.

VUUR

opstijgend - warm - droog - snel - licht - mannelijk
Beweegt van binnen/heet naar buiten/koel

Positief Vuur:	*Negatief Vuur:*
verwarmend	verdrogend
initiërend	agressief
creatief	commanderend
assertief	destructief
pionierend	overhaast
energiek	zichzelf opbrandend
moedig	egoïstisch
onafhankelijk	trots
visionair	kortzichtig
vooruitstrevend	narcistisch
doelgericht	koersloos
sociaal	brutaal
beschermend	woedend

Het Vuur-Element in de fysieke wereld heerst over:

* de lichaamstermostaat; lichaamswarmte
* verbranding van voedsel; katabole processen; de mitochondria
* "apetite" en energie
* opwinding; de erectie; het oprichten van het lichaam
* koorts en ontstekingen
* de ogen; het zichtvermogen
* het ontwaken en waakbewustzijn
* hoofd, hart, dijbenen en heupen
* de zuurstofhuishouding
* rode bloedlichamen; bloed
* allergische reacties
* het uitscheiden zelf (bijv. van ontlasting)
* stresshormonen; adrenaline, noradrenaline, adrenochroom, acethylcholine, hystamine

WATER

richtingneutraal - koud - vochtig - traag - zwaar - vrouwelijk
Beweegt van buiten/koel naar binnen/heet

Positief Water:	*Negatief Water:*
verkoelend	bevriezend
vormgevend	angstig
ontvankelijk	eenzaam
kalmerend	emotioneel heftig
vitaliserend	leeglopend
stabiliserend	labiel
voedend	energiezuigend
empathisch	teruggetrokken
sensitief	apathisch
onthoudend	vergetend
begripvol	claimend
verstevigend	verslappend

Het Water-Element in de fysieke wereld heerst over:

* de vochthuishouding en vochtige interfacedelen van het lichaam
* het lymfesysteem
* het energetisch (dubbel Zelem); de jing-qi
* cyclische processen als eisprong
* seksuele vloeistoffen
* het nat worden van de vagina
* het hele urogenitale stelsel
* de blaas, huid, vochtig weefsel als lippen
* de buik en voeten
* lichaamsdelen met een bescherm/huis-functie zoals ribbenkast, baarmoeder
* de maag
* de slaap- en droomtoestanden
* verslavingen
* beenmerg
* rustig makende stoffen als melatonine, serotonine, cholinesterase, dopamine

Lucht

richtingneutraal - warm - vochtig - snel - licht - mannelijk
Beweegt tussen binnen/heet en buiten/koel in alle richtingen

Positieve Lucht:	*Negatieve Lucht:*
vrij(heidslievend)	gevangen in memes
inzichtelijk	blinde vlekken
intelligent	vooringenomen
evenwichtig van geest	ruzie zoekend
communicatief	onvolledig
beweeglijk	prekend
breed georiënteerd	slecht voorbereid
diplomatiek	met alle winden meewaaiend
productief	half werk, haastwerk
consequent	onbetrouwbaar
gevoel voor humor	massawanen
redenatie	gebakken lucht
nieuwsgierig	roddelend
grensverleggend	copy/paste-gedrag
verbindend	ontworteld
integer	onecht

Het Lucht-Element in de fysieke wereld heerst over:

* de ademhaling
* de longen
* alle processen waarbij gassen aanwezig zijn
* de beweeglijkheid van het lichaam
* armen en benen; handen
* de spraak- en gehoororganen
* het communicatief bewustzijn
* het zenuwgestel
* neurotransmitters
* de evenwichtsorganen
* de hormoonbalancering
* het uitzetten van organen (bv longen, hart) en strekken van spieren
* spieren die door aanspanning het lichaam groter maken als de triceps, rugspieren en vierhoofdige dijspier vallen onder Lucht

Aarde

dalend - koud - droog - traag - zwaar - vrouwelijk
Beweegt tussen buiten/koel en binnen/heet in één richting

Positieve Aarde:	*Negatieve Aarde:*
stabiel	afhankelijk
ausdauer	luiheid
concretiserend	overdreven perfectionistisch
logisch	conservatief
duidelijk	onduidelijk
bewustzijn	niet bewust
gezond tijdsbesef	onrealistisch
betrouwbaar	passief
kracht	overbelast raken
ambitie, groei	verharding
perfectionering	isolement
zelfbewustzijn	depressie
grondigheid	te zwaar op de hand
zekerheid	onzekerheid
hedonisme	schuldcomplexen
levenslust	geremd zijn

Het Aarde-Element in de fysieke wereld heerst over:

* het beendergestel
* het lichaamsgewicht en de stevigheid
* de smaak
* alle stabiliserende processen in het lichaam; rusttoestanden
* de levensklok (voorgeprogrammeerde levensduur)
* de cel klok (voorgeprogrammeerde levensduur cellen)
* erfelijke factoren
* het spijsverteringsstelsel
* de voeding
* de contractie van organen (bijv. longen, hart) en spieren
* spieren die door aanspanning het lichaam kleiner of compacter maken, zoals de biceps, borst- en buikspieren en hamstrings vallen onder Aarde

MAGISCH CORRESPONDENTIETABEL ELEMENTEN

	י	ה	ו	ה
Elementen	VUUR	LUCHT	WATER	AARDE
	Atziluth	Briah	Yetzirah	Assyah
	Goden (Theonische wezens)	Aartsengelen	Engelen / Daemones / Elementalen	Planten, dieren, mensen, mineralen
Element Heerser	Seraph	Cherub	Tharsis	Ariel
Element Koning	Djinn	Paralda	Niksha	Ghob
Elementalen	Salamanders	Sylphen	Undines	Gnomen of Pygmeeën
Aartsengel	Michaël	Raphaël	Gabriël	Uriël
Goet. Daemon	Gaap	Amaymon	Corson	Ziminay
Windrichting	Zuid	Oost	West	Noord
Vier Winden	Eurus	Aquilo	Zephirus	Auster
Zodiaktekens	Aries - Ram Leo - Leeuw Sagittarius - Boogschutter	Gemini - Tweelingen Libra - Weegschaal Aquarius - Waterman	Cancer - Kreeft Scorpio - Schorpioen Pisces - Vissen	Taurus - Stier Virgo - Maagd Capricornus - Steenbok
Temperament	Cholerisch	Sanguine	Flegmatisch	Melancholisch
Kwaliteiten	Lumen - licht	Diaphanum - transparant	Agilitas - beweeglijk	Sodalitas - solide
Mens	Ik / atman	Geest /Mentaallichaam / Jivan	Ziel / Dubbel / Astraallichaam	Lichaam
	Wil	Denken / cognitie	Gevoel / sensitiviteit / verbeelding	Perceptie

DE ELEMENTALEN

De Elementen Vuur, Water, Lucht en Aarde vormen ook aparte rijken, bewoont door aparte klassen wezens. Voor Vuur zijn dat de Salamanders, voor Water de Undines, voor Lucht de Sylphen en voor Aarde de Gnomi, Gnomen of Pygmeeen. Deze wezens kunnen worden geïnvoceerd en geëvoceerd (Zie *Vamachara*, voor een beschrijving van mijn evocatie van de Vuur-Elementaal Itumo.). Omdat Elementaalwezens zich dicht in onze sfeer ophouden zijn ze doorgaans vrij gemakkelijk te evoceren. Deze Natuur- of Oer-Elementalen spelen een doorslaggevende rol bij alle natuurlijke processen in de wereld, inclusief het demonteren van giftige moleculen, kortom het afbreken van vervuilende stoffen in lucht, bodem en water. Door zoveel mogelijk orgonzenders te verspreiden, op welke manier ook vervaardigd, help je deze wezens. Gebruik liefst natuurlijk materiaal. Je kunt een houten bakje tot de rand vullen met bijenwas of kaars-vet, verpoederde plantendelen, bergkristallen en metaalvijlsel of versnipperd metaalfolie (gebruik in verhouding ca. 60% schaafsel x 40% was/kaarsvet). Lijm of timmer er dan een dunne houten deksel op. Gebruik positieve Feng-Shui maten zoals 17 x 17 x 3 of 4 cm voor het bakje en plaats daarop, als je klaar bent een satellietfoto, die je met Google Earth gemakkelijk van de plek waar je woont kunt uitprinten; liefst zo scherp mogelijk afgedrukt. Je zult merken hoe dit insecten, dieren, planten ten goede komt en de "atmosferische stress" in het gebied iets verminderd. Elementalen kun je gewoon aanspreken en aanbieden wat je hebt gemaakt en om welke reden. Test het eens uit op je tuin!

DE VERBORGEN BETEKENISSEN VAN KLEUREN
ROOD LICHT (620 - 760 nanometer)
fysiologisch: verbetert de vasculaire tonus en de activiteit van tropische hor-monen, normaliseert cardiovasculaire activiteit, elimineert stagnatie. Bloot-stelling aan rood licht met een lage intensiteit van 630 nm (laser- of lichtdio-des) leidt tot de activering van het drainagesysteem van het oog en het hele lichaam; het versterkt tientallen keren de lymfedrainage! Het gebruik van deze kleur heeft zich bewezen bij de behandeling van bijziendheid, astigmatisme, retinale degeneratie, scheelzien en amblyopie bij kinderen.
energetisch: activerend, vitaliserend, erotiserend
chakra 1 (wortel)

ORANJE LICHT (585-620 nanometer)
fysiologisch: verbetert de bloedcirculatie, de spijsvertering, huidtrofisme, bevordert de regeneratie (herstel) van het zenuw- en spierweefsel, stimuleert de activiteit van geslachtsklieren, verhoogt de seksualiteit, verhoogt het niveau van neuro-endocriene regulatie, verhoogt de spierkracht. In de oogheelkunde is oranje licht effectief bij de behandeling van amblyopie, bijziendheid, oogze-nuwatrofie, degeneratie van het netvlies. Het wordt aanbevolen voor ouderen.
energetisch: vitaliserend, erotiserend
chakra 2 (seks)

GEEL LICHT (575-585 nm)
fysiologisch: stimuleert het maag-darmkanaal, de alvleesklier, de lever, ac-tiveert het autonome zenuwstelsel, produceert een reinigend effect voor het hele lichaam. Het verwijdert het gevoel van vermoeidheid en lethargie. Het is effectief voor amblyopie, scheelzien, optische atrofie, retinale dystrofie.
energetisch: mentaal activerend
chakra 3 (solar plexus)

GROEN LICHT (510-550 nanometer)
fysiologisch: harmoniseert, kalmeert, vermindert arteriële en intraoculaire bloeddruk, hartslag en hoofdpijn, verbetert het immuunsysteem, helpt toxinen te elimineren. Het is effectief voor glaucoom, spasmen van accommodatie, netvliesdystrofie, computer vision syndroom.
energetisch: harmoniserend, kalmerend, helend
chakra 4 (hart)

LICHTBLAUW LICHT (480-510 nanometer)
fysiologisch: kalmeert, heeft een antibacteriële werking, verlaagt de bloeddruk, hoofdpijn en eetlust. Het elimineert ontstekingen en is effectief bij bijziendheid, spasmen van accommodatie en ontstekingsziekten van de ogen.
chakra 5 (keel)

DONKER BLAUW LICHT (450-480 nm)
fysiologisch: heeft een controlerende werking op de hypofyse en het parasympathische zenuwstelsel; heeft antibacteriële eigenschappen; vermindert ontsteking en pijn. Het verjongt, verhoogt de creativiteit en immuniteit. Het is effectief bij de behandeling van ontstekingsziekten van het oog, glaucoom, staar, hoornvliesontstekingen en glasvocht.
energetisch: visualisatie en visie stimulerend
chakra 6 (derde oog)

VIOLET LICHT (380-450 nm)
fysiologisch: heeft een versterkend effect op de hersenen en ogen, helpt bij het produceren van gelukshormonen (endorfines), melatonine. Het verjongt, verhoogt de creativiteit en immuniteit. Het is effectief bij staar, uveïtis, hoornvlies-opaciteit.
energetisch: magisch, psychosferisch bewustzijn verhogend
chakra 7 (kruin)

III. ASTROLOGISCHE CORRESPONDENTIES (BASIS)

• Waarom basiskennis van astrologie belangrijk is • De Zodiak •
De klassieke planeten • Overige spelers •

Astrologie speelt amper een rol bij hedendaagse magiebeoefenaars. Eigenlijk is dat bizar omdat astrologische elementen samen met de Elementenleer, de oertaal van de magie vormen.

WAAROM BASISKENNIS VAN ASTROLOGIE BELANGRIJK IS

1. Kosmische oertaal

Allereerst geeft het astrologische psychosferisch palet een kosmische oertaal weer, die is vervat in symbolische termen. Deze taal is universeel. Om een voorbeeld te geven: het zodiakteken dat in Europa en Klein-Azië *Kreeft* wordt genoemd, heeft als belangrijke eigenschappen het terugtrekken en voorzichtig aftasten. Het teken is eigenlijk naar de heremietkreeft vernoemd, die zich snel in zijn schelp (huis) kan terugtrekken bij gevaar. Bij de Midden-Amerikaanse Indianen heette dit teken *"De Slang die achteruit beweegt"*. Hoewel er geen direct contact tussen de culturen onderling was, en de astrologie zich in zelfstandige culturele systemen ontwikkelde, percipieerde men toch het fenomeen achteruit bewegen of terugtrekken bij een bepaald gedeelte van de hemel, wanneer dit geactiveerd werd door Zon of Maan of een ander hemellichaam.

2. Een volwassen intelligentie

Ten tweede is een basiskennis van astrologie zeer handig om je niet spiritueel te laten beetnemen. Om een voorbeeld te geven: de christelijke religie is astrologisch uitgedrukt een mix van de negatieve aspecten van *Vissen* (lijden, opofferen, je van het wereldse keren, anti-vitalisme), *Maagd* (onderdanigheid en gehoorzaamheid en een afkeer van het sensuele, seksuele en hygiëne), *Boogschutter* (piramidale machtsstructuur opleggen) en *Steenbok* (Godsvrezendheid, soberheid, gedenk te sterven, regeren met angst in angst). Alleen de negatieve aspecten van die tekens heeft men aan elkaar gelast, niet de positieve. En voor het gemak van het kunnen opdringen van het christelijk dogma van God, heeft men de acht andere tekens en waar ze voor staan als grote kosmische krachten en intelligenties, gewoon geschrapt. Aldus ontstaat door te frauderen met het oergoddelijke (het natuurlijk goddelijke) een religie, die God enkel via het bizarre bovengenoemde filter van de negatieve (Vissen, Maagd, Boogschutter en Steenbok) interpreteerd. Hiermee worden automatisch ernstige spirituele, sociaalmaatschappelijke en psychische deformaties gecreëerd. De oude Grieken zagen het christendom nog objectief voor wat het werkelijk was: een doodscultus en doodscultuur. Tweeduizend jaar later heeft het christendom met haar expressievormen en geloofsbelijdenis zulke sterke gedachtevormen of tulpa's geschapen, dat binnen deze religie daadwerkelijk "spirituele" ervaringen worden opgedaan. Dit geldt ook voor andere staatsreligies als het boeddhisme, jodendom en islam. Al deze religies zijn anti-vitalistisch, tegen het leven zelf gekeerd en gericht op transcendentie en dood, hetgeen met de term "eeuwig leven" wordt gecamoufleerd. Het zijn onzinsystemen die zich perfect lenen voor een massabrainwash die elk gecentraliseerd machtssysteem goed uitkomt.

3. Zelfkennis, magische timing en sensitiviteit
Een derde reden is dat astrologie zeer behulpzaam is bij zelfkennis, magische timing, het verhogen van de magische waarneming en alertheid, een sensitiviteit voor psychosferica algemeen en de genius loci in het bijzonder.

4. Assisterend bij grimoires
Een vierde reden is dat deze kennis zeer behulpzaam is bij het bestuderen of praktisch werken met grimoires en magische operaties algemeen.

5. Astromagie volgens de Picatrix
Tot slot is een vijfde reden het maken van amuletten of sigilli volgens het *Picatrix*-systeem. Dit is een astromagisch systeem dat bij Agrippa von Nettesheim nog heel belangrijk was, maar in de loop van de eeuwen daarna is weggeëbd. Ten onrechte. Een amulet of sigillum is veel effectiever als het is gemaakt bij specifieke planeetstanden die corresponderen met het doel. Je maakt het amulet of sigillum dan op het exacte moment dat een belangrijk hemellichaam juist geaspecteerd is of bijvoorbeeld precies op de ascendant of midhemel staat. Het sigillum van de goëtische daemon Bune, erg belangrijk voor geldmagie, is bijvoorbeeld het beste te maken of in te wijden met een druppel bloed, als Venus sterk en positief geaspecteerd is en de asteroïde 1998 BU48 exact op de ascendant staat (en liefst goed geaspecteerd). Het sigillum heeft dan een fysiek-astrale link (een astrologisch tijdstip is een geboortetijdstip van mens of ding), met de psychosfeer van de daemon die met het sigillum wordt opgeroepen. Overigens verklaart dit ook waarom een sigillum dat aldus is gemaakt, eerst erg goed kan werken, maar later ups-en-dows kent. Omdat het een horoscoop heeft, is het aan actuele transits (planeet-aspecten) onderhavig en helaas ook de negatieve. Het is dan beter om een nieuw sigillum te maken.

DE ZODIAK*

Ram – heerser Mars
kenmerken:
+ leiderschap, vooruitstrevend, pionierend, zelfstandig, initiatief nemend
– prikkelbaar, agressief, brutaal, egoïstisch, ongevoelig, doen voor denken

Stier – heerser Venus
kenmerken:
+ betrouwbaar, zekerheid, empowerment, praktisch, natuurlijk, hedonistisch
– inert, niet flexibel, opvliegend, woedend, bezitterig, traag, koppig

Tweelingen – heerser Mercurius
kenmerken:
+ veelzijdig, contactueel, flexibel, snel, weetgierig, communicatief
– oppervlakkig, roddelziek, leugenaar, dief, nerveus, inconsequent

Kreeft – heerser Maan
kenmerken:
+ gevoelig, beschermend, huiselijk, zorgzaam, voorzichtig, fantasierijk
– claimend, overgevoelig, zorgelijk, lichtgeraakt, melancholiek, overbeschermend

Leeuw – heerser Zon
kenmerken:
+ zelfbewust, eerlijk, loyaal, creatief, royaal, warm
– overdramatisch, egocentrisch, theatraal, verwaand, te dominant, zelfoverschattend

Maagd – heerser Mercurius
kenmerken:
+ zorgvuldig, geordend, analytisch, gedetailleerd, spaarzaam, verzorgend
– onderdanig, overkritisch, kleinzielig, technocraat, bemoeizuchtig, kokervisie

Weegschaal – heerser Venus
kenmerken:
+ diplomatiek, charmant, zoekt schoonheid en evenwicht, goede smaak, intelligent
– besluiteloos, ijdel, contactarm, ruzie uitlokkend, onevenwichtig, ontrouw

---

* Voor een uitgebreid overzicht van alle facetten van de zodiaktekens zie mijn boekje
Complementaire Astrologie (VAMzzz Publishing 2018).

Schorpioen – heerser Pluto/Mars
kenmerken:
+ intens, ausdauer, vermogen tot loslaten, zelfregenererend, scherp, voltooiend
– sarcastisch, provocerend, ruzie zoekend, smerig, jaloers, absolutistisch

Boogschutter – heerser Jupiter
kenmerken:
+ opgewektheid, sociaal dier, doelbewust, avontuurlijk, leergierig, vrijheidslievend
– fanatiek, overmoedig, schijnheilig, religieuze dweper, mateloosheid, doelloos

Steenbok – heerser Saturnus
kenmerken:
+ praktisch, taai, volhardend, verantwoordelijk, ervaren, degelijk, betrouwbaar
– hard, gevoelsarme streber, ontevreden, overheersend, eenzaam, depressief

Waterman – heerser Uranus
kenmerken:
+ sociaalvoelend, onafhankelijk, vernieuwend, origineel, vrienden makend, grensverleggend
– wispelturig, excentriek, koud, gebakken lucht, extremistisch, autocraat

Vissen – heerser Neptunus
kenmerken:
+ invoelend, sfeergevoelig, opofferend, spiritueel, mystiek, menselijk
– slordig, afwezig, sideliner, zweverig, verlegen, te introvert

DE KLASSIEKE PLANETEN

Zon– Zelfexpressie, ik, kern, atman-connectie, drijfveer, wilskracht, macht, fysieke energie, vitaliteit, onafhankelijkheid, libido, man, mannelijk, vader, yang-energie.

Maan – Emoties, instinctieve reacties, absorptievermogen, psychische gevoeligheid, ontvangen, opvangen, onbewuste reacties, het doorwerken van jeugdervaringen in het volwassen leven, donker, vrouw, moeder, cycli, yin-energie.

Mercurius – Communicatie, praten, denken, leren, schrijfvaardigheid, integratieprocessen tussen onbewuste en bewuste informatie of prikkels via begripssystemen, willen begrijpen, snelheid, beweging, vaardigheid van de handen, alle vormen van "vertaling" en conversie.

Venus – Behoefte aan vrede en harmonie, verbinden, aantrekkelijkheid, schoonheid, gevoel voor esthetiek, liefde, binding aan partner, vrouwelijkheid, plezier, seksualiteit.

Mars – Doe-energie, actie, ondernemen, mannelijke seksualiteit, dadendrang, assertiviteit, moed, kracht, energie, survival mechanisme, handelen naar de eigen wil.

Jupiter – Expansie, optimisme, groei, uitbreiding, versnelling of vergroting, positieve ervaringen, idealisme, uitbreiding van bewustzijn, yang, big is better, religiositeit.

Saturnus – Beperking, angst, structuur, vorm, zwaartekracht, concentrische energie, afremming, soberheid, schaarste, grenzen en limieten, realisme, tijdsbesef, ouderdom, levenslessen, vertraging.

Uranus – Doorbraak, grensverlegging, uitbraak, de andere invalshoek, originaliteit of genialiteit, het nieuwe, het excentrische en excentrieke, vrijheidsdrang, revolutie, onafhankelijkheid, explosiviteit, het elektrische.

Neptunus – Verbeelding, visualisatie, inlevingsvermogen, voorstellingsvermogen, beelden, illusies, opgaan in sferen, het mystieke, rottingsprocessen, verval, fermentering, processen die naar eenheid streven, het universele, vaagheden, onduidelijkheden, verslavingen.

Pluto – Kernachtig, doordringend, penetrerend, scherp, duister, empowering, transformatie door implosie, diepe reflectie, diepe research, intense gevoelens, purgering, macht, transpersoonlijke processen, dood/verandering, beëindiging, fanatiek, obsessief, loslaten/vasthouden issues.

OVERIGE SPELERS

Maansknopen

De Maansknopen zijn rekenkundige punten die belangrijke karmische informatie geven. De Zuiderknopen bevatten het residu van vorige levens dat je bij de geboorte meeneemt en de Noorderknopen geven de richting aan waar je in deze incarnatie naar toe wordt gedreven.

Zwarte Manen

De Zwarte Manen zijn rekenkundige punten die in een huis aangeven wat je verwerpt en weigert van anderen aan te nemen omdat je het moet internaliseren. In een zodiakteken purgeren ze alle negatieve eigenschappen van dat teken. Ook maken ze diep bewust en zijn het deformatiepunten. Tegenover de Zwarte Manen liggen de Priapuspunten die een gebied markeren waar dingen meestal van een leien dakje gaan. Dit gebied wordt vaak als een soort overlevingsmodus gehanteerd ten opzichte van de lastige Zwarte Manen.

Zwarte Zon - Diamant

De Zwarte Zon geeft in het huis een levensgebied aan waarin anderen je niet wezenlijk kunnen beïnvloeden. De Diamant er pal tegenover is een punt dat aangeeft waar je in de tweede helft van je leven naar toe groeit, c.q. het levensgebied dat dan steeds belangrijker wordt ten opzichte van het gebied waarin de Zwarte Zon staat.

Draak - Beest

De Draak is een punt dat 90 graden voor de Noordermaansknoop staat en een punt van maximale vormkracht aangeeft in de horoscoop. Het Beest staat 90 graden voorbij de Zuidermaansknoop en geeft een punt aan waar de energie vrij is en geen vormkracht heeft.

Vertex

De Vertex en de tegenoverliggende anti-Vertex zijn punten die een soort onvermijdelijk lot aangeven, iets dat zich hoe dan ook wil manifesteren.

Aries-punt

0 Graden Ram geeft in de horoscoop een punt aan waar het astrale de materiële wereld binnenstroomt, ofwel het onbewuste het bewuste binnen treedt.

Asteroïden

Asteroïden zijn verdeeld over allerlei groepen fysieke hemellichamen, die evenals de klassieke planeten grote invloed in een horoscoop kunnen uitoefenen. Zie hiervoor de *Asteroïden-Gids* (VAMzzz Publishing 2017).

Vaste sterren

Vaste sterren kunnen net als asteroïden een dominante invloed op een horoscoop uitoefenen. Net als bij asteroïden moet de aspectering met planeet of huiscusp nauw zijn, liefst binnen een graad.

'Astrologie', Nicolas Bonnart, naar Robert Bonnart, 1647 - 1718

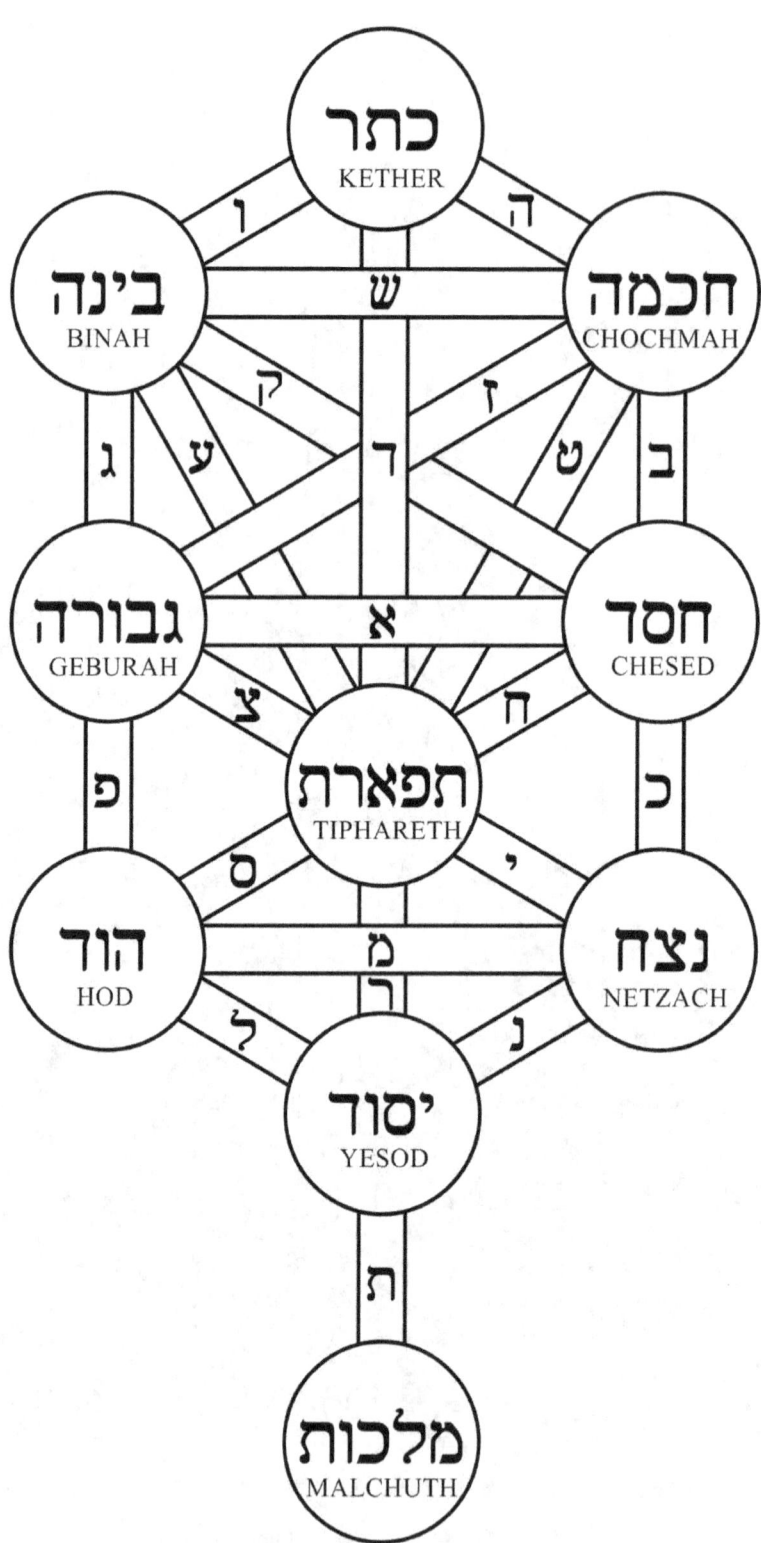

IV. KABBALA (BASIS)

• Opbouw en werking van het kabbalistisch universum conform
de oude planeetsferen • Plaatsing van engelen in hiërarchie en psychosfeer •

De kabbala of mystieke joodse traditie speelt een enorme rol in de Europese magische traditie, maar dan vooral als grabbelton voor magische trucjes, rituelen en mystificaties. De hele kern van de zaak gaat hierbij verloren; de tederheid naar leven, schepping, het leren begrijpen van de essentie van het menselijk drama en het in stand houden van de levensstroom *(chay)* door vastzittende energie te bevrijden en de synergie van energieën binnen ons energetische universum te herstellen *(tiqqun)*. Een enkele kabbalistische meester bereikte enkel op deze basis de status van een Ba'al Shem Tov (Heer van de Goede Naam).

OPBOUW EN WERKING VAN HET KABBALISTISCH UNIVERSUM CONFORM DE OUDE PLANEETSFEREN

Binnen de kabbala beschikken we over een instrument dat ontstaan is in Mesopotamië, onder sterke astrologische invloed – op basis van nog oudere sjamanistische tradities – en dat binnen de joodse cultuur is geëvolueerd tot de *Etz HaChayim* of kabbalistische *Levensboom.* De Levensboom is in essentie een symbolische grafische voorstelling van een verzameling planeetenergieën, die zowel volgens een yin-yang beginsel als een hiërarchische emanatiemodel zijn gerangschikt. Een emanatiemodel wil zeggen, een model dat een patroon van verdichting van de scheppingsgolf weergeeft van de binnenwereld (astrale en transastrale dimensies) naar concrete manifestatie in de buitenwereld.

In de kabbala zijn de verdichtingsgraden *Atziluth* (theonische of godenwereld van superarchetypische krachten en wezens), *Briah* (de aartsengelenwereld), *Yetzirah* (de wereld van engelen, daemones en Elementalen) en *Assyah* (de concrete aardse wereld van wordingsprocessen, waarin alle vier de Elementen zich concreet manifesteren). Atziluth correspondeert met Element Vuur, Briah met Lucht, Yetzirah met Water en Assyah met Aarde.

De Sephiroth of planeetsferen in de Levensboom zijn archetypische dimensies, een soort bouwstenen van het grote universum, dan wel alle denkbare universa. Deze worden aangeduid met de term Sephiroth, het meervoud van Sephirah, wat *getal* betekent. Echter geen getal in de kale, exacte betekenis, maar *getal* als een zeker logisch en betekenisvol element. Meestal worden er 10 Sephiroth onderscheiden, maar in de loop van de geschiedenis is hier een extra Sephirah bijgekomen: *Da'ath*. De reeks in aflopende volgorde is dan: Kether, Chochmah, Binah, Da'ath, Chesed (of Gedulah), Gevurah (of Geburah), Tipareth, Netzach, Hod, Yesod, Malchuth. Tussen al deze psychosferen zijn onderling verbindingen mogelijk, welke een zelfde nieuwe sfeer scheppen als de combinaties van twee planeten. Om arbitraire redenen zijn, binnen de joodse traditie, de 22 letters van het Hebreeuwse alfabet aan 22 paden, dus bruggen tussen twee Sephiroth, gekoppeld. Later hebben Engelse occultisten, eveneens arbitrair, de *22 grote Arkana van de Tarot* aan de Levensboompaden gekoppeld. Gareth Knight, een Brits occultist in de traditie van Dion Fortune schreef hier een dik boek over. Indien je dit als een geloofssysteem adopteert is hier interessant werk mee te verrichten. Het is echter niet noodzakelijk deze visie te hanteren en je zou veel meer naar de pure essenties terug kunnen keren, alsook de paden van de Levensboom kunnen verrijken met extra paden of een ander model Levensboom, zoals ik in mijn boek *Vamachara* heb gesuggereerd. Omdat ik in *Magus* redelijk veel aandacht besteed aan de klassieke middeleeuwse methode van rituele engelenmagie, geef ik hierna een klassieke indeling van *10 Sephiroth,* met die bijbehorende informatie welke specifiek nuttig is bij deze magievorm. Het onderstaande overzicht is in hoofdzaak georiënteerd op het werk van Dr. Thomas Rudd.

1. Rashith HaGilgalim – (de oorzaak achter, of het begin van, alle cycli, wentelingen, draaiingen van planeten om sterren etc., maar ook het verplaatsen van de ziel zelf in al haar transmutaties, waaronder dat wat Jung samenvatte als God wil mens worden, de mens wil god worden, dus de interactie tussen objectief en subjectief bewustzijn in een poging tot synergie te komen).
Sephirah: **KETHER**
Engelorde: **Chayoth HaQodesh** (Engelen met het uiterlijk van gevleugelde versies van de vier vaste tekens Stier, Leeuw, Adelaar [= Schorpioen] en Waterman).
Hoofdengel: **Metatron**
Extra betekenis: **Bruidegom** (absoluut objectief bewustzijn dat zich wil subjectiveren)

2. Mazloth (Zodiak) – vertegenwoordigt de macrokosmische archetypen en bouwstenen
Sephirah: **CHOCHMAH**

Engelorde: **Ophanim** – De Sferen, Wielen, Wervelwinden
Hoofdengel: **Raziël**
Extra betekenis: **Ab** – Vader/God

3. Shabbathai-SATURNUS

kleur: ZWART (S.Y. = volgens Sepher Yetzirah)
hemel: (Saturnus-sfeer) **Araboth** (ערבות, Aravoth): De zevende hemel onder
toezicht van Cassiël. Volgens de Talmud de locatie van de Troon van God, met
onder de troon de verblijfplaats van alle ongeboren menselijke zielen.
Sephirah: **BINAH**
Engelorde: **Aralim/Erelim** – de Waardigen, de Moedigen
Hoofdengel: **CASSIËL**
Extra betekenis: **Imma** – Moeder/Godin

4. Tzedeq-JUPITER

kleur: BLAUW (S.Y.)
hemel: (Jupiter-sfeer) **Zebul**. Zebul (זבול): De zesde hemel valt onder de juris-
dictie van Sachiël.
Sephirah: **CHESED**
Engelorde: **Chashmalim** – De Elektrisch Vonkenden, de Amberen of Barn-
steenkleurigen
Hoofdengel: **SACHIËL**

5. Madim-MARS

kleur: ROOD (S.Y.)
hemel: (Mars-sfeer) **Machon. Makon** (מכון, Makhon): De vijfde hemel staat
onder het bestuur van Samaël. Het is ook waar de Ishim verblijven, ofwel mee
in contact staan via menselijke moed:
   1: *Shalishim - Adjudanten*
   2: *Parashim - Ruiters*
   3: *Gibborim - Machtigen, Sterken, Strijders*
   4: *Tseba'im (Tzeva'im) of Tseba'oth (Tzeva'ot) - Heerscharen, Menigten*
   5: *Gedudim - Troepen die tegenstanders op eigen terrein aanvallen*
   6: *Memunim - Afgevaardigden, Luitenanten*
   7: *Sarim - Prinsen, Commandeurs, Hoofdmannen*
   8: *Chayalim - Legers, de Soldaten*
   9: *Mesharethim - de Dienaren, Ministers*
   10: *Malachim - Boodschappers (Engelen), de Koningen*
   11: *Degalim - Bataljons, Vaandeldragers*
   12: *Sabbalim - Dragers van lasten*
Sephirah: **GEVURAH**

Engelorde: **Seraphim** – de Brandenden, Vurigen of Vlammenden
Hoofdengel: **SAMAËL**

6. Shemesh-ZON

kleur: GEEL (S.Y.)
hemel: (Zonne-sfeer) **Machen** of **Maon** (מעון): De vierde hemel wordt geregeerd door de Aartsengel Michaël, en volgens Talmud Hagiga, bevat deze het
hemelse Jeruzalem, de Tempel en het Altaar.
Sephirah: **TIPHARETH**
Engelorde: **Malachim** – Koningen, Boodschappers
Hoofdengel: **MICHAËL**

7. Nogah-VENUS

kleur: GROEN (bovenste ooglid S.Y.)
hemel (Venus-sfeer) **Sagun** of **Shechaqim** (שחקים): De derde hemel, onder
leiding van Anaël (Anahel, Haniël), dient als het huis van de Hof van Eden en
de Boom des Levens; het is ook het rijk waar *manna*, het heilige voedsel van
engelen, wordt geproduceerd. Het Tweede Boek van Henoch stelt dat zowel
het Paradijs als de Hel in Shehaqim gehuisvest zijn. De Hel ligt hierbij aan
de noordelijke kant van deze hemel. Shechaqim/Netzach is een oort dat lijkt
te zijn ontworpen door de schilders Fragonard en Boucher. Alles bestaat uit
indrukwekkende landschappen van rotsen, bergen, oude bossen, waarbij bijna
elke plek met bloemen of groen is overdekt in een onvoorstelbare onaardse
weelde en overdaad. De wezens van deze sfeer zijn overwegend vrouwelijk en
de lucht is warm vochtig, maar niet broeierig, terwijl er een geur hangt die veel
lijkt op een mengsel van meidoornbloesem, vlierbloesem en bijenwas.
Sephirah: **NETZACH**
Engelorde: **Elohim** – Goden, Godinnen
Hoofdengel: **HANIËL/ANAËL**

8. Kokab-MERCURIUS

kleur: RUIT-motieven (onderste ooglid S.Y.)
hemel: (Mercurius-sfeer) **Raqia/Raquie** Raqia (רקיע): De tweede hemel wordt
gecontroleerd door Zachariel en Raphaël. Het was in deze hemel dat Mozes
tijdens zijn bezoek aan het paradijs de engel Nuriel ontmoette die *"300 parasa-
den hoog stond, met een gevolg van 50 myriaden engelen, allemaal gevormd uit
water en vuur"*. Raqia wordt ook beschouwd als het rijk waar de gevallen engelen worden opgesloten en de planeten op hun plek worden (vast) gehouden.
Sephirah: **HOD**
Engelorde: **Beni Elohim** – Zonen van de God(i)(e)n(nen)
Hoofdengel: **RAPHAËL**

9. Levanah-MAAN

kleur: WIT (S.Y.)

hemel: (Maan-sfeer) **Shamain**, **Vilon** (וילון) of **Araphel** (ערפל): De eerste hemel, geregeerd door Aartsengel Gabriël, bevindt zich het dichtst bij de sfeer van de aarde.

Sephirah: **YESOD**

Engelorde: **Cherubim** – Waarschijnlijk sfinxachtige wezens (van het Akkadische kāribu kurību, half dier (stier, leeuw) half mens met vleugels, verwant aan het uiterlijk van de Chayoth HaQodesh)

Hoofdengel: **GABRIËL**

10. Cholom Yesodoth

10. Cholom Yesodoth – Wordt abusievelijk vertaald met de Sfeer der (4) Elementen. De juiste vertaling is evenzeer complexer als interessanter. De Semitische woordstam CHLM (ChaLaM) betekent zowel vleesgeworden, of in vlees manifesterend, als vlezig, krachtig of gezond zijn, als mild, week en zacht zijn. YSWDWTh (Yesodoth) breekt het begrip Yesod, de Maan-sfeer (Sheldrake's morfogenetisch veld) op in afzonderlijke delen, kortom in memen, gedachtevormen. De term Cholom Yesodoth slaat dus op het symptomatische aspect van Olam Ha-Malchuth (de Manifeste Aardse Wereld), op de vleesgeworden schepping, c.q. de biologische (en mineralogische) uitdrukking van theonisch, archangeloisch, angeloisch en daemonisch bewustzijn, geïndividualiseerd in soort en uniek wezen/uniek mineraal.* Cholom Yesodoth fuseert dit aan zacht, mild, week en de meest correcte vertaling is dan *"het kwetsbare en beschaafde Aardse leven, dat in deze hoedanigheid gezond en sterk is"*. Deze levende schepping is de eindmanifestatie van de bovenliggende sferen, die zich hierin aldus verdicht hebben. Al deze sferen herbergen ook combinaties van de vier Elementen, Vuur, Water, Lucht en Aarde. Deze kunnen zich in de sfeer van Cholom Yesodoth externaliseren als concreet waarneembare Elementen (vuur, zee, rivier, regen, lucht, wind, grond, zand, aarde) krachten of derivaten als assertiviteit, lichaamstemperatuur, prikkelbaarheid, Spaanse pepers, messen etc. (Vuur); lymfenvocht, het water in menselijke, dierlijke en plantaardige lichamen, gevoel, sympathie, emoties, orgone energie, etc. (Water); gassen, adem, gedachten, communicatie, verkeer, verbinding, samenwerking en strijd, etc. (Lucht); botten, tanden, gewicht, genieten, rust, vasthoudendheid, etc. (Aarde).

Sephirah: **MALCHUTH**

Engelorde: **Ishim** – mensachtige wezens, zielen van vuur, hero's

Hoofdengel: **SANDALPHON**

Extra betekenis: **Bruid**

---

* Elke steensoort heeft een uniek soort "mineraal vlees".

In Cholom Yesodoth is de Shechinah, het vrouwelijk aspect van God intrinsiek aanwezig en vind het huwelijk tussen de mannelijke pool van het goddelijke (Kether, de Kroon) plaats, met de vrouwelijke pool van het goddelijke (Malchuth aka Malkah, de Bruid). Leven op Aarde zoals dat bedoeld is kan dus worden begrepen als het Kronen van de Bruid. Dit esoterisch kabbalistisch concept breekt hiermee radicaal met het patriarchale van de Abrahemitische religies. Leven op Aarde verdwijnt zodra de tederheid naar het vrouwelijke geweld wordt aangedaan.* Dit mysterie staat ook bekend als het huwelijk tussen God en Lilith, de vrouwelijke *Ba'al Shem,* die het individueel menselijk bewustzijn en de vrije wil vanuit dit individueel bewustzijn representeert. Waar de sufi's de Wil van God/Universum als *Kaza* aanduiden, vertegenwoordigt Lilith, de Bruid, de Kadar of individuele wil. De positie van de magiër bevindt zich, indien actief werkend, ALTIJD, daar waar de Kadar fuseert met de Kaza en er identiek mee wordt. Dan wordt de positie van directe scheppingskracht, ofwel het solaire beginsel tijdens de magische operatie ingenomen, ofwel de identificatie met de atman (welke zich fuseert met de paramatman).

Samengevat is er voor een geslaagde magische operatie/rituele handeling, altijd een samensmelten op dat moment van de eigen wil met de universele wil en de eigen levensvonk of bewustzijnskern- of kiem met universeel bewustzijn. Tijdens zo'n handeling vindt een tijdelijk korte staat van tijdloosheid plaats. Vandaar dat bijvoorbeeld in de chaosmagie, de magische handeling onmiddellijk wordt vergeten (op commando) om de handeling effect te doen sorteren. Het "uitsmeren in de gedachten via verwachting en halsreikend uitzien naar de uitkomst of "sceptisch" controleren of het wel werkt en geen flauwekul is, doet elke magische handeling falen. In deze strekking faalt een magische handeling ook, zodra je er met anderen over praat. Je verstoort hiermee de steen in het tijd-ruimte-vijver effect en heft hiermee het magisch commando op. Deze regel is zeer belangrijk en mag nooit worden genegeerd! Het enige wat je met een negeren van die regel bereikt, is dat je overtuigd raakt dat magie niet werkt, terwijl je in werkelijkheid een blinde vlek schept voor je eigen hand daarin. Oftewel als "nuchtere scepticus" een onzinnige *selffulfilling prophecy* in werking zet. Een interessant gegeven hierbij is, dat dit zo makkelijk kunnen falen van een magische operatie, als veiligheidspal functioneerde, om mensen die geschikt zijn voor het beoefenen van de magie te scheiden van de ongeschikten.

---

* In dit kader moeten de twee fundamentele (heilige) basisbeginselen van de levende kabbalistische traditie worden begrepen: *Chay* – (Leven): Leven is heilig en moet beschermd en gekoesterd worden en zo nodig verdedigd tegen hetgeen het bedreigt. *Tiqqun* – (Het Breken van de – demonische – Schalen, of Qlippoth om de levensstroom weer vrij te maken). In de praktijk komt dit neer op het openbreken van de duizenden instituties en antivitalistische constructies, patronen en mindframes waar de postmoderne samenleving uit is opgebouwd.

Plaatsing van engelen in hiërarchie en psychosfeer

Bij Middeleeuwse magie komen we vaak in grimoires, zoals de *Goëtia* en vele anderen, een link tegen van een (gevallen) engel naar een engelenorde. Deze engelenorde is kabbalistisch/astrologisch als een specifieke psychosfeer gedefinieerd, en dus geeft dit extra informatie over het wezen van de engel, of gevallen engel (daemon). Zie hiervoor het onderstaande overzicht:

Sephirah / Planeetsfeer		Hebreews	Latijn/Grieks	Engels / Nederlands *
Kether	Primum mobile	Chayoth HaQodesh onder Metatron	-	Seraphim / Serafijnen
Chochmah	Zodiak	Ophanim onder Raziël	-	Cherubim / Cherubijnen
Binah	Saturnus	Aralim of Erelim onder Tzaphkiel/Cassiël	Thronoi (Ouderen)	Thrones / Tronen
(Da'ath)	Uranus	Nachashim onder Uriël	-	Snakes / Slangen **
Chesed	Jupiter	Chashmalim onder Zadkiel/Sachiël	Dominationes, Kyriotētes (Heersers)	Dominations / Vorsten(dommen)
Gevurah	Mars	Seraphim onder Chameal/Samaël	Potestates, Exousiai (authoriteiten)	Potestates of Powers / Machten
Tipharet	Zon	Malachim onder Michaël	Dynameis (Krachten)	Virtues / Krachten
Netzach	Venus	Elohim onder Haniël/Anaël	Pricipatus (overheid), Gr. Archai	Principalities / Heerschappijen
Hod	Mercurius	Beni Elohim onder Raphaël	Archangeloi (hoofdengelen)	Archangels / Aartsengelen
Yesod	Maan	Cherubim onder Gabriël	Angeloi (engelen)	Angels / Engelen
Malchuth	Aarde	Ishim onder Sandalphon of Uriël	-	Guardian Angels / Beschermengelen ***

* Indeling volgens Περὶ τῆς Οὐρανίας Ἱεραρχίας (Over de Hemelse Hiërarchie) van Pseudo-Dionysius de Areopagiet laat 5e – vroeg 6e eeuw n.Chr.

** Da'ath hoort niet bij de traditionele Middeleeuwse hiërarchie.

*** Aarde wordt niet meegenomen in de indeling van Pseudo-Dionysius.

V. ENGELEN-MAGIE

• Coelestes • De achtergrond van de engelenmagie via petities • Een wonderlijke en lange geschiedenis • Contact met engelen gebeurt psychosferisch • Engelenmagie is magisch downloaden • Praktische engelenmagie • Gabriël • Michaël • Raphaël • Haniël • Samaël • Sachiël • Cassiël • Uriël • Over het materialiseren van geesten •

Engelenmagie gebruik je het meest om structurele veranderingen in situatie of levenskoers aan te brengen. Met engelenmagie kunnen ook farces in je leven, die door astrologische invloeden zijn ontstaan en voortduren (door bijvoorbeeld een negatief aspect van een zeer traag lopende planeet of asteroide of de progressieve Maan) worden doorbroken.

Bij engelenmagie gebruik je specifieke planeetengelsymboliek. Hiermee schep je een *dochê*, een ontvanger van de engelenergie bij wijze van communicatiekanaal. Een dochê kan materieel zijn, een beeld of amulet of een agalma dat enkel verbeeld wordt. Vaak vormt het totaal van de rituele opstelling en rituele uitingen (sumbola, sunthamata, sigilli, voces magicae, geuren, licht e.d.) de dochê.

COELESTES

De wezens waarmee engelenmagie werkt worden *Coelestes* (Hemelsen) genoemd. Deze zijn weer onderverdeeld in *Dei* (goden), *Archangeloi* (aartsengelen) & *Angeloi* (engelen). De goden vertegenwoordigen intrinsieke, aan zodiak of planeet of groter metafysisch beginsel of natuurfenomeen gekoppelde wezens. De aartsengelen en engelen vormen de communicatielijn naar de magiër en hebben een meer actieve rol waar de goden een auspiciënrol hebben bij magische operaties of ze fungeren als de beschermende kracht die in een magische cirkel door voces magicae wordt geleid als YHWH, AGLA, TETRAGRAMMATON, ON etc.. Goden houden zich grofweg op in Atziluth, aartsengelen in Briah en engelen in Yetzirah. Het onderscheid tussen veel engelen en daemones (kleine goden) is vaak erg vaag.

Het Latijnse *deus* (god), met *dei* (goden) als meervoudsvorm komt van het Proto-Indo-Europese *deywós* (god; dat wat tot het hemelse behoort), een vriddhi-derivaat van *dyew-* (lucht, hemel), vandaar het Latijnse *diēs*. Indo-Europese verwanten zijn het Sanskriet *devá* en het Oud-Pruisische *deywis*.

In de theürgie wordt contact gelegd of een eenwording (sustasis) gezocht met een hemels wezen (Coelestis, Coeleste), meestal een godheid, via een zeer specifiek ascensie (theurgikê anagôgê). Engelen (Angeloi) en aartsengelen (Archangeloi) vervullen daarbij vaak de intermediaire of boodschapper-functie.

DE ACHTERGROND VAN DE ENGELENMAGIE VIA PETITIES

Begin jaren '90 kwam ik voor het eerst in praktische zin met rituele engelen-magie in contact. Het was tevens mijn inwijding in rituele magie algemeen. Een goede vriend van me regelde regelmatig logies en een workshopruimte voor de Britse occultist, alchemist en kabbalist Dr. David Goddard en had me uitgenodigd. Goddard kwam even sympathiek, komisch als erudiet en deskun-dig over. Hij was toen de enige man op deze planeet met een universitaire doc-torstitel in *The Occult Sciences,* iets dat alleen aan de Universiteit van Boston werd gedoceerd. Goddard had een bijzonder gevoel voor humor. Als hij kou had gevat dronk hij bijvoorbeeld gin met iets roods er in. Het maakte niet uit of het siroop was of iets anders, als het maar rood was, want rood stond voor warmte en het Vuur-Element en dat was een goede contra-energie tegenover de energie die hem de koude gaf. Ook grapte hij over zichzelf dat hij *the worst dressed man* was, maar *the best dressed magician* – als vooraankondiging van zijn verschijnen in ritueel tenue ten overstaande van zijn normale dracht, die nog het meest leek op die van een professioneel dartspeler.

Ik was erg onder de indruk van zijn Michaël-ritueel, waarbij een grafisch tablet werd geladen met de energie van de zonne-aartsengel, die daarna tegen ons voorhoofd werd gedrukt. Het had namelijk een psycho-energetisch effect dat enkele maanden aanhield. We kregen als het ware een magisch infuus Michaël toegediend vanuit de "aartsengel-conforme" psycho-energetische lading die hij in de tablet had geleid. Het ging bij dat tablet om het binnen de magie veel gebruikte zonnetablet uit het werk *De occulta philosophia libri tres* van de Re-naissance-magiër Agrippa von Nettesheim (1486-1535).

Ook van engelenmagie-operaties mogen NOOIT fotografie-, film- of geluids-opnames worden gemaakt. Dit is namelijk een manier om aan te geven dat je niets begrijpt van waar magie van dit genre over gaat en het zal je jaren uitslui-ten van een serieus contact met een dergelijke kracht. Bij het schenden hiervan kunnen zich bij mensen die wel magisch talent hebben, poltergeist-achtige afkeuringverschijnselen voordoen, als teken dat men een verkeerde afslag heeft genomen.

6	32	3	34	35	1
7	11	27	28	8	30
19	14	16	15	23	24
18	20	22	21	17	13
25	29	10	9	26	12
36	5	33	4	2	31

Magisch vierkant of zonnetablet van Agrippa. 6 Is traditioneel het getal van de Zon. Dit tablet katalyseert getalsmatig deze symboliek doordat het is opgebouwd uit de eerste 36 (6x6) getallen, waarbij de horizontale, verticale en diagonale rijen steeds het getal 111 geven.

EEN WONDERLIJKE EN LANGE GESCHIEDENIS

Van Goddard komt de uitspraak: *Angels are no fluffy beings (Engelen zijn geen pluizige wezens)*. De meeste rituelen van Goddard waren gebaseerd op een boek dat hij had gepubliceerd onder de titel *The Sacred Magic of the Angels*. Dit boek was voor mij aanleiding tot veel onderzoek en testwerk. Eigenlijk is het maar deels David Goddard's boek, en heeft het een lange en wat obscure geschiedenis. Deze werd me een stuk duidelijker toen ik Maxine Sanders laatste autobiografie las en daarin een foto van de jonge David met Maxine en haar man Alex Sanders zag staan.

In de periode 1964 t/m 1972 werkte Maxine Sanders onder leiding van Alex aan een reorganisatie van de Britse hekserij, waaruit de *Alexandrian Wicca* voortkwam, een wicca-variant die nog steeds bestaat naast de *Gardneriaanse Wicca*, opgericht door Gerald Gardner. Deze tijd is beschreven in haar zeer fascinerende boek *Firechild*, dat ik iedereen kan aanraden die een rauwe ongecensureerde inkijk wil in de wereld van de wicca in die periode en de rituelen die ze onderging. Destijds was Maxine wereldberoemd door de combinatie van haar opvallende verschijning en de titel *Queen of the Witches*. Alex Sanders had op zekere dag een rommelig manuscript in handen gekregen van ene Madeline Montalban (8 januari 1910 – 11 januari 1982), een zeer praktische en resultaatgerichte Lucifer-heks, geboren onder Steenbok als Madeline

Sylvia Royals, werkzaam als journalist voor persbureau Reuters. Montalban moest weinig hebben van theatrale rituelen en verkleedpartijen zoals die bij de *Golden Dawn*, de bekendste occulte loge van Engeland werden gebruikt, maar zocht naar een natuurlijk en direct contact met de wezens die ze opriep. Haar kennis gaf ze aan cursisten door en voor hetzelfde doel richtte ze in 1956 de *Ordo Stella Matutina* (Orde van de Morgenster) op. Het systeem van Montalban legt veel nadruk op het werken met de planeet-engelen Michaël (Zon), Gabriël (Maan), Samaël (Mars), Raphaël (Mercurius), Sachiël (Jupiter), Anaël (Venus) en Cassiël (Saturnus). Elk van deze wezens is geassocieerd met bepaalde dagen, uren, mineralen, planten en dieren, die elk konden worden gebruikt bij het creëren van talismannen en rituelen die de engelenkracht aanriepen. De magie bestond dus als het ware uit een soort "downloaden" van engelenkracht uit het astrale in onze realiteit, om specifieke effecten te genereren.

Alex Sanders, die zichzelf als een door zijn grootmoeder ingewijde *inheritary witch* (heks van geboorte) omschreef, was verbijsterd over de effectiviteit en de concrete uitkomsten van de rituelen in het manuscript. David Goddard en Maxine kregen het werk van Alex in handen en gingen er mee aan de slag om het een stuk begrijpelijker, meer werkbaar en leesvriendelijk te maken. David bemoeide zich vooral met de tekstredactie en indeling en Maxine fungeerde als medium en sensitief om allerlei magische correspondenties in de rituelen te finetunen.

Maxine schittert echter door afwezigheid in de dankbetuiging in David's *The Sacred Magic of the Angels,* terwijl ze er wel een grote bijdrage aan leverde. Ik heb later met haar gecorrespondeerd hierover, waarin ze haar teleurstelling er over uitdrukte, maar erin berustte, met de haar zo kenmerkende bescheidenheid. De basis van dit boek en het manuscript van Montalban ligt qua ouderdom veel verder terug dan het midden van de twintigste eeuw. Dit gezien de astromagische tonus van het werk.

Astromagie, dus astrologisch gefundeerde magie, voert in Europa terug op de, van oorsprong Arabische *Picatrix* of *Ghâyat al-Hakîm fi'l-sihr* (*De Weg van de Wijze*). Dit boek werd in 960 voltooid. Het Arabisch origineel werd op last van Alphonso X van Castilië tussen 1256 and 1258 in het Spaans vertaald en enkele jaren later volgde een Latijnse versie. De *Picatrix* had grote invloed op de grote Renaissance-magiërs Pietro d'Abano, Johannes Trithemius en Agrippa von Nettesheim. Deze laatste is weer de meest invloedrijke kracht achter het zich verder ontvouwende Europees occultisme in de vijf eeuwen daarna. Madeline Montalban was een groot kenner van de *Picatrix,* Agrippa en andere magische geschriften uit de Renaissance.

CONTACT MET ENGELEN GEBEURT PSYCHOSFERISCH

In de manuscripten die vooraf gingen aan het boek *The Sacred Magic of the Angels* zijn de engelen nog gekoppeld aan planeten en een bepaalde symboliek, die daar van oudsher bij hoort. En wie met deze tak van magie, dus de oorspronkelijke engelenmagie in haar meest pure vorm, gewerkt heeft is verbluft over de juistheid van die oude symboliek, de feedback en concrete resultaten.

In de traditionele magie draait alles om het begrip "psychosferisch". Dit woord is opgebouwd uit psyche & sfeer en psychosferisch wil dus zeggen dat bepaalde psychische, emotionele, mentale condities op een hele consistente wijze aan een sfeer zijn verbonden, die deze condities kan oproepen of intensiveren. Psychosferische intelligentie is ook wat begaafde magiërs met kunstenaars delen. Elke filmregisseur heeft bijvoorbeeld, naast goede acteurs en een professionele crew, per definitie een hoog ontwikkelde psychosferische intelligentie nodig om zijn script tot leven te wekken.

Laat ik als voorbeeld om het begrip "psychosferisch" nog te verduidelijken, een koud of warm overkomend schilderij nemen. Met een thermometer kun je begrippen als koud en warm niet bewijzen, verbinden of koppelen aan de gebruikte verf. Die koppeling wordt met onze emotionele intelligentie gemaakt, die voor die koppeling tapt uit opgeslagen psychosferische informatie. Als we *emotioneel koud* vertalen naar een schilderij, dan kunnen we daarvoor een doek maken dat een saaie verdeling heeft in gelijkmatige rechthoekige vlakken, die zijn ingevuld in wit en gesatureerde versies van grijs en blauw. Willen we een *warm schilderij* presenteren, dan gebruiken we bijvoorbeeld de kleuren rood, oranje, geel, zwart, fuchsia en zetten die met krachtige, dynamische penseelstreken op het linnen.

Net zoals bepaalde kleuren en hun combinaties heel geprononceerd aan bepaalde emotionele stemmingen kunnen worden gekoppeld, zijn engelen met planeetsferen verbonden. Om die te herkennen en te ervaren is magische training nodig en een degelijke occulte onderbouw.

Engelenmagie, waarbij het contact leggen met zo'n intelligentie dus de eerste klus is, werkt binnen deze psychosferische realiteit, via regels of wetten die in feite net zo consistent zijn als de regels binnen de wiskunde. We werken alleen niet met getallen en de op grond daarvan voorspelbare uitkomsten, maar met symbooltaal. Zoals aangegeven werden de symbolen bij de Oude Grieken hiërarchisch gerangschikt in zogeheten seirai (meervoud van seira). De seirai werden als het ware gebruikt als "download-instrument". De magie kent twee versies van "downloaden": de *evocatie* en de *invocatie*. Bij de evocatie werk je als het ware "in de cloud". Je roept een wezen op in de ruimte of buitenomgeving waar je het ritueel uitvoert, en je laat dit wezen al of niet materialiseren. Bij een invocatie laad je de kracht/informatie als het ware op je eigen harde schijf. Je fuseert met je bewustzijn en energieveld als het ware met de engel om ermee te communiceren.

ENGELENMAGIE IS "MAGISCH DOWNLOADEN"

De techniek van het "downloaden" van een engelkracht of aanverwante kracht via een seira, noemen we theürgie. Ik gaf aan dat in de kabbala het universum in vier werelden of dimensies is opgedeeld. Deze zijn *Atziluth* (de theonische of godenwereld, waarin ideeën en processen zich in hun meest archaïsche staat bevinden), *Briah* (de mentale of aartsengel-wereld, waarin dingen worden gecreëerd), *Yetzirah* (de energetisch-astrale of engelenwereld, waarin ideeën en processen hun definitieve vorm krijgen) en *Assiyah* (de wereld waarin dingen, concretiseren, worden en werken). Deze vier werelden corresponderen respectievelijk met Vuur, Lucht, Water en Aarde. Deze werelden zijn in de kabbalistische traditie ieder opgebouwd uit een eigen *Etz Ha-Chayim* (Boom des Levens), die weer uit 11 Sephiroth (getallen, planeet-psychosferen) is opgebouwd.

Ik zal nu via een inleiding een voorbeeld geven van het contact maken met een engel via een seira, binnen de astromagische traditie. We nemen hiervoor een zachte, niet te ingewikkelde engel en bijbehorende planeet, namelijk Hagiël en Venus. De naam Hagiël betekent "intelligentie" in het Egyptisch en is in het Semitisch afgeleid van de woordstam HGH, die een gamma aan betekenissen insluit zoals: het koeren van een duif, het snorren van een slapende leeuw, het ruisen van een harp, zacht ruisen, iets mededelen en het rommelen van de donder.

Venus heerst in de eerste plaats over alles wat met verbinden te maken heeft. Vandaar dat zelfs mensen die niets van astrologie weten, wel de koppeling *Venus – liefde* maken. Venus is de verbindende kracht van de natuur, die zorgt voor samenwerking (Weegschaal) en empowerment van leven (Stier), dus ook van de natuurlijke organisatie van alle levensdrang op Aarde, nog vrij van technologische of administratieve verstikking. De aartsengel van Venus, Haniël (soms als *Anaël* gespeld) wordt daarom binnen de kabbala als engel van de wilde, ongerepte natuur gezien.

Een meer astraal verdichte, zich dichter bij onze aardsfeer ophoudende versie van Haniël is *Hagiël*. Hagiël heerst vooral over het verzachten en oplossen van liefdesproblematiek. Bij echtelijke ruzies en misverstanden is Hagiël een zeer snel en concreet werkende intelligentie, wanneer je weet hoe je haar (ze is vrouwelijk) moet contacten.

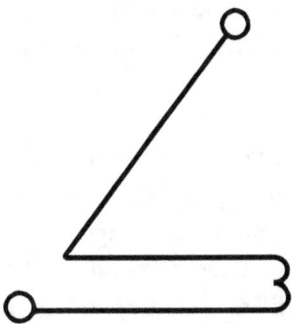

Sigillum van Venus-engel Hagiël

Een eerste theürgisch contact maken met Hagiël kan als volgt:

1. Kies op een vrijdag een rustige ruimte uit.
2. Knip uit zachtgroen karton een zevenhoek en teken daarop in blauwe inkt het zegel van Hagiël.
3. Steek 7 groene kaarsen aan. Een koperen of bronzen menora is als kaarsenstandaard ideaal.
4. Leg een stuk rozenkwarts en grote roos naast zegel en de menora.
5. Steek wierook aan met de geur van vanille of rozen.
6. Stel je in op je probleem en sluit je ogen.
7. Verbeeld nu dat je je in een sfeer van zachte door elkaar vloeiende pastelkleuren bevindt.
8. Wanneer je hierop bent ingetuned, verbeeld je dat je afdaalt naar een onderliggende dimensie en je door een schitterende ongerepte natuur bent omringd. Je staat in ochtendlicht en een zachte lentezon verwarmt je huid.
9. Daal nu verder uit deze wereld omlaag en zie een klein groen eiland met een kleine Griekse tempel van wit-roze marmer in een bosmeer. Het eiland is weelderig groen en de twee tempelzuilen zijn met geurende theerozen omslingerd. Voor de kleine tempel staat een beeldschone jonge vrouw in een zijden, licht kobaltblauw gewaad met een diadeem in haar zwarte haar. Voor haar voeten stijgt een roze ibis op.
10. Vraag nu Hagiël je te helpen. Doe dit normaal, vanuit je hart en zonder "vreemd spiritueel" taalgebruik.
11. Indien je nu spontane beelden krijgt van sympathie en toenadering, zal ze voor verzachting zorgen. Hagiël werkt doorgaans erg snel. Blaas de kaarsen uit, ruim de attributen op en vergeet het hele ritueel.

Via haar symbooltaal kan ze een of meerdere extra hints geven. Tot haar attributen behoren onder meer een doubletschelp, een of twee duiven, rozen, een
dolfijn, zeester, een stier, een afbeelding van twee geliefden, het getal 7 of een
meervoud daarvan.

De beginselen van de oudste vorm van engelenmagie, zijn terug te voeren tot
sjamanistische tijden. Zo'n 3000 jaar geleden was het echter Koning Salomo,
die zeer uitgebreid deze tak van magie bezigde. Salomo was een *me'ir,* een
magiër/priester-koning. Zijn systeem bestond uit het bedwingen van daemones of djinns, met engelen die hun contrapool vormden. De engel wordt dan
het "besturingssysteem" van een meer verdichte astrale entiteit, die, dichter
bij onze tijd-ruimte-dimensie, directer en sneller dan een engel dingen kan
bewerkstelligen en manifesteren. In de hedendaagse magie wordt werken met
daemones bullet-effect magick genoemd. Direct met een engel werken zet een
dieper proces in gang, dat echter vaak meer tijd kost om effecten te sorteren.

Het oudste geschrift waarin deze techniek van engelenmagie beschreven staat
is het *Testament van Salomo,* waarvan verschillende versies in het Oud-Grieks
bestaan. De bekendste vertaling is die van F.C. Conybeare uit 1889. Hierin is te
lezen hoe elke demon en engel samen aan een decanaat van de zodiak (een deel
van 10 graden) gekoppeld zijn. Dus bij Ram horen drie engelen en drie demonen, bij Stier drie, bij Tweelingen drie, enzovoort. Er bestaat verder een studie
naar de verschillende Griekse Testament van Salomo-versies van Chester Charl-
ton Mc Cown uit 1922. Men schat de datering van het *Testament van Salomo* op
ergens vóór 50 na Chr..

De *voorstelling* van een engel helpt bij het leggen van contact. Deze voorstelling
heet in magische vakterm een "agalma". Bij een echte helderziende waarneming
zijn engelen, in hun pure vorm, wezens die geen vaste vorm hebben en uit een
voortbewegende energie of een licht van een bepaalde kleur lijken te bestaan,
overeenstemmend met hun natuur. Soms lijken ze op gigantische linten van een
specifieke kleur tegen een diep blauwe achtergrond. Dr. Harry Oldfield, de ont-
wikkelaar van Polycontrast Interference Photography (PIP) – een soort Kirli-
an-fotografie – heeft met zijn technologie zo'n energielichaam van een Elemen-
taalwezentje zichtbaar gemaakt en op film vastgelegd. Hij laat zien dat uit een
brok halfedelsteen, dat iemand in de hand houdt, een klein lichtwezentje kruipt
en zich daarna weer terugtrekt in de steen. De vorm en bewegingen lijken op
die van een rups (te bekijken op de Nexus DVD *Revealing the Spirit World*).

De menselijke geest neigt echter tot een meer menselijke voorstelling. En dit
al eeuwen lang. Hierdoor zijn nuttige en solide gedachtevormen ontstaan,

agalma's die half als een intermediair beeld tussen magiër en engel fungeren en half met de engel gefuseerd zijn. Wanneer we middeleeuwse grimoires bestuderen, lezen we vaak de instructie om te bevelen dat het opgeroepen wezen een vriendelijke of menselijke vorm aanneemt.

PRAKTISCHE ENGELENMAGIE

Engelenmagie is een meestal subtiele en meer holistisch werkende magie, die voor allerlei doelen kan worden ingezet. Deze magie kan in petitievorm worden gedaan, via sterke verbeelding, theürgisch en via Middeleeuwse technieken. In dat laatste geval lijken de resultaten meer op de bullet-effect-magie die het werken met daemones kenmerkt. Dit heeft te maken met het gegeven dat bij petitie-magie meer in Briah wordt gewerkt – de zone boven Yetzirah, of in moderne termen het morfogenetisch veld – en dat de tijdspanne daar anders ligt dan in meer verdichte lagen. De reikwijdte van de magische operatie kan daarentegen bij engelenmagie in Briah weer groter zijn en rigoureuzer. Bij Middeleeuwse engelenmagie worden onder auspiciën van een planeetengel lagere (meer verdichte) engelen of daemones geëvoceerd tot letterlijke visualisatie of materialisatie buiten een beschermende cirkel. De verzoeken c.q. bevelen die dan worden gegeven kunnen zeer ver rijken en zeer materieel uitpakken, maar ook op lange termijn. Dit is echter specialistenwerk voor vergevorderden.

Voor petitie-magie worden twee traditionele magische schriften gebruikt: *Transitus Fluvii* of *Alphabetum Hebraicum ante Efram;* ook *Passing of the River-script,* genoemd. Dit schrift wordt gebruikt voor petities aan Michaël, Raphaël, Haniël, Samaël, Sachiël, Cassiël en Uriël. Het *Thebaans schrift* wordt expliciet voor Maanmagie en petities aan de aartsengel Gabriël aangewend.

Bij petitie-magie wordt in overeenstemming met de symboliek *(sumbola en sunthemata)* van de engel een verzoek geschreven, de engel's agalma verbeeld en wordt de petitie opgeborgen, totdat omens aangeven dat het verzoek ontvangen is en al of niet gehonoreerd. Voor verschillende engelen geldt een andere wachttijd, maar in de praktijk zijn de strikte tijdspannes die in het boek *The Sacred Magic of the Angels* zijn genoemd niet absoluut. Doorgaans kreeg ik in de paktijk veel sneller bericht en resultaat dan volgens het boekje.

Wanneer je een engel invoceert op deze wijze, kan het zeker bij Samaël/Mars noodzakelijk zijn om na twee weken een Venus-ritueel te doen, om teveel Mars-energie te balanceren.

A	B	C	D	F	G	H/E	I	J of Y	K
L	M	N	O	P	Q	R	S	Sh	T
Th	V	Z							

Het sinds Agrippa von Nettesheim veel in (engelen)magie gebruikte alfabet Alphabetum Hebraicum ante Efram uit de 'Magia cryptographica s. tractatus de modis occulte scribendi' (1750). Dit alfabet is tegenwoordig beter bekend als het 'Transitus Fluvii' of 'Passing of the River-script'. Het wordt gebruikt in de meeste engelenmagie-rituelen, behalve in diverse vormen Maanmagie waar het Thebaans schrift wordt gebruikt.

A	B	C	D	E	F	G	H	I	K
L	M	N	O	P	Q	R	S	T	V
X	Z								

Het 'Alphabetum Honorii Thebani' of 'Thebaans script', dat als Maan-alfabet wordt beschouwd en dus vooral gebruikt wordt in Maan-amuletten en dergelijke of petities aan Gabriël. De letter i wordt gebruikt als vervanger van de j en de v als vervanger van de u. Twee keer de v wordt als w gebruikt.

De volgende voorbeelden geven de beschrijvingen en symboliek van de klassieke planeet-engelen. De term "omens" slaat op symbolische tekens, waarmee de betreffende engel aangeeft dat het verzoek aan de engel is opgepikt en wordt ingewilligd binnen een bepaalde tijdspanne. De omen-informatie is grotendeels afkomstig uit de engelenmagie van Madelin Montalban-David Goddard/Maxine Sanders, die vorm kreeg in het boek *The Sacred Magic of the Angels*. Verbeeld eenvoudigweg zo sterk mogelijk de engel conform de gegeven beschrijving en stel een vraag, in overeenstemming met het beschreven "werkterrein" van de engel. Let dan op of er een betreffend omen komt, als antwoord op je verzoek.

II.

St. Gabriels Sigillum.

Gabriël

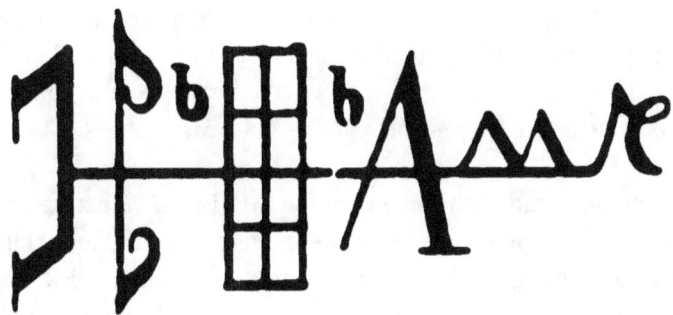

Standaard sigillum Gabriël

Gabriel.

☽ ♋

Shamain.

Gabriël,

Ik (naam, geboortedatum en geboorteplaats)

Wens: ...

Ik dank u.

(Petitio-sjabloon voor Gabriël)

Gabriël is de aartsengel van de Maan(-sfeer), die door de Joden na de balling-schap werd geïmporteerd uit Babylonië. Hij heerst ook over het energetische grit van de wereld, waarbinnen alle materie vorm krijgt, dus over Rupert Shel-drake's morfogenetisch veld. In die zin overlapt het werkveld van Gabriël dat van de godin Hekate en haar daemones. De engel is nauw vervlochten met veel vormen van maanmagie, waar gemakkelijk een heel boekwerk mee te vullen is en met orgon. Gezien de beperkte ruimte moet ik de informatie hier echter tot de essentie beperken. Maanmagie wordt algemeen vooral gebruikt om iets te laten toe- of afnemen. In het eerste geval voer je het ritueel uit vlak na Nieuwe Maan. In het tweede geval doe je het vlak na Volle Maan.

Gabriël is samengevoegd uit het Hebreeuwse *Gavri* en *el* en betekent: *Mijn Man / Held / Kracht is God*. De engel representeert namelijk de steunpilaar van de hele schepping. Gavri komt echter van de woordstam GBR (zwellen in kracht). Hiermee is Gabriël niet enkel de constructie achter de schermen of engel van de memen (gedachtevormen), maar ook een actieve kracht die zorgt dat de schepping op de juiste wijze penetreert in het inerte, ongeschapene en de klei als het ware vormt.

Agalma
Verbeeld Gabriël als een rijzige krachtig gebouwde engel met grote zeegroene ogen in een zilveren gewaad en violette auravleugels, doorschoten met zilver, die een mintgroene staf in zijn hand houdt, eindigend in een witte lelie. Ver-beeld hem in een licht dat lijkt op het schijnsel van de Volle Maan, waar een violette waas doorheen zit, terwijl het ruisen van de branding klinkt en je de geur van komkommer, vijverwater of jasmijn ruikt. Verbeeld een grote blauw-groene kreeft en een grijze wolfshond aan zijn voeten. Doe het ritueel 's nachts en gebruik negen witte waxinelichten.

Sumbola & Sunthemata
Kleuren: zilver, zeegroen, mintgroen, violet
Geur: komkommer, jasmijn, zoet water, regen op steen
Steen: opaal, maansteen
Metaal: zilver
Planeet: Maan

Dag: Maandag
Getal: 9

Petitio

Gabriël heerst over alle vormen van cycli en getijden, zoals eb en vloed en over de wereld van het zoete water. Andere zaken die onder deze engel ressorteren zijn: wonen, woningen, het huiselijk gebeuren, vrouwen en moederschap, vruchtbaarheid, hormonale cycli, geslachtsorganen, DNA, sperma en eicellen, vloeibare dingen, bescherming, beschutting, spiegels, spiegelingen en de ontwikkelen van psycho-energetische begaafdheden. Voor problemen of wensen die hierop betrekking hebben kan de engel worden aangeroepen. Bedenk eerst of je verzoek gaat om iets dat moet toenemen of iets dat moet afnemen of verdwijnen. In het eerste geval schrijf je de petitie op een maandag tijdens wassende Maan en in het tweede geval op een maandag bij afnemende Maan. Maar nooit bij Afhoudende Maan! Schrijf de petitie met de hand op wit of mintgroen papier in resp. mintgroene of zilvergrijze inkt in - *Thebaans-alfabet* - en gebruik dat fonetisch. Verbeeld als je klaar bent het agalma van Gabriel en lees de petitie voor. Leg het papier dan op een schaduwplek (liefst aan de westkant van je huis) en bewaar het daar gedurende een Maan-cyclus (28 dagen). Bewaar de petitie tot de volgende zondag. In de tussentijd kan Gabriel met een omen aangeven dat je verzoek gehoord is. Mocht je geen groot liefhebber zijn van enorme wolfspinnen die over je parket lopen, overweeg dan eventueel een andere engel.

Approbationes of Omens van Gabriël
(goedkeuringen, na de papieren petitie of contemplatieve petitie)

Een opvallende ervaring met een of meer blaffende honden, een grote wolfsspin, een kruisspin die een web in je huis maakt, een grote witte motvlinder, het krijgen van een (afbeelding van een) lelie, komkommer(plant), pompoen, schelp, oester, parel of iets met parelmoer, spiegel, water-gerelateerd object, puppy, hond, krab of kreeft, het bericht van een geboorte.

I.

Sanct Michaels Sigillum.

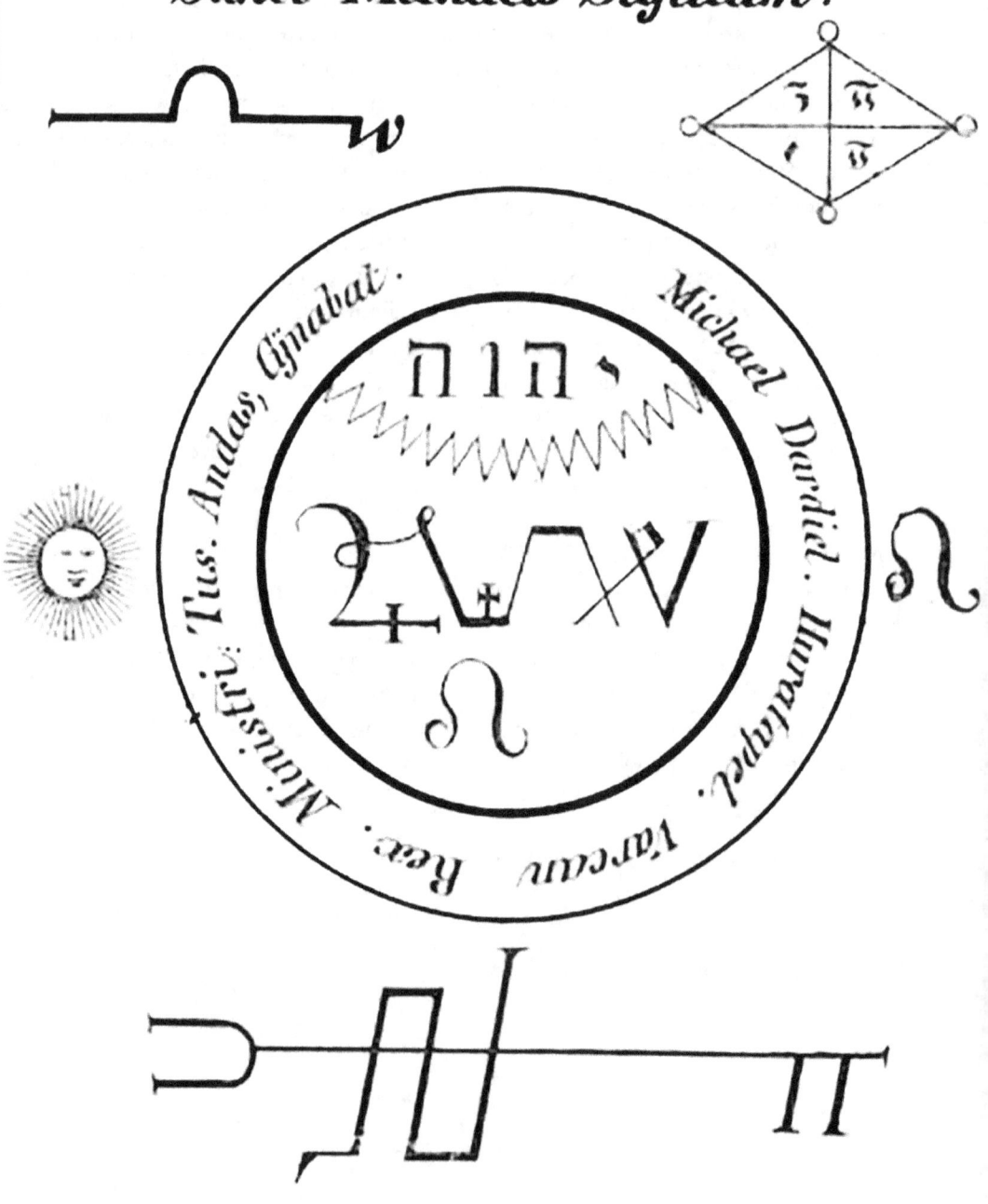

Michaël

Standaard sigillum Michaël

Michaël,

Ik (naam, geboortedatum en geboorteplaats)

Wens: ...

Ik dank u.

(Petitio-sjabloon voor Michaël)

Michaël doet net als Gabriël vanuit Babylonië zijn intrede in het joodse "engelen-pantheon". Michaël betekent *Hij die is als God.*

Michaëls hulp wordt ingeroepen bij gevallen van bezetenheid bij kinderen, waarbij het kind eerst in een kolom van gouden licht wordt verbeeld, terwijl iemand het vasthoud op schoot. Dit is het hele ritueel en meer hoeft niet worden gedaan. Bezetenheid komt ook bij kinderen voor. Hun ogen staan dan anders, vaak afwezig en ze kunnen ineens aanhoudend gedrag vertonen dat hen totaal niet eigen is. Wanneer het kind op schoot zit en de kolom gouden licht om het kind heen is verbeeld en Michaël is verzocht het kind te verlossen van de entiteit, kan er een rilling door het kind lopen. Bij succes zal het weer de normale blik in de ogen vertonen en gaan spelen alsof er niets aan de hand is.

Verwar bezetenheid niet met de gevolgen van wifi thuis en op school voor kinderen. Deze verstoort hun lichaamsprocessen en doet acethylcholine en andere stresshormonen pieken, terwijl dimmers als cholinesterase dalen. Ook piekt de hystamine vaak. Een en ander resulteert massaal in ADHD-achtige symptomen, agressie, depressie, aandachtsstoornissen en onhandelbaar gedrag.

Agalma
Michaël wordt voorgesteld als een grote gedaante van warm gouden zonlicht, met grote zachtwiegende vleugels in goud en zalmkleur, waarvan de tippen lijken op die van pauwenveren. Hij heeft een lans van vuur in zijn ene hand en straalt een serene, onaantastbare autoriteit uit.

Sumbola & Sunthemata:
Kleuren: goud, goudgeel, oranje, zalm.
Geur: sandelhout, sinaasappel
Steen: diamant, zonnesteen, goudtopaas
Metaal: goud
Planeet: Zon

Dag: zondag
Getal: 6

Petitio

Verder wordt de hulp van de engel ingeroepen bij ambities en eigenlijk alle projecten die goed bij de persoon in kwestie passen, maar niet willen vlotten, waardoor de inspanningen als het ware niet kunnen stralen. Ook heeft Michaël een relatie met het huwelijk, waarbij de gouden trouwring aan hem gewijd is. Tot slot heerst Michaël over alle vormen van heerserschap of bestuur en vooral het verwerven van de eigen macht. Voor deze dingen kan een beroep op de aartsengel worden gedaan via het Petitie-systeem van Montalban / Goddard / M. Sanders.

Schrijf op een zondag de petitie met de hand op wit papier in oranje of gouden inkt in *Transitus Fluvii*-alfabet en gebruik dat fonetisch. Verbeeld als je klaar bent het agalma van Michaël en lees de petitie voor. Leg het papier dan op een zonnige plek (liefst op het zuiden) en bewaar het daar tot de volgende zondag. In de tussentijd kan Michaël met een omen aangeven dat je verzoek gehoord is. Het gebruik van magische alfabetten lijkt erg overdreven, aangezien de psychosferische contactlijn die naar een engel via sterke verbeelding wordt uitgezet veel belangrijker is bij magische rituelen. Echter door deze alfabetten alleen voor "sacrale" handelingen, zoals een magische handeling, in te zetten baken je het ritueel extra af.

Approbationes of Omens van Michaël
(goedkeuringen, na de papieren petitie of contemplatieve petitie)

Een onverwachte, opvallende ongewone en positieve ervaring met zonnebloemen, afrikaantjes, paardenbloemen (Löwenzahn), sinaasappels, iets met de afbeelding van een leeuw of andere katachtige, een kat die jongt, granaatappels, orchideeën, iets met een kroon- of zonmotief, gouden voorwerpen, het plotseling baden in zonlicht, uitgenodigd worden voor een huwelijk, een onverwacht snaarinstrument of piano horen, de laurierboom of laurierbladeren, gele vlinders, langpootmuggen, uitgenodigd worden in een voertuig met wielen – of iets in bovenstaande strekking als geschenk krijgen.

III

St Raphaels Sigillum

Raphaël

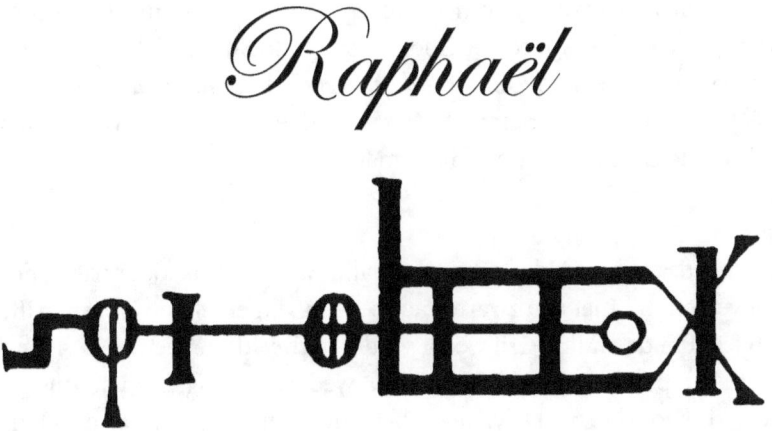

Standaard sigillum Raphaël

Raphaël,

Ik (naam, geboortedatum en geboorteplaats)

Wens: …

Ik dank u.

(Petitio-sjabloon voor Raphaël)

Raphaël is een samenvoeging van de Hebreeuwse woordstam RFH (genezen) en el (het vrouwelijke aspect van God dat het goddelijk initiatief manifesteren wil). De naam betekent zoveel als *God geneest* of de *Genezende kracht van God*. Raphaël heeft ook een overlap met Mercurius/Hermes, de god van het handelsverkeer, de communicatie en informatie.

Agalma

Raphaël wordt voorgesteld als een beweeglijk wezen in de kleur iriserend geel, dat snel verschijnt, met een zwarte caduceus in zijn ene hand en een griffel (schrijfgerei) in de andere. Hij wordt verder verbeeld met een paar vleugels bij de slapen, een paar vleugels bij de enkels, twee paar vleugels op de rug en een topaas in zijn voorhoofd. De vleugels hebben kleine velden zwarte ruiten in blokpatronen, wanneer het verzoek aan de engel zich richt op het communicatie- of transportaspect. Deze patronen blijven in de voorstelling achterwege wanneer de vraag zich op ziekte/gezondheid/genezing betrekt. De energie van Raphaël is hierbij veel rustiger en serener. Raphaël straalt een drukke vluchtige energie uit. Het beste wordt hij verbeeld in een vochtige warme bries binnen een kolom gelig licht, dat bij communicatie- en transportvragen wordt verbeeld richting blauwgrijs waar het geel in gaat stippelen. Bij vragen om genezing verbeeld je de kolom licht richting egaal warm oranjegeel.

Sumbola & Sunthemata

Kleuren: geel en zwart of geel-groen combinatie; licht grijsblauwig met lichtgele vlekken.
Geur: citroenachtige geuren; anijs, mandarijn, mastiekhars
Steen: topaas, zinnober, citrien, luipaardjaspis, vuursteen
Metaal: kwikzilver
Dag: woensdag
Getal: 8
Sigillum-vorm: achthoek
Sigillum-kleuren: zwarte inkt op gele achtergrond
Planeet: Mercurius

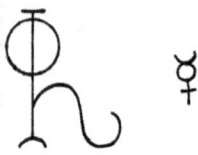

Asteroïden: Hermes (communicatie) & Hygeia (genezing)

Petitio

Raphaël wordt om hulp gevraagd bij alle medische of gezondheidskwesties en problemen met handel, reizen*, post of communicatie of het terugvinden van verloren of gestolen dingen.

De petitie aan Raphaël wordt op geel papier in zwarte inkt, fonetisch geschreven in het Transitus Fluvii-script en tijdens het schrijven wordt elk woord hardop uitgesproken. Dit schrift wordt op een creatieve manier fonetisch gebruikt en per landstaal verschilt dit gebruik. Concentreer je tijdens het schrijven zo intens mogelijk op het agalma van Raphaël en probeer het Raphaël-agalma daarbij vast te houden op de achtergrond. Je kunt een petitie rechtstreeks aan Raphaël wenden of via Gabriël om een verzoek specifieker te maken. Begin dan het ritueel met de aanroep: Raphaël ik roep u aan door Gabriel. Je gebruikt dan de maandag in plaats van de woensdag en het teken waarin de Maan staat op dat moment. Zie het schema hierna.**

RAPHAËL DOOR GABRIËL PETITIES OF CONTEMPLATIES

Bij Raphaël door Gabriël petities of contemplaties gebruik je het juiste teken waar de Maan op dat moment staat voor de juiste klacht. Uitgesloten is weer de periode van Afhoudende Maan, waarbij geen ritueel mag worden uitgevoerd. Dit laatste is een algemeen geldende regel in de magie. Ook mag de Maan geen negatief aspect (oppositie, vierkant) of inconjunct (150°) maken met Mercurius. Bij klachten die diep in het verleden wortelen is Mercurius Retrograde nuttig of Mercurius in positief aspect met de Zuidermaansknoop (karma).

I. Maan in Vuur-teken Ram
fysiek – klachten m.b.t. het hoofd, ontstekingen, huiduitslag en allergieën
psychisch - klachten m.b.t. woede, irritatie, agressie, opvliegendheid, ruziezoeken

II. Maan in Aarde-teken Stier
fysiek – klachten m.b.t. oor, neus, keel, nek gedeelte, doofheid
psychisch – inertie, lethargie, te vasthoudend of angst in relatie met het begrip zekerheid, woede-explosies, seksuele problemen

---

* Raphaël wordt vooral voor genezing aangeroepen. Voor snel reizen kan Ga'ap wonderen verrichten. (Zie hiervoor *hoofdstuk VI Goëtia.*)
** Specifiek voor genezing zijn petities/contemplaties of theürgische rituelen positieve aspecten – conjunctie, driehoek, sextiel, (bi)quintiel (72° of 144°), noniel (40°) tussen Mercurius en Hygeia het beste.

III. Maan in Lucht-teken Tweelingen

fysiek – klachten m.b.t. handen, vingers, armen, schouders
psychisch – focusgebrek, concentratieproblemen, wegvluchten voor confrontatie, te oppervlakkig of haastig, onzorgvuldigheid, kleptomanie, liegen

IV. Maan in Water-teken Kreeft

fysiek – klachten m.b.t. borsten, ribben, huid die negatief of overgevoelig op emoties reageert, borstvoeding
psychisch – overgevoeligheid, emotioneel claimen, overbemoederend, overbeschermend zijn, geen privésfeer of thuis kunnen realiseren

V. Maan in Vuur-teken Leeuw

fysiek – klachten m.b.t. hart, ruggengraat, rug
psychisch – bij te grote focus op zichzelf, te grote emotionaliteit, te weinig gezien worden, ondervoede zelfexpressie en creativiteit, bij problemen met kinderen of het krijgen van kinderen

VI. Maan in Aarde-teken Maagd

fysiek – klachten m.b.t. darmen, spijsvertering, zenuwgestel
psychisch –bij nervositeit, overperfectionisme, minderwaardigheidsgevoelens, neiging tot onderdanigheid

VII. Maan in Lucht-teken Weegschaal

fysiek – klachten m.b.t. nieren en urinewegen of blaas, huidklachten
psychisch – bij moeite met doorzetten, aanpakken, beslissingen nemen, contactleggen, partnerschaps- of relatieproblemen

VIII. Maan in Water-teken Schorpioen

fysiek – klachten m.b.t. geslachtsdelen, anus, perineum, neus
psychisch – bij zelfdestructieve vormen van vasthoudendheid, agressie, neiging tot absolutisme of provocatie, geslotenheid, manipulatieneigingen, moeite met loslaten

IX. Maan in Vuur-teken Boogschutter

fysiek – klachten m.b.t. de heupen en dijbenen
psychisch – huid van de beer verkopen voor deze geschoten is, moeite met doelstellen of focus, reisziekte

X. Maan in Aarde-teken Steenbok

fysiek – klachten m.b.t. knieen en botten
psychisch – te zwaar of te serieus zijn, gevoelsarmoede, neiging tot domineren of isoleren, te weinig contact met de maatschappij of eigen ambities

XI. Maan in Lucht-teken Waterman

fysiek – klachten m.b.t. enkels, energielichaam, zenuwstelsel
psychisch – bij te weinig aarding of warmte, te veel ideeën ten opzichte van de realisatie ervan, problemen met grenzen verleggen of grenzen stellen, concentratieproblemen

XII. Maan in Water-teken Vissen

fysiek – klachten m.b.t. voeten
psychisch – eenzaamheid, kantlijner zijn, niet echt meedoen of er zijn in het leven door onevenredige focus op de binnenwereld, verlegenheid, geen zelfdiscipline

Approbationes of Omens van Raphaël
(goedkeuringen, na de papieren petitie of contemplatieve petitie)

Een onverwachte, opvallende ongewone en positieve ervaring met een esp of berk of een vreemd geluid in zo'n boom, een onverwachte reis, een toename van post of mail, kleine vogeltjes, apen, gele bloemen, vliegen, varens of iets met een motief of afbeelding daarvan – of iets in deze strekking als geschenk krijgen. David Goddard vermeld een week als het tijdframe waarbinnen Raphaël reageert. Mijn ervaring is dat Raphaël, zeker bij de contemplatie-methode zeer snel kan reageren, variërend van onmiddellijk tot binnen twee dagen.

Conscientia (gewaarwording)

Aanvullende symbolen op de omens waarmee we Raphaël gewaarworden zijn: lepeldief, een toename van post (brieven, pakjes, email) of communicatie of gedoe daaromtrent, de caduceus en esculaap, bevliegingen, toename drukte of verkeer, dagboeken, armen en handen, citroengras, citroengeraniums, pennen (schrijfgerei), aktetassen, blauw licht, doorgaande reizigers of handelsreizigers, eekhoorns, kleine snelle dieren, kleine hagedissen, niezen, jonge mensen, schrijvers, boeken, geschriften, venkel, te weinig tijd, vossen, postzegels, weerberichten, kleine wervelwinden, zitplaatsen in openbare locaties of gebouwen, vlinders, wispelturige, drukke, druk kletsende of zenuwachtige mensen, een arts of verpleegster/verpleger, een ziekenwagen.

St Anaëls Sigillum.

Haniël of Anaël

Standaard sigillum Haniël

Haniël ,

Ik (naam, geboortedatum en geboorteplaats)

Wens: …

Ik dank u.

(Petitio-sjabloon voor Haniël)

De naam Haniël is een samenvoeging van het Hebreeuwse *hana'ah* (vreugde, plezier hebben, blij zijn) en el (God in de zin van de vrouwelijke vormende kracht van God). Haniël betekent dus allereerst Vreugde van God. Een tweede betekenis is Gratie of Schoonheid van God. Beide namen dekken de intrinsieke lading van deze aartsengel als heerser van *Netzach,* de zone in de Kabbalistische Levensboom die bij de planeet Venus hoort. Binnen de klassieke Europese engelenmagie wordt Haniël echter meestal als engel van Venus zelf gehanteerd, de planeet van de liefde en seksualiteit. Het sigillum van Haniël is daarbij duidelijk een gekuiste versie van het Hebreeuwse origineel dat een vagina en fallus voorstelt.

Regelmatig kom je Haniël onder een iets andere naam tegen. Verbasteringen van Haniël zijn *Hanaël, Aniël* of *Anaël, Onoel* en een pseudoniem is *Nogaël,* een samenvoeging van het Hebreewse *Nogah* (Venus) en *el.* Haniël heeft een sterke overlap als entiteit met de natuurgod Pan en Eosphoros/Lucifer, de god van het ochtendgloren, de vitaliteit en de levenswil, horend bij het lenteseizoen en het teken Stier, waar ook Venus over heerst. Venus, hoewel een planeet wordt ook Morgenster genoemd, een andere naam overigens voor zowel Lucifer als Jezus. De bizarre demonisering van Lucifer krijgt pas structuur na het jaar 1667. Toen publiceerde Milton zijn bekende werk *Paradise Lost,* waarin hij per abuis Lucifer aan Satan gelijkstelde. Voor die datum werd Lucifer zelden gelijk gesteld aan de kwade Satan en vaak niet eens als een mannelijk wezen gezien. Lucifer komt van *Lux-fer* (Lichtdrager).

De energie van Venus, Haniël, Lucifer, Pan en Christus maakt op een dieper esoterisch niveau de weg vrij voor de Zon, het (weer luisteren naar het) hart, door stil te staan bij wat leven ook alweer is, waar het over gaat en hoe we het leven, en onze hele biosfeer, blijven koesteren en verzorgen. Het Indiaanse gezegde luidt: *"When the Last Tree Is Cut Down, the Last Fish Eaten, and the Last Stream Poisoned, You Will Realize That You Cannot Eat Money."*

De Baan van Licht waarin de Zon bewoog, het Rijk van de Zonnegod, werd in het Oude Egypte aangeduid met *Sha-Ra-On,* wat verbasterde in het begrip Roos van Sharon. Het Hebreeuwse Sharon betekend *vlakte* of *echelon,* dus een vlakte, gebied of niveau in figuurlijke zin, naast de Vlakte van Sharon zelf, een van de meest vruchtbare gebieden van Israël. De Roos van Sharon komt in het Hooglied 2 van Salomo voor, dat tjokvol Venus symboliek staat, maar wordt binnen de vrijmetselarij ook met Lucifer geassocieerd. Hier koppelt de roos (een klassiek Venus / Haniël-attribuut) de engel aan Lucifer. Volgens de legende was het tot slot Haniël, die de Henoch naar de hemel voerde waar hij (in de Kabbalistische traditie) veranderde in Metatron en de "baas" van alle engelen werd.

Agalma

Haniël kan worden verbeeld door de ruimte te vullen met zachte pasteltinten, in lichtblauw, geel, roze en groen, waarin een grote smaragdgroene kolom licht ontstaat, met daarin een goudkoperen licht met roze in het hartcentrum. Verder kan ze worden gedetailleerd door deze kolom tot een beeldschone, rijzige, groenogige vrouwengestalte te laten condenseren, gekleed in een smaragdgroen toga, een koperen diadeem in weelderig haar met een rode gloed, met in haar ene hand een thyrsus (reuzenvenkel-staf met dennenappel aan de top) en in haar andere een houtduif, terwijl er twee luipaarden aan haar voeten liggen.

Sumbola & Sunthemata

Rook bij een Haniël/Anaël of Hagiël-ritueel rozenwierook of vanillewierook, leg enkele theerozen neer, stukken rozekwarts, eventueel aangevuld met een beeldje of afbeelding van een dolfijn, stier, luipaard of duif of twee minnekozende geliefden. Verbeeld het geluid van koerende duiven. Gebruik een waxinelichthouder van groen glas voor het licht en steek zeven groene kaarsen aan. De beste tijd is tijdens zonsopgang.

Kleuren: Smaragdgroen, lichtblauw, pasteltinten, roze, zalm
Geur: Rozen, vanille
Steen: Rozenkwarts, jade, groene en oranje calciet
Metaal: Koper, borniet
Planeet: Venus

Dag: Vrijdag
Getal: 7

Petitio

Haniël kan worden aangeroepen voor het liefdesleven en om dingen te verzachten, maar specifiek werkt Haniël goed bij het herstellen van een harmonie die op traumatische wijze verstoord werd, of via andere negatieve oorzaak. Betrek je bijvoorbeeld een nieuwe woning, dan is het belangrijk deze eerst ritueel (zie hierna Samaël) schoon te maken. Is de oude energie er uit, dan is het goed om Haniël te vragen een gelukkige en harmonieuze sfeer in huis te impregneren. Haniëls dag is vrijdag, maar de maandag is ook geschikt voor dit ritueel als de Maan in Stier of Weegschaal staat. Roep Haniël dan aan *door* Gabriël om de Venus-energie door de Maan-energie van Gabriël (die over de woning zelf heerst) naar binnen te trekken. Je roept dan letterlijk: *Haniël, ik roep u aan door Gabriël*. Waarbij dus de sfeer en energie van Venus in de Maansfeer (heerst over woningen) wordt getrokken. Haniël is ook een geschikte engel om mee te werken om de natuur te beschermen. Naast het hele gebied dat verbintenissen, liefde, relaties, samenwerking, huwelijk, seksleven, schoonheid en kunst beslaat, heerst de engel ook over de wilde, woeste ongerepte natuur en de vruchtbaarheid in brede zin.

De petitie aan Haniël wordt op lichtblauw of roze papier in groene inkt of met zwart op smaragdgroen papier, fonetisch geschreven in het *Transitus Fluvii-script*. Goddard geeft een tijd van 28 dagen waarbinnen de engel moet reageren.* Na 28 dagen wordt de petitie verbrand.

Approbationes of Omens van Haniël (Anaël) & Hagiël (goedkeuringen, na de papieren petitie of contemplatieve petitie)

Het onder opvallende omstandigheden zien of horen van duiven, het krijgen van een roos als geschenk, het onder opvallende omstandigheden als afbeelding of echt zien van luipaarden, bijzonder knappe en vrolijke jonge vrouwen, appel, dennenappel, duif, pimpelmees, stier, koe of zeester.

'Lucifer', door Cornelis Galle, naar Cigoli, naar Jan van der Straet, ca. 1590 - ca. 1600

---

* Een geslaagd ritueel waarbij bovengenoemde Venus-intelligenties zijn aangeroepen kenmerkt zich altijd met een terugkeer en toename van harmonie, zachtheid, liefde en een "easy going".

L. Cigoli Florent. figurauit .   Cornelius Galle sculpsit .   C. Galle excudit .

IV

S.t Samaels Sigillum

Samaël

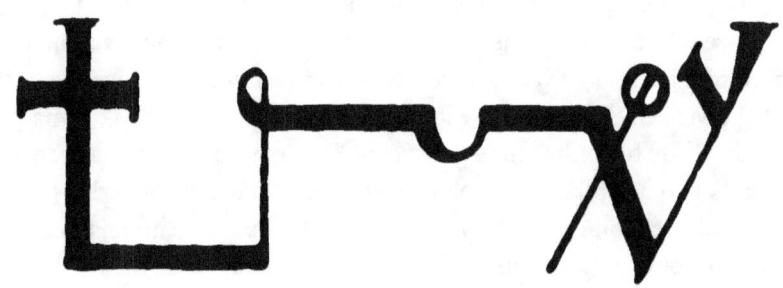

Standaard sigillum Samaël

Samael..

oℰ ℣. M.
Machon.

Samaël ,

Ik (naam, geboortedatum en geboorteplaats)

Wens: …

Ik dank u.

(Petitio-sjabloon voor Samaël)

Samaël is, als we de joodse mythen erbij halen, de meest heftige van alle engelen, heersend over Machon, de vijfde hemel en verblijvend in Arabot, de zevende. Hij is daar soms gelijk aan Satan of de Engel des Doods. Daarbuiten, in de traditionele engelenmagiepraktijk, blijkt deze associatie zeer onverdiend. Samaël is de engel van Mars en heerst over het purgeren van dingen en processen tot ze schoon zijn. Hij is degene die verwijdert wat ondeugdelijk is. Ik heb in mijn leven ongeveer 70 exorcismen van kamers/woningen verricht en dit altijd via een Spaans-joodse kabbalistisch ritueel, waarbij ik Samaël invoceerde via de bovenliggende godsvorm Elohim Gibor en de aartsengel Chamaël. Ik heb hierbij nooit gefaald, maar van *would be* lichtwerkers wel veel kritiek gehad dat mijn methode wel erg radicaal was. Dat is hij juist niet. Een kwaadaardige of negatieve entiteit die ergens blijft hangen en mensen negatief beïnvloed, moet in een purgatoriumstaat worden gebracht om daadwerkelijk los te kunnen laten. Samaël confronteert negatieve geesten met niets anders dan hun eigen karma. Omgekeerd behoort Samaël tot de meest hoogstaande en onmisbare spirituele krachten van alle engelen, omdat hij voor de persoonlijke moedproef staat op basis van totale eerlijkheid, echtheid en confrontatie, zonder welke geen enkele spirituele vooruitgang mogelijk is. Samaël is de grote tegenstander van elke leugen, alle narcisme, elke lafheid en ieder zelfbedrog. In die zin is hij inderdaad een tegenstander, maar niet van het goddelijke of menselijke, maar van dat wat het aanvreet.

De naam Samaël wordt vaak vertaald als *Gif van God* of *Blindheid van God* (bij de gnostici). Die laatste vertaling is onjuist. Blindheid van God vertaald zich als Sanweerimel. Een vertaling die wel juist zou zijn, maar verder nooit wordt gehanteerd is *Kleefkracht van God* of *Aangename geur van God*. Sam kan in het Hebreeuws namelijk zowel gif, kleverige brei als aangename geur betekenen. Strengheid van God geeft het beste weer wat deze engel intrinsiek doet: je aan confrontaties onderwerpen totdat eerlijkheid het van de illusie wint.

Agalma
Samaël wordt voorgesteld als een grote soldaat van scharlakenrode vlammen, waar groene vonken doorheen tekenen, met een vlammend zwaard en wit schild waarop de onuitsprekelijke naam van God is afgebeeld in de afkorting Yod He Waw He.

Sumbola & Sunthemata
Kleuren: rood, scharlakenrood, robijnrood
Geur: zuiveringshout, kardamon, palo santo
Steen: robijn, rode jaspis, vuuragaat, sneeuwvlokobsidiaan
Metaal: ijzer

Planeet: Mars

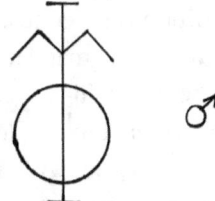

Dag: dinsdag
Getal: 5

Petitio

Samaël wordt opgeroepen om iets schoon te maken, iets ondeugdelijks te verwijderen of een persoon die je onrechtmatig lastig valt, of om een farce te doorbreken. Voor een petitie gebruik je rode inkt op wit papier, fonetisch geschreven
in het *Transitus Fluvii-script*. Je schrijft de petitie op een dinsdag en bewaart
hem 7 dagen op een plek, dicht bij een warmtebron (vuurhaard, kachel, geiser
of boiler) en verbrand de petitie op de dinsdag, een week na het ritueel.

Approbationes of Omens van Samaël
(goedkeuringen, na de papieren petitie of contemplatieve petitie)

Het in bijzondere setting zien van vonken of vuur, plots opvallend veel ervaringen met vuur, een steek van een insect, een mes, schaar of scherp voorwerp dat
zonder oorzaak van tafel valt, een incident met peper of tabasco, je per ongeluk
snijden of branden, onverwacht prikken aan een doornstruik of naald, een droom
over een ram, schaap, schorpioen, vos of rode vogel, rode bloemen (behalve klap-
rozen) of het krijgen van een geschenk met een dergelijke afbeelding erop.*

---

* Behalve middels de beschreven omens, kan Samaël ook reageren via een droom met een sfeer,
intensiteit en symboliek, die niet mis te verstaan aangeeft dat het verzoek is ingediend en er aan
wordt gewerkt. Met andere woorden: dat die configuraties in de binnenwereld worden verricht,
zodat de toekomst zich vormt naar het verzoek.

TWEE SAMAËL-RITUELEN

Mars-engel Samaël wordt geïnvoceerd in naam van Elohim Gibor en Chamaël en het verzoek wordt gedaan in naam van El Elyon (de absorbtie van het hele multiversum in de Mone of Ene en de – via het directionisme van de magiër, geïnformeerde - uitstuwing ervan naar buiten). El Elyon is het goddelijk aspect van de tzimtzum en hiermee de *Eerste en Laatste van alle Krachten*; binnen de magie en vooral de magische cirkel vaak afgekort met de symboliek van A & Ω (Alpha en Omega). Samaël is een engel die wordt aangeroepen om ballast uit het leven te verwijderen die overtollig is, onrechtmatig schaadt, hiermee mentale opstopping en verlamming van de creatieve flow veroorzakend, hetgeen schadelijk is voor jezelf en de omgeving. Als je niet "jouw ding" doet in het leven, bouwen zich frustraties op, waarvan veel mensen ten onrechte denken dat ze daar wel mee kunnen leven door ze weg te drukken of te bagatelliseren. Je wordt echter op die manier een fnuikende pulsar van negatieve energie naar je omgeving en naar je eigen lichaam, geest en energieveld. Iets waar niemand bij gebaat is en waarmee je enkel negatieve krachten en memes gaat voeden.

Samaël verwijdert personen, situaties, mindframes, vloeken of andersoortige ballast, simpelweg door je ervan te scheiden. Samaël moet altijd worden opgeroepen om CONSTRUCTIEVE redenen in de strekking van het bovenstaande, niet om wraak te nemen op personen, ook al is dat emotioneel op dat moment bevredigend – het is niet wat je werkelijk wilt. En in dat laatste openbaart zich de kern van Samaël als de tegenstander van alle leugens en zelfbedrog. Samaël de sterke Vuur-engel van Mars, heersend over Ram en Schorpioen, is de engel voor de moedige eerlijke consequente mens, die de confrontatie niet uit de weg gaat en de rok van de groep niet nodig heeft om onder weg te kruipen. Elk Samaël-ritueel kan in essentie het best worden beschreven met de metafoor van het weghalen van dode takjes, blaadjes of verdroogde steeltjes in het vroege voorjaar bij meerjarige planten, zodat de frisse nieuwe groene blaadjes meer licht krijgen van de Zon en vrij kunnen groeien. Samaël is in zekere zin de uitvoerder van het zelfbevrijdend aspect van de innerlijke Zon of atman, de enige kracht die weer een rechte sturing aan je leven kan geven volgens je eigen wil, vrij van parasitaire ballast en afleiding. Het *Gif van God* is daarom op te vatten als een homeopathisch gif, dat op een soortgelijke wijze geneest.

Het Samaël-reinigingsritueel wordt gedaan op een dinsdag, in de periode tussen 1 dag *na* Volle Maan en 1 dag *voor* Nieuwe Maan, dus wanneer de Maan afneemt.* Let op dat de Maan direct gaand is en dat het geen *Afhoudende*

---

* Indien Mars zich in de 30e graad van een teken bevindt is het beter even te wachten tot hij in de eerste graad van het volgende teken staat.

Maan (Moon VOC / Void of Course) is.

Dit ritueel is het beste om een periode van magische activiteit, waarin andere rituelen worden verricht, mee te openen/te beginnen. Het verwijdert namelijk allerlei astrale of fysieke stoorzenders en schept een nieuwe schone tijd/ruimte/energie/bewustzijn-actualiteit.

Jinx Removal Oil en *Domination Oil* zijn goede versterkende hulpmiddelen bij dit ritueel. Gebruik een van beide oliën en tip daarmee alle chakra's aan en de voetzoelen. Voor Mars-rituelen is het beter *geen* warm bad te nemen om de olie in op te lossen, maar deze rechtstreeks te gebruiken. Dit omdat een warm bad de positieve "Mars-staat" van frisse proactiviteit en doe-energie, waarin je jezelf voorafgaand aan het ritueel moet brengen, verstoort door je loom te maken.

Bij de onderstaande twee rituelen kan het eerste ritueel afzonderlijk worden gebruikt om een huis schoon te maken. Het tweede ritueel wordt uitgevoerd op basis van een door David Goddard aangepast Abramelin-ritueel, dat het tablet gebruikt om echte van valse vrienden te (onder)scheiden. Het is door mij teruggezet in Hebreeuws en vervolgens omgezet in het *Alphabetum Hebraicum ante Efram* of *Passing of the River-script*.

RITUEEL 1: HUISEXORCISME
Exorcismeritueel
Te gebruiken voor: huisreiniging; verdrijving negatieve emotie- en gedachteresten; verdrijving spookrecordings (achtergebleven uit trauma of depressie ontstane memen) of kwade geesten; ondersteuning vloekopheffing; ondersteuning Samaël-ritueel 2; als voorbereiding van een exorcisme van een persoon met bezetenheidsverschijnselen; ter ondersteuning van het genezingsproces van een zieke (veel ziektes hebben een astrale oorzaak en dit kan zelfs bij griep het geval zijn).

Hulpmiddelen
- (optioneel) Lodestone-olie
- (optioneel) Protection oil, indien geen gebruik wordt gemaakt van Jinx Removal oil of Domination oil
- (optioneel) emmer warm water en dweil
- zuiveringshout wierook
- kleine Tibetaanse klankschaaltjes
- ketting met of van rode granaat of robijn
- ketting van of met sneeuwvlokobsidiaan

Voorbereiding

Ruim het huis op en maak schoon. Bij parket, plavuizen of zeil, boen de vloer met water waar druppels Lodestone-oil in zijn opgelost. Of breng de olie rechtstreeks aan op drempels en deurposten. Breng de hele dag energiek en proactief door en blijf onafgebroken in een opgeruimde doe-energie. Eet dingen met peper of cayennepeper gekruid. Drink koffie met suiker, zonder melk. Eet koolhydraatrijke voeding (derde chakra dieet) en/of biefstuk met tabasco. Sport of verricht lichamelijk actief werk, onthoud je op de dag zelf van seks, wees in alles direct en resoluut, maar niet geagiteerd.

Het eigenlijke ritueel

1. Steek de zuiveringshout-wierook aan.
2. Verbeeld een alles doordringende heldere robijnrode gloed.
3. Rook elke kamer van het huis uit met de zuiveringshout-wierook en ga elk hoekje langs. Rook ook alle lades van kasten en andere holtes even kort uit. Een beetje rook is doorgaans voldoende.
4. Ga opnieuw ieder vertrek langs, maar trek nu in het midden van elke ruimte 5 keer een lemniscaat in de lucht met de wierook; gewoon voor je uit – het hoeft niet boven je hoofd. Citeer daarbij, terwijl je in je verbeelding de robijnrode gloed in het huis vasthoud:

   In naam van Elohim Gibor, roep ik u aan Chamaël, roep ik u aan machtige engel Samaël, om deze ruimte te zuiveren van alle boze geesten en Elementalen die ons kwaad gezind zijn, van alle geesten van doden die ons kwaad gezind zijn, van oude negatieve emoties, van alle vloeken en negativiteit door anderen hierheen gezonden. Behoud de goede geesten en werp alle boze energieën en wezen uit. Schoon deze ruimte op en verhinder voor altijd hun terugkeer. In naam van El Elyon, de Eerste en Laatste, Amen!

5. Als alle vertrekken op deze manier behandeld zijn, is in het huis een vacuüm gecreëerd, waarbij je moet voorkomen dat het zich ongecontroleerd vult. Dit doe je door alle vertrekken van het huis te doorlopen, terwijl je met de Tibetaanse klankschaaltjes overal een heldere klank laat horen en daarbij visualiseert dat de ruimtes zich vullen met een diep ultramarijnblauw licht, doorspikkeld met oplichtende gouden vlekken.
6. Vervolgens doe je, voor de zekerheid, een ritueel binnen het kader van de geldmagie. Dit lijkt een vreemde tip, maar in ieder huis bevinden zich ook goede geesten en een huisschoonmaak, niet alleen met dit ritueel, maar ook met een van de vele andere die in omloop zijn als salie branden etc. kunnen ook deze goede geesten verwijderen, zodat er een dip kan ontstaan in inkomsten en of bezoekers, als je bijvoorbeeld een winkel runt.

Ritueel 2: Scheidingsritueel

Te gebruiken voor: scheiding van mentale ballast, situationele obstakels, negatieve personen, parasitaire invloeden, vloeken, stalkers ect., en om terug te keren naar de eigen wilskoers en bijbehorende flow. Dit ritueel is meer rudimentair in *The Sacred Magic of the Angels* opgenomen als *Warrior Shield Ritual*.

Hulpmiddelen

- Jinx Removal oil of Domination oil
- zuiveringshout wierook en houdertje
- (optioneel) rode kleding
- een vel wit papier
- rode stift
- potlood en liniaal
- een rode kaars
- een liefst rood glas of rode beker gevuld met water
- ketting met of van rode granaat of robijn
- (optioneel) stenen als rode jaspis, granaat (pyroop), robijn, magnetiet, hematiet, vuuragaat, tijgerijzer, stuk ijzer
- rood altaarkleedje en iets dat als altaartje is te gebruiken

Voorbereiding

- Breng de hele dag energiek en proactief door en blijf onafgebroken in een opgeruimde doe-energie. Eet dingen met peper of cayennepeper gekruid. Drink koffie met suiker, zonder melk. Eet koolhydraatrijke voeding (derde chakra dieet) en/of biefstuk met tabasco. Sport of verricht lichamelijk actief werk, onthoud je op de dag zelf van seks, wees in alles direct en resoluut, maar niet geagiteerd.
- Voer Samaël-ritueel 1 uit.
- Kleed je in rood.

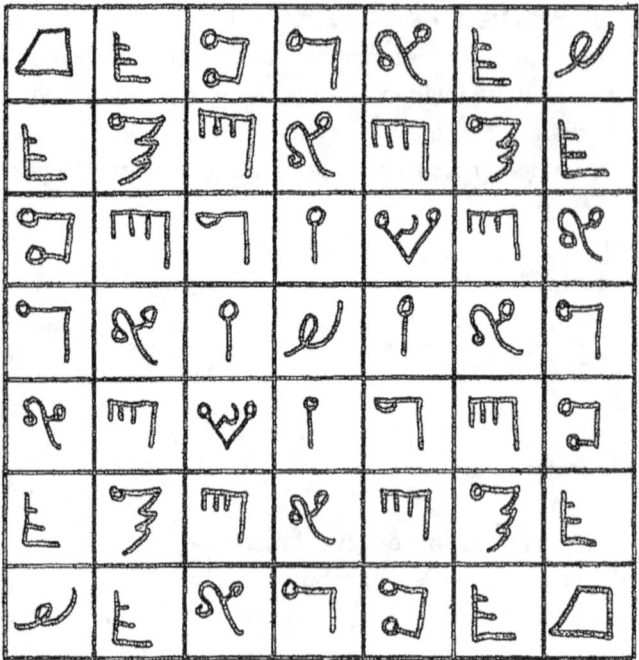

Neem het vel wit papier

Teken daarop met rode stift een vierkant grit van 49 vakjes dus 7 rijen van 7 onder elkaar. Vakbreedtes van 1,5 of 2 cm zijn ideaal.

1. Schrijf met licht aangezet potlood bovenstaande letters in de vakken.
2. Richt een tafel of altaartje in met een rood kleed. Leg het vel papier zo op het kleed dat je de potloodletters makkelijk kunt overtrekken met de rode stift. Plaats daarachter de rode kaars en het glas water met in het midden het wierookhoudertje en steek dat aan, net als de rode kaars. Leg eventueel enkele stenen uit het bovengenoemde rijtje rond de wierookhouder.
3. Verbeeld een robijnrood licht dat de kamer vult.
4. Citeer: *In naam van Elohim Gibor, roep ik [je naam...] u aan Chamaël, roep ik u aan machtige engel Samaël, om alle vloeken, alle onrechtmatige tegenwerking, alle onzinnige hindernissen en vertraging, alle personen die mij kwaad toe wensen of op mij (of mijn familie) parasiteren voor goed te verwijderen uit mijn leven, opdat ik positief en creatief in het leven sta en zo voedend en opbouwend ben voor mijn omgeving, mijn gezin/relatie en mijzelf. In naam van El Elyon, de Eerste en Laatste, Amen!*
5. Vervolg het ritueel na deze opening door de eerste letter op het vierkant over te trekken met stift en citeer daarbij een korte versie van het bovenstaande of iets in deze strekking. Bijvoorbeeld:

Machtige engel Samaël, in naam van El Elyon, Elohim Gibor, Chamaël, verwijder alle vloeken, alle onrechtmatige tegenwerking, alle hindernissen en alle personen die mij kwaad toe wensen of op mij parasiteren, voor altijd uit mijn leven.

Doe dit bij elke letter en herhaal de zin dus nog 48 keer.

6. Doof nu abrupt de kaars in het glas water. Gooi het water weg; ruim de kaars op en de andere spullen, doof de wierook.

7. Neem nu het voltooide vierkant, prik er een stukje ijzerdraad doorheen en hang het een week lang op naast een vuurhaard in je huis (kachel, geiser, boiler of haard indien gebruikt). Doe dit uiteraard zo dat er geen brandgevaar kan ontstaan.

Meestal zal indien je verzoek verhoord wordt er binnen enkele dagen, soms al uren iets voordoen uit het rijtje typische Mars/Samaël-omens, als je prikken aan een scherp voorwerp, iets merkwaardigs waarnemen in verband met vuur, een wespensteek oplopen of iets dergelijks. Je situatie wordt dan vanaf dat moment vanuit de binnenwereld veranderd. Vaak is direct na dit ritueel, of zelfs al ervoor een hogere concentratie en betere energie bij jezelf te bespeuren.

Indien het scheidingsritueel correct wordt uitgevoerd, kan zich ook abrupt een entiteit manifesteren. Dit kan Paimon (of Paymon) zijn, die na het afgeven van een signaal, doorgaans een (rinkelend geluid of geklingel), weer zal verdwijnen. Conform de door MacGregor-Mathers vertaalde versie van het *Boek van Abramelin* is het te gebruiken vierkante tablet geopenbaard door de engelen en beschermengel en wordt het werk uitgevoerd door Paymon, Oriens, Ariton en Amaymon. David Goddard het heeft het uit dit boek overgenomen en gepubliceerd in *The Sacred Magic of the Angels*. In het werk van MacGregor-Mathers is het tablet het 11e vierkant van hoofdstuk 1 en betrekt het zich op *het (onder) scheiden van echte en valse vrienden*. In de gerestaureerde Abramelin-versie van Georg Dehn is dit vierkant [MEBHAER-ELIAILE-BIKOSIA-HAORO-AH-AISOKIB-ELIAILE-REAHBEM] het derde vierkant in hoofdstuk 2 en betrekt het zich op *het krijgen van informatie over allerhande twijfelachtige zaken*. Hoe dan ook, als middel bij het doel van het Samaël-ritueel werkt het goed.

In het verleden heb ik dit ritueel met succes door mensen laten inzetten die met ernstige gevallen van zwarte magie te maken hadden, waaronder een Malinese marabout, die een kennis van me stinkende dierenlijken over de post stuurde. Samaël zorgt er vaak domweg dat dit soort plaaggeesten hun interesse verliezen in hun doel.

V

St. Sachiels Sigillum.

Sachiël

Standaard sigillum Sachiël

Sachiël ,

Ik (naam, geboortedatum en geboorteplaats)

Wens: …

Ik dank u.

(Petitio-sjabloon voor Sachiël)

Sachiël (Zachariël) is de engel van Jupiter en heerst daarmee over expansie, toename van financiën, geluk en herstel van optimisme. Sachiël betekent *Bedekking of Omhulling van God.*

Agalma

Hij wordt voorgesteld als een rijzige bebaarde (Jupiter-achtige) engelgestalte in een iriserend purperen en violet gewaad, doorspikkeld met gouden vlekken en vier grote saffierblauwe vleugels. Boven zijn hoofd hangt een blauwe vlam, als teken dat hij tot de Jupiter-engelorde van de Chashmalim behoort onder heerserschap van de aartsengel *Tzadkiël.* De term *chashmal* betekende in het Oud-Hebreeuws *amber* of *barnsteen (elektron* in het Grieks). De relatie met elektriciteit ligt in de statische elektriciteit die met het wrijven van barnsteen kan worden opgewekt. In modern Hebreeuws wordt *chashmal* gewoon vertaald met elektriciteit.

Sunthema & Sunthemata

Kleuren: paars, violet, blauw, elektrisch blauw, vlekken van amber of goud.
Geur: nootmuskaat
Steen: amethist, barnsteen, saffier
Metaal: tin
Planeet: Jupiter

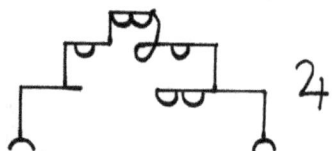

Dag: donderdag
Getal: 4

Petito:

Jupiter-engelen, waaronder vooral Sachiël spelen in de magische traditie vooral een rol bij het verbeteren van de financiën, of het van schulden afkomen. Gebruik paarse inkt op wit papier of donkerblauwe inkt op lavendelkleurig papier, fonetisch geschreven in het Transitus Fluvii-script. Wacht een week op een omen en vernietig dan de petitie.

Approbationes of Omens van Sachiël
(goedkeuringen, na de papieren petitie of contemplatieve petitie)

Een onverwachte, opvallende ongewone en positieve ervaring met een buitenlandse munt, buitenlands geld, geld op straat vinden, een paars licht of paarse gloed, gouden lichtjes in de lucht, een ongeplande reis met een boot of over zee, nieuws over vissers of zeelieden, een geschenk dat een olifant, walvis, vissen als motief heeft of het onverwacht zien van deze dieren, paarse bloemen krijgen of eikels, eikenbladeren of iets met dat als motief, iemand van de Koninklijke familie zien of een kerkelijke hoogwaardigheidsbekleder, een schip, een bij die het huis binnenvliegt.

VII

St Cassiels Sigillum.

Cassiël

Standaard sigillum Cassiël

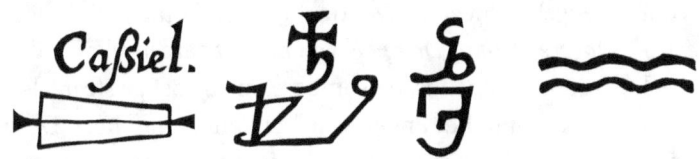

Cassiël ,

Ik (naam, geboortedatum en geboorteplaats)

Wens: …

Ik dank u.

(Petitio-sjabloon voor Cassiël)

Cassiël is als Saturnus-engel de tegenhanger van Sachiël. De naam Cassiël kent in de occulte literatuur veel pseudoniemen of afwijkende schrijfwijzen. Hieronder: Manuël, Emmanuël, Immanuël, Cafziël, Cafzyël, Caphziël, Casiël, Cassaël, Casziël, Kafziël, Kasiël, Qafsiël, Qaphsiël, Qaspiël, Qephetzial en Quaphsiël. Quaphsiël betekent *Snelheid van God* of *Boosheid van God*. Zelf zou ik voor de vertaling van Cassiël de standaardregel voor Hebreeuwse engelennamen hanteren, namelijk de samenvoeging van een woordstam die de activiteit/kwaliteit weergeeft, gekoppeld aan het woord *el*. De woordstam CSH betekent *afsnijden*, specifiek *het afsnijden van fruit* van een boom of druiventrossen van een wijnrank. Cassiël zou dan *God die afsnijd* of *Het afsnijden door God* betekenen. Omdat we het hier over een Saturnus-engel hebben zou de symboliek ook veel beter kloppen, omdat de God Saturnus/Kronos altijd met een *sikkel* in de hand werd voorgesteld en de meeste engelvoorstellingen zijn ontstaan in de Hellenistische periode waarin alle Mediterrane en Klein-Aziatische culturen door elkaar liepen en ook met name hun religieuze en mythische figuren. Latere bijnamen voor Cassiël zijn *De Engel der Tranen* en de *Engel van de Gematigdheid*.

Cassiël was ook de engel die heerste over de dood van koningen en wordt soms met de *"Reaper"*, *Magere Hein* of *De Engel van het Lot* vereenzelvigd. Cassiël draagt de psychosfeer van Saturnus, de sombere, mistroostige sfeer, als van motregen op beton, als wat in het Engels een "sentient being" heet. Deze sfeer draagt hij omdat deze psychosfeer een voorstadium is van ons vermogen tot verantwoording, wat de wereld bewaard voor nihilisme en totaal verval, en structuur aan dingen geeft. Hoewel we emotioneel niet graag raken aan de directe Saturnussfeer, zou zonder deze sfeer geen van alle andere, meer aangename psychosferen kunnen bestaan. Cassiël, draagt deze last bewust en voelt deze sfeer zoals wij hem kunnen voelen. Hij is de minst populaire van alle engelen, maar heeft de grootste liefde voor alles, daarbij het zwaarste offer torsend.*

Agalma
Hij kan worden voorgesteld als een zuil van zwartblauwe duisternis, zoals de kleur van de vleugel van een kraai of raaf met daarin iriserende spikkels paars, violet, groen en blauw. In het midden van deze zuil is een zilveren beker zichtbaar omringd met een scharlaken gloed. In een meer geantropomorfiseerde vorm Cassiël als een geweldige engel, ongeveer hetzelfde gevoel van grootte gevend als wanneer je voor een reuzenrad staat, opgebouwd uit tientallen neerhangende vleugels, die het midden lijken te houden tussen kraaienvleugels en libellenvleugels van een schitterende iriserende kleurenpracht en structuur. Zwart en duister, maar vol spikkels paars-, groen- en blauwschakeringen.

---

* In de *Stenografia* van Johannes Tritemius heet de engel van Saturnus Oriffiël.

Sumbola & Sunthemata
Kleuren: zwart-indigo, grijs, blauw-violet doorspikkeld zwart.
Geur: geur van vrieslucht, oude droge beenderen, diepe aarde
Steen: zwarte onyx, git
Metaal: lood
Planeet: Saturnus

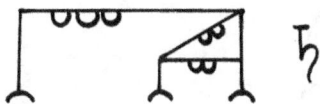

Dag: zaterdag
Getal: 3

Petitio
Cassiël raadpleeg je bij vragen over karma, het wensen van een gunstige oude
dag, wanneer bejaarde mensen hulp nodig hebben om bijvoorbeeld hun klachten te verlichten, of hen aan betere woonruimte of omstandigheden te helpen.
Ook kun je Cassiël om hulp vragen om oude dingen te beschermen, zoals
bijvoorbeeld een oud bos dat men wil kappen, of een oud gebouw dat gesloopt
dreigt te worden. Tot slot heerst hij over de tijd zelf, alle tradities, over dingen
die een definitieve vorm moeten krijgen en het wel en wee van de doden, dus
over het goed overgaan van een ziel. Cassiël staat bekend als een heel betrouwbare, maar ook zeer langzaam werkende engel, waarbij het verzoek tot vier jaar
op zich kan laten wachten.

Gebruik zwarte inkt of potlood op grijs papier, fonetisch geschreven in het
Transitus Fluvii-script. Het omen kan volgens Goddard uiterlijk drie maanden
op zich laten wachten.

Approbationes of Omens van Cassiël
(goedkeuringen, na de papieren petitie of contemplatieve petitie)
Een onverwachte, opvallende ongewone en positieve ervaring met een tak van
een altijd groene boom, schildpad, een worm die op het pad ligt, lood, een stuk
steenkool, in iets bitters bijten, een uitnodiging voor een begrafenis of her-
denking, gedroogd fruit, een ouder iemand die onaangekondigd langs komt,
gedroogde bloemen, roet, vooral roet dat plots uit de schoorsteen valt.

Uriël (spreek uit *Oeriël*) betekent *Licht van God* of *Bliksem van God*. Deze aartsengel duikt, net als Gabriël, pas op in de joodse traditie na de Babylonische Ballingschap. Dus na de dood van Assurbanipal (627 v.Chr.) waarna Judea zijn onafhankelijkheid terugkrijgt. Uriël is traditioneel vaak als aartsengel van de Aarde zelf (dus de ontbrekende planeet in het rijtje van de klassieke zeven) afge-schilderd voordat hij werd vervangen in die rol door Sandalphon. In de huidige magische traditie is hij aan de sephirah Da'ath in de kabbalistische Levensboom gekoppeld en de destijds nog niet bekende planeet Uranus.

Uriël is de openbreker van de Qlippoth, de schalen of schillenwereld om energie weer te laten stromen en de kankers (obsessies & obsessoren) uit het leven te beuken. Het enkelvoud van Qlippoth is qlipphah, en de beste vertaling hiervan is een negatief geladen meme of gedachtevorm. Onze hele samenle-ving hangt van zo'n meme-grit aan elkaar, net als onze eigen psyche voor een belangrijk deel. Massamedia kweken voortdurend negatieve gedachtevor-men, meestal in de vorm van verzonnen bedreigingen. Het belastingstelsel en schuldsysteem van banken is er op gebaseerd; geld wordt immers al lang niet meer gedekt door iets van waarde, maar er worden gewoon bedragen in een computerprogramma getypt.

Volgens de legende is Uriël de engel die de oorlog met de Assyrische koning Sennacherib neerslaat en het is Uriël die de Toren van Babel (allegorisch voor menselijke hybris) neerbliksemt. Uriël-rituelen gaan doorgaans gepaard met poltergeist-achtige elektrische storingen. Uriël wordt eigenlijk enkel ritueel gebruikt voor heling van aandoeningen aan het zenuwgestel en het doorbreken van negatieve grote patronen in de wereld.

Agalma

De engel wordt voorgesteld als een kolom vonkend blauwgroen elektrisch licht met een elektrische vlam erboven.

Sumbola & Sunthemata

Kleuren: elektrisch blauw, groen, indigo
Geur: ozon, de geur die vrijkomt als twee vuurstenen tegen elkaar worden geslagen
Steen: blauwe topaas, fulguriet, Australische amuletsteen, moldavit
Metaal: zink
Planeet: Uranus
Dag: zaterdag
Getal: 11

Petitio

Uriël kun je benaderen via de petitiemagie in de traditie van Madeleine Montalban/David Goddard/Maxine Sanders. Als symbolen bovenin het petitiebriefje zet je dan Uriël, het symbool van Uranus en het teken Waterman een libelle of eenhoorn en kleine bliksemschicht. Doorgaans roep je de engel zelden, en alleen voor mundane problemen en het keren van bedreigingen die een groot publiek treffen, of het verstoren van schadelijke ontwikkelingen. Uriël-aanroepingen gaan vaak gepaard met elektrische fenomenen als licht dat uit zichzelf aanfloept, een harde knal uit de TV etc.. Ook kan de prijs een forse aantasting van je ogen of zenuwgestel zijn.

Approbationes of Omens van Cassiël
(goedkeuringen, na de papieren petitie of contemplatieve petitie)

Omens: onweer, elektrische fenomenen, bananen, papegaaien, libelle, mango's, hortensia of zeer fel gekleurde bloemen, eenhoorn, blauw licht; dit alles in de context van onverwacht, geschenk, echt of een afbeelding ervan zien.

HET BLIKSEMSCHICHT-RITUEEL

Dit ritueel wordt uitgevoerd om in te breken op een negatieve ontwikkeling met de bedoeling deze te stoppen of te keren. Het gaat dan om iets dat veel mensen of de natuur of sociale orde nadelig beïnvloed. Ook kun je het gebruiken om je te verlossen van iets dat tegen je zin werd opgedrongen en waar je al jaren last van ondervindt. Dit ritueel gebruikt een oud Fenisch symbool dat hier in de originele versie is afgebeeld. Goddard suggereert dit ritueel niet meer dan eens per jaar uit te voeren. Het resultaat kan snel en onverwacht komen of langer duren, maar doorgaans is Uriël snel.

• Begeef je naar een verlaten maar publieke locatie met een schepje, stuk zwart karton en krijt. Schrijf in Transitus Fluvii-schrift:

> Uriël, Licht en Bliksem van God,
> Engel van de Magische Kracht;
> verwijder uit mijn leven *(obstakel)*
> dat mij/ons *(...)*
> onrechtmatig hindert.

• Op de achterkant teken je de bliksemschicht zoals op de afbeelding hierboven. Dan vouw je het karton dubbel, begraaf je het en loopt weg.

CHORONZON, URIËL'S DEMON

Uriël in meer verdichte vorm is de demon Choronzon.* Crowley beschreef deze als een soort wildeman toen hij hem oproep. Choronzon is de enige demon die ik ooit – omdat ik dacht daar goed aan te doen – letterlijk tot zichtbaarheid in de verschijning heb geroepen, waarop deze verscheen als een ongeveer twee meter grote gedaante van een man, die eruit zag alsof zijn hele lichaam een verkoolde huid had, met twee rood gloeiende ogen. Het omen van Choronzon kwam snel in de vorm van twee uiterst vreemde, eigenlijk onmogelijke branden in beton- en staal-installaties met cruciale zendmasten erop, die ressorteerden onder zowel mijn verzoek als onder het heerserschap van dit wezen. Mijn verzoek was zeer veelomvattend, maar ging in vervulling als langlopend project en het resultaat kon objectief met statistiek geverifieerd worden. Niet tot tevredenheid echter, omdat ik dit wezen na jarenlang door iets gekweld te zijn en uit woede en wrok had geëvoceerd met een intense emotionele pijnlading. De motivatie was daarom te rommelig.

---

* Choronzon wordt niet door iedereen als Uranus-demon gezien, maar ik kan hem zelf niet anders plaatsen dan onder Uranus en Uriël.

OVER HET MATERIALISEREN VAN GEESTEN

In de vorige paragrafen heb ik laten zien dat de engelen, die het meest in de Europese magische traditie worden gebruikt, planeetintelligenties zijn die conform het kosmische beeld van die tijd verbonden zijn aan de Zon (Michaël), Maan (Gabriël), Mercurius (Raphaël), Venus (Haniël of Anaël), Mars (Samaël), Jupiter (Sachiël) en Saturnus (Cassiël). Diezelfde engelen, of beter geformuleerd hun onderklassen van *Coelestes,* annex planeetintelligenties worden via de oude tradities zoals die welke grimoires als bijvoorbeeld het Heptameron e.a., gebruiken, opgeroepen totdat ze echt materialiseren.

De magiër staat hierbij in een cirkel die volgens specifieke instructies is gemaakt. Hij draagt een wit priestergewaad met een gouden koord om het middel, een zwaard in de hand met op het lemmet de tekst AGLA gegraveerd aan de ene zijde en ON (een afkorting van TETRAGRAMMATON) aan de andere zijde. De veel in magische geschriften voorkomende term AGLA is de afkorting van Atah Gibor LeOlam Adonay. Het betekent zoveel als: *De Kracht die komt naar de wereld van Mijn God* en slaat op het "aarden" van de Godsmacht, waarmee de magiër zich tijdens de magische operatie identificeren moet. Verder draagt de magiër tijdens de operatie een beschermend hexagram.

Lisiewski beschreef in zijn boek *Ceremonial Magic & The Power of Evocation* (Original Falcon Press 2004) heel gedetailleerd het proces waarbij geesten zich materialiseren. De materialisaties beginnen met de notie dat de atmosfeer van de kamer in beweging komt, waarna na enige tijd zich nevelachtige flarden licht van meestal goud of wit zich vormen en vervolgens de wezens verschijnen die bij de opgeroepen planeetintelligenties horen. Soms eerst in een angstaanjagende vorm, soms direct in meer menselijke gedaante. Soms namen ze pas een meer vriendelijke en menselijke gestalte aan als Lisiewski ze daartoe vermaande. Bijzonder bij alle evocaties was dat de vormen waarin de planeetintelligenties voor Lisiewski buiten zijn magische cirkel om verschenen, eigenlijk heel "protocolgetrouw" overeen kwamen de beschrijvingen zoals die zijn gegeven in het 'Boek Vier' dat aan Agrippa von Nettesheim's *De occulta philosophia libri tres* werd toegevoegd en ook aan Agrippa wordt toegeschreven. Deze Middeleeuwse beschrijvingen (in hun meest letterlijke vertalingen) zijn de volgende:

De gedaantes van de geesten van Saturnus, ressorterend onder de engel Cassiël
Zij verschijnen voor het grootste deel met een lang en slank lichaam, een boos gezicht met vier gezichten, één in het achterste deel van het hoofd met een snavel, één aan de voorkant van het hoofd met een snavel en op elke knieschijf een gezicht. Ze zijn glanzend zwart van kleur, hun beweging is als die van een orkaan of aardbeving, hun teken is witte aarde, witter dan sneeuw.

Andere specifieke vormen waarin ze verschijnen zijn: een koning met een baard, rijdend op een draak. Een grijsaard met een baard. Een oude vrouw die op een staf leunt. Een zwijn. Een draak. Een nachtuil. Een zwart gewaad. Een bijl of sikkel. Een jeneverbesstruik.

De 13ᵉ eeuwse *Liber Juratus Honorii* (het beëdigd boek van Honorius) voegt als kenmerk van Saturnusgeesten toe:

'En hun aard is het om verdriet, woede en haat te veroorzaken en om sneeuw en ijs te maken. Hun lichamen zijn lang en slank, bleek of geel, en hun regio is het noorden.'

De gedaantes van de geesten van Jupiter, ressorterend onder de engel Sachiël

De geesten van Jupiter zijn van een sanguinisch en cholerisch temperament, van gemiddelde statuur. Ze hebben een zachte blik, spreken zacht en zijn blauw van kleur. Hun beweging is die van de bliksem met een donderslag. Hun teken bestaat uit mensen die rond de magische cirkel verschijnen en die de indruk wekken door leeuwen te worden verslonden.

Andere specifieke vormen waarin ze verschijnen zijn: Een koning met een getrokken zwaard, rijdend op een hert. Een man met een mijter in lang gewaad. Een met bloemen versierd meisje met een laurierkrans. Een stier. Een hert. Een pauw. Een azuurblauw gewaad. Een zwaard. Een buxus (struik).

De *Liber Juratus Honorii* voegt als kenmerk van Jupitergeesten toe:

'En hun aard is het schenken van liefde, vreugde, blijdschap en de gunst aan alle personen aan degene die werkt. Ook brengen ze dauw, bloemen, kruiden en bladeren voort, of nemen deze weg. Hun regio of verblijfplaats is tussen het oosten en het zuiden, en hun lichamen zijn van gemiddelde lengte. De kleur ervan is als de kleur van de hemel, of als van kristal.'

De gedaantes van de geesten van Mars, ressorterend onder de engel Samaël

Ze verschijnen in een lelijke bruinrode gedaante die een neiging tot woede en destructiviteit uitstraalt. Ze hebben horens die wat weg hebben van een hertengewei en klauwen met scherpe nagels. Ze brullen als woedende stieren en hun bewegingen lijken op die van verschroeiende vlammen. Hun teken is de bliksem en donder, die buiten de magische cirkel verschijnen.

Andere specifieke vormen waarin ze verschijnen zijn: Een koning die in volle wapenrusting op een wolf rijdt. Een bewapend persoon. Een vrouw die een schild tegen haar dij houdt. Een bok. Een paard. Een hert. Een rood gewaad. Wol. Een veelkoppig wezen.

De *Liber Juratus Honorii* voegt als kenmerk van Marsgeesten toe:

'En hun aard is het om oorlog, moord, vernietiging en de sterfelijkheid van mensen en van alle aardse dingen te veroorzaken en aan te wakkeren. Hun lichamen hebben een gemiddelde gestalte, droog en mager. Hun kleur is rood als van roodgloeiende kolen, en hun regio of verblijf is het zuiden.'

De gedaantes van de geesten van de Zon, ressorterend onder de engel Michaël

De geesten van de zon verschijnen in een groot, dik lichaam. Ze zijn sanguinisch van aard en goudkleurig. Hun beweging is als de lichtgloed in de hemel; bij hun verschijning gaat de persoon die hen aanroept zweten.

Andere specifieke vormen waarin ze verschijnen zijn: een koning met een scepter, rijdend op een leeuw. Een gekroonde koning. Een koningin met een scepter. Een adelaar. Een leeuw. Een haan. Een saffraan of goudkleurig gewaad. Een scepter. Een wezen met een staart.

De *Liber Juratus Honorii* voegt als kenmerk van Zonnegeesten toe:

'Hun aard is om liefde, genade, macht en rijkdom te geven aan een man, ook om zijn gezondheid te beschermen en hem onmiddellijk te voorzien van dadels, kruiden, bloemen en vruchten. Hun lichamen zijn groot, vol van alle zachtheid. Hun kleuren zijn helder als glas of citrusgeel, of zoals de zon, of als goud. Hun regio is het oosten.'

De gedaantes van de geesten van Venus, ressorterend onder de engel Anaël

Ze verschijnen met een mooi lichaam, van gemiddelde statuur, met een vriendelijk en aangenaam gelaat. Hun kleur is wit of groen in combinatie met goud. Hun "beweging" is als van een zeer heldere ster (bedoeld wordt het flonkeren van Venus als ochtend- of avondster). Hun teken is dat er buiten de magische cirkel beeldschone jonge vrouwen verschijnen die de magiër speels zullen provoceren en verleiden.

Andere specifieke vormen waarin ze verschijnen zijn: Een koning met een scepter die op een kameel rijdt. Een prachtig geklede jonge vrouw. Een naakte jonge vrouw. Een geit. Een kameel. Een duif. Een wit of groen gewaad. Bloemen. Een Juniperus Sabina (variant jeneverbes).

De *Liber Juratus Honorii* voegt als kenmerk van Venusgeesten toe:

'Hun aard is om gelach, lust en verlangens op te wekken, ertoe aan te zetten om van vrouwen te houden, en om bloemen en vruchten te geven. Hun lichamen zijn in alle opzichten van gemiddelde gestalte, want ze zijn noch klein noch groot, noch vet noch mager. Hun gelaat is aangenaam, wit als sneeuw. Hun regio ligt tussen het zuiden en het westen.'

De gedaantes van de geesten van Mercurius, ressorterend onder de engel Raphaël

De geesten van Mercurius verschijnen (later in de evocatie) doorgaans in een vochtig, maar mooi lichaam van gemiddelde statuur. Ze zijn spraakzaam en hebben het uiterlijk van een bewapende krijger. Hun kleur is helder en hun beweging als die van een zilveren wolk. Hun teken is dat ze de magiër bang proberen te maken. (Dit is volgens Lisiewski een test, en indien er geen angst wordt getoond, verschijnen ze in een vriendelijke gedaante.)

Andere specifieke vormen waarin ze verschijnen zijn: Een koning die op een beer rijdt. Een schone jongeling. Een vrouw met een spinklos of spinnewiel. Een hond. Een berin. Een ekster. Een bont gewaad. Een roede. Een staf.

De *Liber Juratus Honorii* voegt als kenmerk van Mercuriusgeesten toe:

'Hun aard is het om zichzelf en andere goede geesten aan anderen te onderwerpen. Ze geven antwoorden op dingen uit heden, verleden en toekomst. Ze leren geheime daden die moeten worden gedaan of wat een kans zal hebben in deze wereld. Ze onthullen de geheimen van alle andere geesten. Ze kunnen ook, als ze worden bevolen, dezelfde dingen doen die anderen kunnen doen. Hun vorm of uiterlijk is beweeglijk, helder als glas, of de vlam van een wit vuur. Ze onthullen en vertellen, samen met de Maan, de raadgevingen en geheimen van anderen. Hun regio ligt tussen het westen en het noorden.'

De gedaantes van de geesten van de Maan, ressorterend onder de engel Gabriël

Ze zullen voor het grootste deel verschijnen als een hoge, volle gestalte en hun uiterlijk komt zacht en flegmatisch over. Hun kleur is als die van een donkere wolk, met een opgeblazen gezicht, rode waterige ogen, een kaal hoofd en tanden als van een wild zwijn. Hun beweging is als die van heftig deinende zeegolven. Hun teken van aanwezigheid is een slagregen die buiten de magische cirkel neerdaalt.

Andere specifieke vormen waarin ze verschijnen zijn: Een koning met een pijl en boog in de hand die op een hinde rijdt. Een kleine jongen. Een jaagster met pijl en boog (als Artemis). Een koe. Een hinde. Een gans. Een groen of zilveren gewaad. Een peil. Een veelvoetig wezen.

De *Liber Juratus Honorii* voegt als kenmerk van Maangeesten toe:

'En hun aard is het om gedachten en testamenten te veranderen, om reizen voor te bereiden, om woorden te vertellen die gesproken worden, en om regen te veroorzaken. Hun lichamen zijn lang en groot; hun gelaat is witachtig als melkachtig kristal, of een gepolijst zwaard of als ijs, of een donkere wolk. Hun regio is het westen.'

Ga'ap uit het 'Dictionnaire Infernal' (editie 1863) van Collin de Plancy (1793 – 1881)

VI. DE GOËTIA
OF KLEINE SLEUTEL VAN SALOMO

• Twee soorten toepassing van de Goëtia: de Middeleeuwse methode en de moderne methode • 72 daemones van de Goëtia • 72 daemones van de Goëtia geclassificeerd naar rang • Goëtische daemones in defensieve en offensieve magie •

De oorsprong en context van de *Goëtia* heb ik in ***appendix I Literatuur-geschiedenis*** beschreven. De zegels of sigilli van de 72 Goëtische daemones werken officieel door ze van een specifiek metaal te maken dat hoort bij het soort daemon. Deze zijn verdeeld in: Koningen (Zon/*goud*), Hertogen (Venus/*koper*), Prinsen of Prelaten (Jupiter/*tin*), Markiezen (Maan/*zilver*), Presidenten (Mercurius/*kwik*-legeringen); Graven (deze zijn Mars-achtig, maar i.p.v. ijzer geeft de grimoire gelijke delen *koper* en *zilver*) en één Ridder (Saturnus/*lood*). Welke daemon onder wat ressorteert is in schema duidelijk aangegeven aan het einde van de Goëtia-tekst.

De Goëtiatekst an sich ligt niet vast, met uitzondering van de 72 beschrijvingen van de daemones. Deze beschrijvingen verschijnen in dit boek voor het eerst in de Nederlandse taal. De rituele omlijsting is sterk ingekort en aangepast als een hybride van diverse oude en moderne Goëtia-teksten.

Het geheime sigillum van Salomo

TWEE SOORTEN TOEPASSING VAN DE GOËTIA

Het is mijn indruk dat een ritueel-magisch stuk liturgie net lang genoeg moet zijn om, met volle kracht, met woorden de juiste magische homeostase te versterken en verder liefst zo kort mogelijk, omdat te lange tekst moeilijk te onthouden is en te veel afleid van de voor het ritueel opgebouwde energetisch-emotionele vastberadenheid. Je gebruikt je onderbuik, je "guts" om magie die extra slinger te geven en het resolute van het steen-in-de-vijver-werpen te verstevigen.

Hoewel de Goëtia aardig wat zware jongens kent onder de beschreven daemones, zijn er ook hele vriendelijke, die helpen zonder bedreigingen en genoegen nemen met een sigillum dat met een witte stift op een rond stuk zwart karton is gezet. Dit laatste is mijn manier van werken bijna altijd. Vanuit de positie van een daemon zou ik het zelf zeer irritant vinden als iemand ineens een zwaard op mij richtte en de meest vreselijke bedreigingen zou uiten. Ik zou dan enkel onder dwang en met grote tegenzin helpen. Ik heb in mijn leven de klassieke veiligheidsvoorschriften voor daemonische magie keer op keer genegeerd, om reden dat ik ze meestal niet logisch vond en juist een manier om een onnodig spanningsveld op te wekken en gevaarlijke situaties. Bune is een zeer vriendelijk wezen, net als Orias, en zo zijn er meer. Sommigen als Ga'ap, Vasago en Sitri hebben zo hun gebruiksaanwijzing, maar kwaadaardig zijn ze niet. Waarom ik de Goëtia heb opgenomen (ongecensureerd) en niet een van de vele andere grimoirs, is eigenlijk enkel omdat ik er veel mee gewerkt heb en er nog steeds veel aan heb.

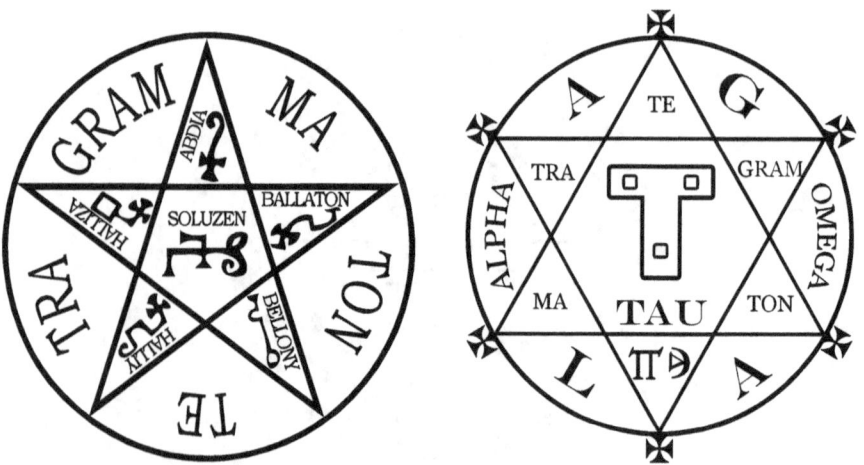

Hexagram en Pentakel van Salomo, gebruikt als beschermsigilli in Goetische magie.

Voorbereiding

1. Mediteer nog eens op het bekende: *Be careful what you wish for...*
2. Check je geloofssysteem. Dit moet solide als graniet zijn en je motivatie mag eveneens geen twijfel bevatten.
3. Let op de Maan en de Maanfase en of het geen Afhoudende Maan is en eventueel of de globale planeetstanden op dat moment harmoniëren met het op te roepen wezen.
4. Zorg voor een plek waar je niet gestoord wordt, die niet privé of publiek volop in gebruik is, en die geaard is met de bodem.
5. Zorg dat je mentaal, emotioneel en fysiek in topconditie bent en energetisch opgeladen. (Niet met enkele ademhalingoefeningen, maar echt. Gebruik intensief yi jin jing en ejaculeer niet tijdens seksuele activiteit).
6. Bereid de sigilli voor en de beschermsigilli van Salomo volgens instructie. Zorg voor eenvoudige kleding die de borstplaat met het teken van de daemon en de beschermsigilli duidelijk tonen en laat ze niet over elkaar hangen.
7. Gebruik de cirkel en driehoek-tekening van Crowley, zoals gegeven in dit boek om de cirkel en driehoek te trekken met krijft, of druk alles van te voren op doek. De doorsnee van een magische cirkel is standaard 9 voet van rand tot rand. De driehoekzijden meten twee voet (ca 60 cm).
8. Gebruik al naar gelang de planeet waaronder de goetische daemon ressorteerd de juiste hoeveelheid kaarsen van de juiste kleur. Kleuren en getallen zijn besproken in *hoofdstuk V Engelenmagie*. (Maar voor een Koning zijn het bijvoorbeeld 6 gouden kaarsen, voor een Hertog 7 groene, etc.).
9. Een standaarkruid voor smudgen is Artemisia vulgaris (alsem; wormwood), maar geurwerk kan ook worden aangepast volgens suggesties per planeet-engel, gegeven in het Heptameron. Zorg echter voor voldoende rook en mix eventueel met speciale wierook, bijvoorbeeld rozen of vanille voor Hertogen, die onder Venus vallen.
10. Uiteraard moet je de ruimte dusdanig ventileren dat je niet staat te hoesten in de cirkel. Een plaats buiten verdient daarom de voorkeur.
11. Gebruik een kort scherp ritueel zwaard.
12. Houdt je aan het protocol, wat er ook gebeurt en raak niet in paniek of doodsangst als daadwerkelijk een wezen verschijnt, of meerdere. Roep de Naamloze bescherming op. Voer het dwangritueel uit, rond af met de licentie aan de deamon te vertrekken.
13. Toon respect zodra de daemon gehoorzaamd.

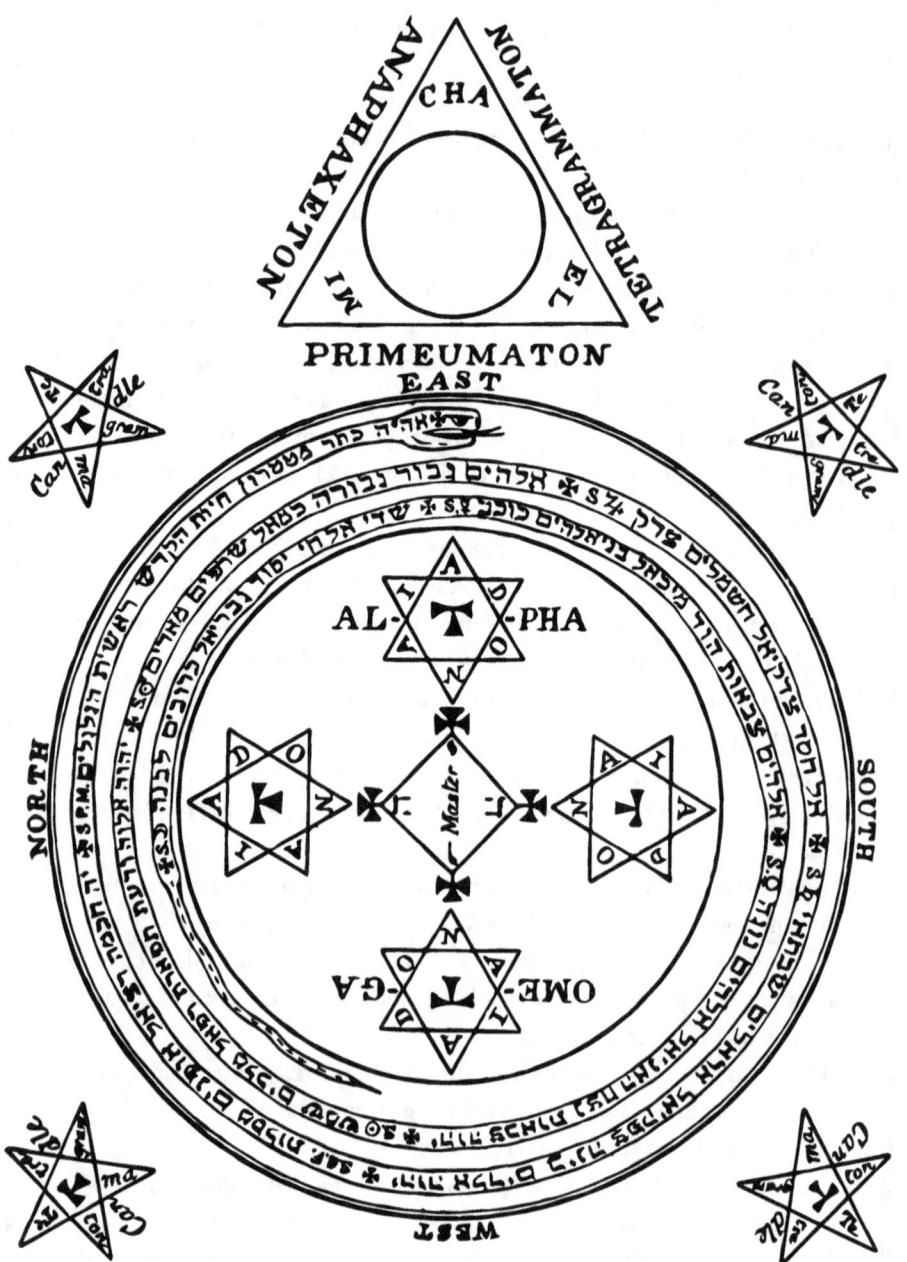

TOEPASSING 1. DE MIDDELEEUWSE METHODE

I. Ivocatie van de Naamloze Hoofdloze

Ik roep U NAAMLOZE ENGEL, HOOFDLOZE, OSORONNOPHRIS,
ALPHA & OMEGA, EL ELYON LEV TZIMTZUM,
die Hemel schept uit Aarde en Aarde uit Hemel,
die tussen Vuur en Water staat!
U die nacht schept uit dag en dag uit nacht,
licht uit duister en duister uit licht; vrouw en man;
KOILÔMATA: Schoot van de Wervelingen van de Kosmos!
Hoor mij *(naam magiër)*,
staande als tussen KAZA en KADAR in APOLLO's VUUR in HELIOS' LICHT
in SORATH als EEUWIGE ZON, al gebiedend!
Luister naar mij en onderwerp alle geesten, alle daemones aan mij.
Hoor mij HOOFLOZE;
Hoor mij KOILÔMATA.
Hoor mij HEKATE DAEMONARCHES die alle Daemones gebied!
Onderwerp alle daemones aan mij *(naam)* opdat elke daemon van het
firmament en van de ether; op de aarde en onder de aarde: op droog land en in
het water:
van de wervelende Lucht, en het wilde Vuur voor mij buigt en mij
gehoorzaamd, zonder tegenwerking.
Ik ben DESMOS KAI EKLUSIS. KADAR uit KAZA uit KADAR.
Wil uit WIL uit Wil.

II. Ligatio Ritueel *(Binding van de daemon)*

*[Neem een staf en trek een cirkel wanneer het een vriendelijke daemon betreft als
bijv. Bune of Vassago of gebruik de krijt- of stofcirkel bij een zwaardere jongen.
Offer wierook die past bij de aard van de daemon (bijv. rozen of vanille voor een
Hertog; sandelhout voor een Koning etc. Kies de juiste planeetwierook! Additioneel kun je, indien je een lamp hebt die gekleurd licht kan geven, de lichtkleur
instellen; bijv. geel-oranje voor Koningen, groen voor Hertogen, etc.)]* Zeg:

GYRUM CARPO! *(Ik neem de cirkel!)*
Consecro et Benedico istum circulum! *(Ik heilig en zegen deze cirkel)*
In naam van IAO *(IAO is de Phoenisische naam voor YHWH, de Demiurg)*
Ik bezweer u daemon *(naam daemon)*, voor mij te verschijnen in de driehoek
en een menselijke vorm aan te nemen of mij enkel aan te horen.
IAO IAO IAO IAO IAO IAO

Ik roep u bij uw naam: *(naam daemon)*
Ik roep u bij uw naam: *(naam daemon);* en bezweer u, maak u zichtbaar
in aangename gedaante of hoor mij enkel aan in naam van
IAO TETRAGRAMMATON
Ik roep u bij de naam van *(naam met deamon corresponderende Shem-HaMeforash-engel conform Dr. Rudd, bijv. Haajah voor Bune)*
Ik vraag u *(naam daemon)* te luisteren naar mijn wens en de driehoek niet te
verlaten.
AGLA ON ON ON ON

[Deze aanroep wordt zo lang herhaald tot de aanwezigheid van de daemon wordt gevoeld. Het moment om je verzoek in te dienen is nu aangebroken. De cirkel mag je hierbij niet eerder verlaten, dan tot na het ritueel, als de daemon voelbaar of zichtbaar is vertrokken.]

Ik vraag u *(naam daemon)* *(wens/verzoek)* uit te voeren
en uw legioen van *(aantal)* geesten voor mij te laten werken
opdat ik uw naam bewaar en doorgeef en heilig en van uw werken en daden
vertel!

[Voor het materialiseren van een daemon gebruik je smudge-rook van gedroogde alsem (Artemisia vulgaris; wormwood).]

III. Lincentie te vertrekken

Ik dank u *(naam daemon)* en geef u toestemming te vertrekken opdat u mijn
wens zult wilt inwilligen.
Ik vraag u *(naam daemon)* met respect te gaan in naam van El Elyon.
In naam van IAO, in naam van HEKATE DAEMONARCHES
die alle Daemones gebied, met respect.

Toepassing 2. De moderne methode

Als je dit allemaal niet zo ziet zitten, kun je zoals ik eerder aangaf eenvoudig-weg met de *Goëtia* werken zoals ik dat doe: door gewoon een sigillum in witte inkt op een zwart karton te tekenen, dit bij je te dragen en via dit sigillum verzoeken aan de daemon te stellen die het representeerd.
Bij de volgende vertaling van de beschrijving van de 72 daemones van de Goë-tia is zo strikt mogelijk het Middeleeuws origineel aangehouden.

72 DAEMONES VAN DE GOËTIA

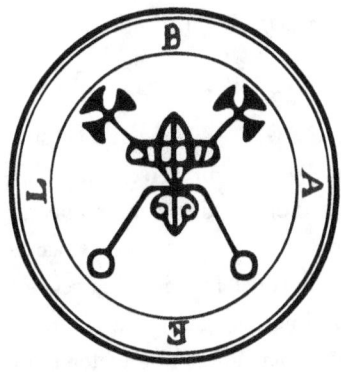

(1) **BAEL** — De eerste geest is een koning die regeert in het Oosten, genaamd Bael. Hij doet u onzichtbaar worden. Hij heerst over 66 legioenen van infernale geesten. Hij verschijnt in verschillende vormen, soms als een kat, soms als een pad, en soms als een man, en soms in al deze vormen tegelijk. Hij spreekt hees. Dit is zijn sigillum dat moet worden gedragen als een borstplaat voor hem die hem roept. Anders zal hij u geen eer bewijzen. Corresponderende Shem-HaMeforash-engel conform Dr. Rudd: **VEHUJA** *[Bael wordt ingezet wanneer je niet op wilt vallen, niet gezien wilt worden, of om je leervermogen te vergroten.]*

(2) **AGARES** — De tweede geest is een hertog die Agreas of Agares heet. Hij staat onder de macht van het Oosten en komt in de vorm van een goeduitziende, oude man, rijdend op een krokodil, met een havik op zijn vuist en toch komt hij zachtaardig over. Hij laat hen rennen die stil blijven staan en brengt weggelopen personen terug. Hij onderwijst in alle talen. Hij heeft ook de macht om de status van iemand te vernietigen, zowel geestelijk als stoffelijk en hij veroorzaakt aardbevingen. Hij behoorde tot de Orde van de Krachten. Hij heeft onder zijn heerschappij 31 legioenen van geesten. En dit is zijn sigillum of karakter dat je als borstplaat voor je zult dragen. Corresponderende Shem-Ha-Meforash-engel conform Dr. Rudd: **JELIEL** *[Dit sigillum wordt tegenwooordig door Charles Cosimano aanbevolen om de carrières van politici neer te halen. Hij gebruikt dit patroon dan middels psionics, en naar zijn zeggen werkt het "best goed".]*

(3) **VASSAGO** — De derde geest is een machtige prins, van dezelfde aard als Agares. Hij wordt Vassago genoemd. Deze geest is van een goede aard en zijn taak bestaat erin om dingen uit het verleden en het heden bekend te maken en om alle verborgen of verloren dingen te ontdekken. Hij regeert 26 legioenen van geesten, en dit is zijn zegel. Corresponderende Shem-HaMeforash-engel conform Dr. Rudd: **SITAEL** *[Charles Cosimano adviseert dit sigillum in te zetten voor wichelroede lopen of remote viewing. Ik heb dit si-*

gillum zelf in het juiste metaal gegoten om dingen die kwijt waren terug te vinden. Dat werkte aan twee kanten; ik vond evenveel dingen terug die kwijt waren als dat ik dingen kwijt raakte die ik al had. Het was echter vooral het sigillum zelf dat opvallend vaak kwijt raakte en weer terug kwam.]

(4) **SAMIGINA** of **GAMIGIN** — De vierde geest is Samigina, een grote Markies. Hij verschijnt in de vorm van een klein paard of een kleine ezel en neemt op verzoek van de magiër een menselijke gedaante aan. Hij spreekt met schorre stem. Samigina regeert over 30 Legioenen van infernale geesten. Hij onderwijst alle vrije wetenschappen en geeft berichten door van dode zielen die stierven in zonde. Zijn sigillum is dit, dat door de magiër moet worden gedragen als borstplaat wanneer hij Samigina aanroept. Corresponderende Shem-HaMeforash-engel conform Dr. Rudd: **ELEMIAH** *[Dit sigillum wordt vooral gebruikt om contact met de doden te maken.]*

(5) **MARBAS** — De vijfde geest is Marbas. Hij is een grote president en verschijnt eerst in de vorm van een grote leeuw, maar daarna, op verzoek van de magiër, neemt hij menselijke vorm aan. Hij geeft betrouwbare antwoorden over dingen die verborgen of geheim zijn. Hij veroorzaakt ziekten en geneest ze. Ook schenkt hij belangrijke kennis en wijsheid betreffende de mechanische kunsten en hij kan mannen (de mens) in andere vormen veranderen. Hij regeert 36 legioenen van geesten. En zijn sigillum is dit, dat als borstplaat wordt gedragen. Corresponderende Shem-HaMeforash-engel conform Dr. Rudd: **HAHASIAH** *[Dit sigillum wordt gebruikt in alle zaken met betrekking tot gezondheid, hetzij om genezing te verbeteren of om ziekte te veroorzaken. Marbas heeft een ander accent dan Buer.]*

(6) **VALEFOR** — De zesde geest is Valefor, Malapher of Vale. Hij is een machtige hertog, die verschijnt in de gedaante van een leeuw met een ezelskop en brult. Hij is een goede beschermgeest, maar probeert degene die hij vertrouwt tot stelen te verleiden. Hij regeert over 10 legioenen van geesten. Zijn sigillum is dit, dat moet worden gedragen, of u hem wilt hebben als familiar, of niet. Corresponderende Shem-HaMeforash-engel conform Dr. Rudd: **JELAHEL** *[Valefor*

dient volgens de Dragon Rouge/Grand Grimoire onder een deamon genaamd Sartaganas. (Sargatanas, Brigadier, heeft de macht om iemand onzichtbaar te maken en overal naartoe te verplaatsen, om alle sleutelgaten te openen en om je te laten zien wat er in andere huizen gaande is. Ook leert hij je over Necromantie. Hij voert bevel over andere brigades van geesten en heeft onder hem onder meer Loray, Valefar en Farai.) Charles Cosimano merkt over deze daemon op: Dit patroon is een goed genezingspatroon voor alle kwalen, behalve kleptomanie, omdat het kan worden gebruikt om een verlangen tot stelen te creëren. Het is geen goed idee om het door te geven aan een politicus. Het is een leuk idee om het te richten op je lokale supermarkt. Valefor verschijnt volgens andere bronnen ook alleen als leeuw.]

(7) **AMON** — De zevende geest is Amon. Hij is een machtige en zeer strenge Markies. Hij verschijnt als een wolf met een slangenstaart, vlammen van vuur brakend uit zijn mond; maar op bevel van de magiër neemt hij de vorm aan van een man met een hoofd als een ravenkop en hondentanden, of eenvoudigweg alleen als man met de kop van een raaf. Hij vertelt over dingen uit het verleden en toekomst. Hij veroorzaakt of ruzies tussen vrienden, of verzoent juist vrienden die ruzie hebben. Hij regeert over 40 legioenen van geesten. Zijn sigillum is dit, dat als borstplaat gedragen moet worden. Corresponderende Shem-HaMeforash-engel conform Dr. Rudd: **ACHASIAH** of **ACHAIAH** [*Amon wordt vooral aangeraden om vijanden te verzoenen en liefde veroorzaken. In de Dragon Rouge/Grand Grimoire ressorteert Amon onder Satanacha of Satanakia. (… de grote Satanacha, de Grote Generaal die de macht heeft om alles jong of oud te maken. Vrouwen onderwerpen zich aan hem; hij beveelt een sterk legioen van geesten en heeft onder hem Pruslas, Aamon en Barbatos.)*]

(8) **BARBATOS** — De achtste geest is Barbatos. Hij is een grote hertog en verschijnt wanneer de zon in Boogschutter staat, met vier edele koningen en hun omvangrijke gezelschappen. Hij geeft inzicht in het zingen van vogels en in de taal van andere wezens, zoals het blaffen van honden. Hij verbreekt de betoveringen van magiërs, gelegd over verborgen schatten. Hij behoort tot de Orde der Krachten, waarvan hij nog een deel van hun aard heeft behouden. Hij weet alle dingen uit het verleden en de toekomst, en maakt vrienden en degenen die aan de macht zijn zachtaardig. Hij regeert over 30 legioenen van Geesten. Het sigillum dat zijn gehoorzaamheid afdwingt is dit, dat u als borstplaat

vóór u draagt. Corresponderende Shem-HaMeforash-engel conform Dr. Rudd: **CAHE-TEL** of **KAHETEL** [*Barbatos is – aldus Charles Cosimano – handig voor het maken van vrienden, maar ook voor het vinden van manieren om geld te verdienen. In de Dragon Rouge/Grand Grimoire ressorteert Barbatos onder Satanacha of Satanakia.*]

(9) **PAIMON** — De negende geest in deze orde is Paimon, een grote koning, zeer gehoorzaam aan LUCIFER. Hij verschijnt in de vorm van een man op een dromedaris met een kroon op het hoofd. Voor hem uit gaat een heirschaar van geesten, zoals mannen met trompetten en mooi klinkende cymbalen, en allerlei andere soorten muziekinstrumenten. Hij heeft een machtige stem en brult bij zijn eerste verschijning, en zijn rede is dusdanig dat de magiër hem niet goed kan begrijpen, tenzij hij hem kan dwingen. Deze daemon kan alle kunsten en wetenschappen en andere geheime kennis onderwijzen. Hij kan u leren wat de Aarde is en wat de Aarde in de wateren in stand houdt en wat Geest is, en waar Geest is; en over elk ander onderwerp waarover u iets wenst te weten. Hij geeft status en verduurzaamd deze. Hij bindt of onderwerpt elke mens aan de wil van de magiër als deze dat wenst. Hij geeft goede familiars, en wel van het soort dat alle kunsten kan onderwijzen. Hij ressorteert onder het westen en is van de Orde van Vorsten. Hij heeft onder hem 200 legioenen van Geesten, en een deel daarvan is van de Orde van Engelen, en het andere deel van Machten. Als u deze Geest Paimon alleen oproept, moet u hem een offer brengen; en er zullen twee koningen verschijnen die LABAL en ABALIM heten, en ook andere geesten die van de orde van Machten zijn in zijn heirschaar en 25 legioenen. Echter die geesten die aan hen onderdanig zijn, zijn niet altijd bij hem, tenzij de magiër hen dwingt. Zijn sigillum is dit wat als een borstplaat voor je gedragen moet worden. Corresponderende Shem-HaMeforash-engel conform Dr. Rudd: **HA-SIEL** of **AZIEL** [*De kernfunctie van Paimon; dat waar hij het meest voor geëvoceerd wordt is macht over anderen te verkrijgen. Speciaal aanbevolen voor dit doel door Charles Cosimano. De naam Paimon is afkomstig uit het Hebreeuws voor rinkelen (van een bel). Paimon is ook een van de uitvoerders van het warrior shield Mars-ritueel (zie onder de paragraaf Samaël). De eerste keer dat ik dit ritueel uitvoerde verscheen er een gedaante achter mijn eerste vrouw, die een klap op een feng-shui-gong gaf en weer verdween.*]

'Paimon' uit het Dictionnaire Infernal (editie 1863) van Collin de Plancy (1793 – 1881)

(10) **BUER** — De tiende geest is Buer, een geweldige president. Hij verschijnt in Boogschutter, en dat is zijn vorm wanneer de zon daar in staat (Centaur). Hij doceert filosofie, zowel cultuurfilosofie als die van de natuur en de logica, en ook leert hij over de kwaliteiten van alle kruiden en planten. Hij geneest alle vormen van ziekte (ontregelde homeostase) in de mens en geeft goede familiars. Hij regeert over 50 legioenen van geesten, en het sigillum om hem tot gehoorzaamheid te dwingen is dit, dat u moet dragen wanneer u hem evoceert. Corresponderende Shem-HaMeforash-engel conform Dr. Rudd: **ALADIAH** *[Charles Cosimano, die de sigilli van de Goëtia psionisch (radionisch) gebruikt beschouwt dit sigillum als het (mogelijk) beste patroon voor helende energie.]*

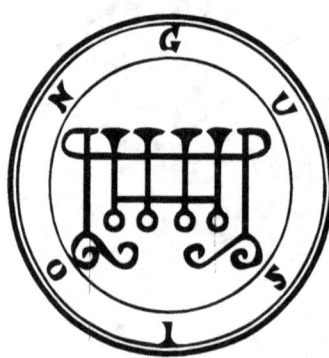

(11) **GUSION** — De elfde geest op volgorde is een grote en sterke hertog, genaamd Gusion. Hij verschijnt als een Xenopilus (man met hoofd van een baviaan). Hij vertelt over alle dingen in het verleden, heden en de toekomst en toont de betekenis en oplossing van alle vragen die u stelt. Hij stimuleert vriendschappen of doet vrienden opnieuw verzoenen, en schenkt eer en status aan iemand. Hij regeert over 40 legioenen van geesten. Zijn sigillum is dit, dat u moet dragen als een borstplaat. Corresponderende Shem-HaMeforash-engel conform Dr. Rudd: **LAVIAH** of **LAUVIAH** *[Charles Cosimano: "Nog een favoriet van mij. Afgezien van het verzoenen van vijanden, geeft het eer en promotie en verricht het wonderen bij het doorkomen van verkeer."]*

(12) **SITRI** — De Twaalfde Geest is Sitri. Hij is een grote prins en verschijnt aanvankelijk met het hoofd van een luipaard en de vleugels van een griffioen, maar na het bevel van de exorcist neemt hij een beeldschone menselijke vorm aan. Hij doet bij mannen de liefde voor vrouwen ontvlammen en bij vrouwen de liefde van mannen; en maakt dat zij zich naakt tonen indien gewenst. Hij regeert over 60 legioenen van geesten. Zijn sigillum is dit, om te worden gedragen als een borstplaat. Corresponderende Shem-HaMeforash-engel conform Dr. Rudd: **HAHAIAH** *[Sitri wordt aangeroepen om de vonk tussen man en vrouw te doen overslaan en dit in combinatie met het luipaardhoofd wijst op even Venus-intelligentie (hoewel officieel ressorterend onder Jupiter). Sitri kan ook als godin ver-*

schijnen uit het tijdperk van voor de latere "beschavingen", waarin man en vrouw nog in synergie verkeerden, en kan hier boeiende dingen over leren, mits de magiër bepaalde moedproeven doorstaat, gerelateerd aan het overwinnen van diens persoonlijke fobieën. Waar Sitri een positief effect lijkt te hebben op het sensuele liefdesleven, lijkt deze daemon een slecht effect op de financiën te hebben. Sitri heeft de oppervlakkige uitwerking veel meer aantrekkelijks van het andere geslacht in het oog te doen springen dan er gemiddeld voorbij komt en anderzijds een zeer diep begrip en invoelend vermogen jegens de ander los te maken.]

(13) BELETH — De dertiende geest heet Beleth (of Bileth, of Bilet). Hij is een machtige en vreesaanjagende koning. Hij rijdt op een vaal paard met voor hem uit trompetten en andere soorten muziekinstrumenten, die voor hem spelen. Hij is zeer wild bij zijn eerste verschijning, en de exorcist moet zijn moed bezweren; om dit te doen moet hij met een hazelaarsstaf in zijn hand in zuidelijke en oostelijke richting slaan, een driehoek – Δ – buiten de cirkel plaatsen en Beleth, zoals men de geesten met dwang en vermaningen dwingt, daarin bevelen. En als hij niet in de driehoek – Δ – gaat ondanks uw bedreigingen, herhaal de dwang en vermaningen voor hem, en hij zal gehoorzamen en in de driehoek gaan en doen wat hem bevolen wordt door de exorcist. Toch moet hij hoffelijk worden onthaalt omdat hij een grote koning is, en u moet hem eren, zoals de koningen en de prinsen doen die hem opwachten. En u moet altijd een zilveren ring op de middelste vinger van de linkerhand dragen of de linker hand voor uw gezicht houden zoals u dat ook doet voor Amaymon. Deze grote koning doet alle liefde ontvlammen, die ontvlamt kan worden, zowel die van mannen als van vrouwen, totdat de exorcist zijn verlangen heeft vervuld. Hij is van de orde der Machten, en hij regeert over 85 legioenen van geesten. Zijn edele sigillum is dit, dat zoals de andere gedragen moet worden (als borstplaat). Corresponderende Shem-HaMeforash-engel conform Dr. Rudd: **JEZALEL** *[Wordt ingezet voor liefde en relaties.]*

(14) LERAJE of **LERAIKHA** — De veertiende geest heet Leraje (of Leraie). Hij is een machtige markies, die zich toont zich in de gelijkenis van een Boogschutter, gekleed in het groen en die een boog en (pijlen) koker draagt. Hij zet aan tot alle grote veldslagen en wedstrijden en laat de wonden die door boogschutters zijn gemaakt koudvuur krijgen. Hij ressorteert onder het teken Boogschutter en regeert over 30 legioenen van geesten. Dit is zijn sigillum. Corresponderende Shem-HaMeforash-engel conform Dr. Rudd: **ME-BAHEL** *[Volgens Charles Cosimano doet Leraje exact het tegenovergestelde van Buer;*

genezing vertragen in plaats van versnellen. Waarschijnlijk is hij enkel nuttig wanneer er-
gens een grote strijd moet worden gewonnen.]

(15) **ELIGOS** — De vijftiende geest in orde is Eligos, een grote hertog, die verschijnt in de vorm van een goede ridder, die een lans, een vaandel, en een slang draagt. Hij ontdekt verborgen zaken en weet over dingen die gaan komen; van oorlogen, en hoe de soldaten elkaar zullen of willen ontmoeten. Hij veroorzaakt de genegenheid van hooggeplaatsten en invloedrijke personen. Hij regeert 60 legioenen van geesten. Zijn sigillum is dit. Corresponderende Shem-HaMeforash-engel conform Dr. Rudd: **HAZIEL** of **HARIEL**

[Eligos wordt ofwel gebruikt om lust te stimuleren of om een groot conflict te starten.]

(16) **ZEPAR** — De zestiende geest is Zepar. Hij is een grote hertog, en verschijnt in rode kleding en in een pantser zoals een soldaat. Het is zijn specialiteit om vrouwen van mannen te laten houden en om ze samen te brengen in de liefde. Hij maakt ze ook onvruchtbaar. Hij heerst over 26 legioenen van infernale geesten, en zijn sigillum is dit, dat hij gehoorzaamd als hij het ziet. Corresponderende Shem-HaMeforash-engel conform Dr. Rudd: **HAKAMIAH** *[Zepar wordt in de praktijk alleen voor liefdesmagie gebruikt.*

Ik ken geen geval waarbij hij als anticonceptiemiddel is ingezet.]

(17) **BOTIS** — De zeventiende geest is Botis, een grote president, en een graaf. Hij verschijnt bij de eerste oproep in de vorm van een lelijke adder, die dan op het bevel van de magiër een menselijke vorm aanneemt met grote tanden, en twee horens, met een scherp en lichtend zwaard in de hand. Hij onthult dingen uit het verleden en de toekomst en verzoend vrienden en vijanden. Hij regeert over meer dan 60 legioenen van geesten, en dit is zijn sigillum. Corresponderende Shem-HaMeforash-engel conform Dr.

Rudd: **LOVIAH** of **LANOIAH** *[Geschikt om vijanden in vrienden te veranderen.]*

(18) **BATHIN** — De achttiende geest is Bathin. Hij is een machtige en sterke hertog, en verschijnt als een krachtige man met de staart van een slang, zittend op een vaal paard. Hij kent de eigenschappen van kruiden en edelstenen en kan iemand plotseling van het ene land naar het andere vervoeren. Hij regeert over meer dan 30 legioenen van geesten. Zijn sigillum is deze, dat moet worden gedragen als voornoemde (als borstplaat). Corresponderende Shem-HaMeforash-engel conform Dr. Rudd: **CALIEL** of **KALIEL** [*Volgens Charles Cosimano versnelt dit sigillum de reistijd.*]

(19) **SALLOS** — De negentiende geest is Sallos (of Saleos). Hij is een grote en machtige hertog, en verschijnt in de vorm van een dappere soldaat rijden op een krokodil, met een hertogkroon op zijn hoofd, maar vreedzaam. Hij doet de liefde tussen vrouwen en mannen, en mannen en vrouwen ontvlammen en regeert over 30 legioenen van geesten. Zijn sigillum is dit. Corresponderende Shem-HaMeforash-engel conform Dr. Rudd: **LEUVIAH** [*Sallos wordt enkel aangeroepen om liefde te laten ontvlammen.*]

(20) **PURSON** — De twintigste geest is Purson, een grote koning. Zijn verschijning is kalm, als een man met een leeuwengezicht, met een wrede adder in zijn hand, en rijdend op een beer. Voor hem uit klinkt het geluid van veel trompetten. Hij weet over alle verborgen dingen, kan schatten ontdekken en over alle dingen vertellen uit het verleden, heden, en de toekomst. Hij kan een lichaam aannemen van zowel en mens als een Aërial (luchtwezen), en antwoord naar waarheid over vragen betreffende aardse zaken, die zowel geheim als goddelijk zijn en die de de schepping van de wereld betreffen. Hij schenkt goede familiars, en onder zijn regering staan 22 legioenen van geesten, deels van de orde van Krachten en deels van de orde der Tronen. Zijn teken, sigillum, of karakter is dit, welk hij gehoorzaamd, en die u in tijd van actie zult dragen. Corresponderende Shem-HaMeforash-engel conform Dr. Rudd: **PAHALIAH** [*Purson kan razendsnel geven wat je nodig hebt, alleen zelden in geld uitgedrukt, maar in de gewenste dingen zelf. De eerste keer dat ik met Purson kennismaakte was op een dag dat ik cashgeld nodig had, een nieuwe fiets en iets zoets omdat ik een kater had. Meteen die ochtend belde een vriend met*]

de mededeling dat hij een nieuwe fiets voor me had, daarna belde een kennis die me vroeg een horoscoop te maken, waarbij hij me meteen voorruit € 200,- cash gaf. Die ochtend liep ik met mijn vrouw door de stad langs de lokale Albert Heijn. Ik zei: Ik ga even naar binnen voor een Snickers, ik moet even iets zoets hebben. Bij de kassa stond er een ex-alcoholist voor me met veel boodschappen op de toonbank. Hij zei heeft u alleen die Snickers, gaat u maar voor! Ik zei, dankuwel, maar de cassière is al boodschappen van u aan het aanslaan. Dat geeft niet, zei de man, loop maar door, ik betaal die Snickers wel. Zo had ik binnen een paar uur wat ik die ochtend wenste: een fiets, cash en iets zoets, zonder dat het me iets kostte. Tot aan mijn dood zal ik dus met de vraag in mijn achterhoofd blijven lopen of ik die ochtend niet beter om een winnend staatslot had kunnen vragen.]

(21) **MARAX** — De eenentwintigste geest is Marax. Hij is een belangrijke graaf en president. Hij verschijnt als een grote stier met het gezicht van een man. Zijn taak is het mensen de astrologie te leren en alle andere liberale wetenschappen; ook kan hij goede familiars schenken, en wijs inzicht geven in waardevolle eigenschappen van stenen en kruiden. Hij regeert over 30 legioenen van geesten, en zijn sigillum is dit, dat moet worden gemaakt en gedragen als borstplaat. Corresponderende Shem-HaMeforash-engel conform Dr. Rudd: **NELCHAEL** of **NELEKAEL** *[Marax wordt vooral aangeroepen voor de vergroting van astrologische kennis, inzichten en vaardigheden.]*

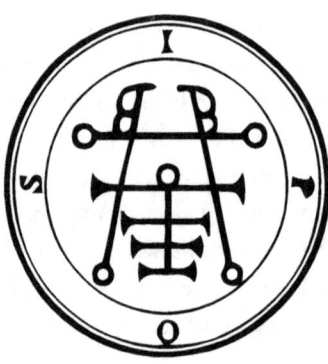

(22) **IPOS** — De tweeëntwintigste geest is Ipos. Hij is een graaf, en een machtige prins, en verschijnt in de vorm van een engel met het hoofd van een leeuw, de voeten van een gans, en de staart van een haas. Hij weet alle dingen van verleden, heden, en toekomst en maakt mannen geestig en moedig. Hij regeert over 36 legioenen van geesten. Zijn sigillum is dit, dat u zult dragen. Corresponderende Shem-HaMeforash-engel conform Dr. Rudd: **JEJAEL** of **JEIAIEL** *[Ipos lijkt inderdaad de gevatheid te stimuleren.]*

'Ipos' uit het Dictionnaire Infernal (editie 1863) van Collin de Plancy (1793 – 1881)

(23) **AIM** — De drieëntwintigste geest is Aim. Hij is een grote sterke hertog. Hij verschijnt in de vorm van een zeer knappe man qua lichaam, maar met drie hoofden; de eerste, als een slang, de tweede als een man met twee sterren op zijn voorhoofd, de derde als een kalf. Hij rijdt op een adder, terwijl hij een branddend stuk hout in de hand draagt, waarmee hij steden, kastelen, en grote plaatsen in brand steekt. Hij maakt u geestig op allerlei manieren, en geeft ware antwoorden inzake privéaangelegenheden. Hij regeert over 26 legioenen van infernale geesten; en zijn sigillum is dit, dat u als borstplaat moet dragen. Corresponderende Shem-HaMeforash-engel conform Dr. Rudd: **MELAHEL** *[Het sigillum van Aim wordt als verstorend beschouwd en intelligentie verhogend, maar gevaarlijk.]*

(24) **NABERIUS** — De vierentwintigste geest is Naberius. Hij is een zeer dappere markies, en verschijnt in de vorm van een zwarte kraanvogel, fladderend over de (magische) cirkel, en als hij spreekt is het met een hese stem. Hij maakt mannen slim in alle kunsten en wetenschappen, maar vooral in de kunst van de retoriek. Hij herstelt aanzien en een beschadigde of verdwenen status. Hij regeert over 19 legioenen van geesten. Zijn sigillum is dit, dat moet worden gedragen als borstplaat. Corresponderende Shem-HaMeforash-engel conform Dr. Rudd: **HAIUIAH** of **HAHUIAH** *[Door Charles Cosimano aanbevolen bij arbeidsconflicten met de baas.]*

(25) **GLASYA-LABOLAS** — De vijfentwintigste geest is Glasya-Labolas. Hij is een machtige president en graaf, en toont zich in de vorm van een hond met vleugels als een griffioen. Hij leert alle kunsten en wetenschappen in een oogwenk, en is een orkestrant van bloedvergieten en doodslag. Hij leert over alle dingen uit het verleden en de toekomst. Indien gewenst doet hij de liefde bij zowel vrienden als van vijanden ontstaan. Hij kan een mens zich onzichtbaar laten voortbewegen. Hij heeft onder zijn bevel 36 legioenen van geesten. Zijn sigillum is dit. Corresponderende Shem-HaMeforash-engel conform Dr. Rudd: **NITHHAJAH** of **NITH-HAIAH** *[Zet aan tot geweld en moord. Sterke afrader. Sommige Goëtia-sigilli zijn eeuwenlang beladen met dezelfde gedachtes, dezelfde associaties en los van hun oorspronkelijkheid kun je er een zeer schadelijke gedachtevorm mee*

oproepen, welke meestal slechts de meest opvallende kwaliteit van de daemon naar voren haalt als een ideomotoractieve impuls en kracht. Een eventueel gebruik van dit sigillum kan ik me enkel in tijden van oorlog of zware repressie voorstellen als zelfverdedigingsmiddel om erger te voorkomen. Een dergelijk ritueel kan enkel door een zeer ervaren en sterke magiër worden verricht.]

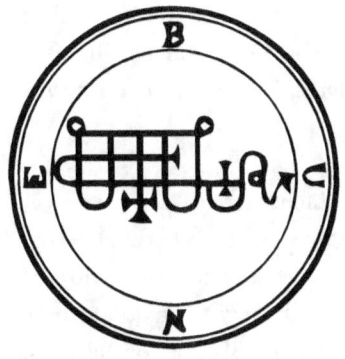

(26) **BUNE** of **BIME** — De zesentwintigste geest is Bune (of Bim(e). Hij is een sterke, grote en machtige hertog. Hij verschijnt in de vorm van een draak met drie hoofden: een als de kop van een hond, een als die van een griffioen, en een als het hoofd van een man. Hij spreekt met een hoge en bemoedigende stem. Hij verandert de plaatsen van de doden, en doet de geesten die onder hem dienen samenkomen op uw graven. Hij geeft rijkdom aan een man, en maakt hem wijs en welsprekend. Hij geeft ware antwoorden op de eisen. En hij regeert over 30 legioenen van geesten. Zijn sigillum is dit, waaraan hij gehoorzaamheid verplicht is. Hij heeft nog een sigillum (dat is het eerste van deze), maar de laatste is het beste. Corresponderende Shem-HaMeforash-engel conform Dr. Rudd: **HAAJAH** of **HAAIAH** *[Bune is een van de allerbeste krachten om in te schaken voor zowel spreken voor publiek als financiële magie en wordt vooral voor dat laatste ingezet. Vraag nooit om "geld in het algemeen", maar vraag een specifiek bedrag. Bune draagt ook dingen aan die de financiën structureel kunnen verbeteren via intuïtieve invallen, die meteen goed uitpakken of ideeën via literatuur of andere bronnen. Dit is een zeer vriendelijke behulpzame daemon. Zijn sigillum hoort in koper te worden gegraveerd, maar werkt ook goed via witte inkt op zwart karton. Beide sigilli werken naar mijn eigen ervaring even goed. Bedenk dat bij financiële magie altijd je eigen basisinstelling naar het ontvangen van geld cruciaal is en dat je al lijnen moet hebben uitgezet om dit soort magie als hulp en ondersteuning bij te gebruiken. Vanwege het frequent gebruik van Bune's sigillum in de hedendaagse magische scene, moet zich een sterke gedachtevorm aan het sigillum hebben gehecht met dezelfde werking als Bune. Vraag niet om bespottelijk hoge bedragen. Ik houd het verzoek meestal beperkt tot enkele honderden tot duizend euro's.]*

(27) **RONOVE** — De zevenentwintigste geest is Ronove. Hij verschijnt in de vorm van een monster. Hij onderwijst de kunst van de retoriek uitmuntend en geeft goede bedienden, kennis van talen, en gunsten van zowel vrienden als vijanden. Hij is een markies en belangrijke graaf; en onder zijn bevel staan 19 legioenen van geesten. Zijn sigillum is dit. Corresponderende Shem-HaMeforash-engel conform Dr. Rudd: JERATHEL *[Ronove helpt bij het maken van vrienden.]*

(28) **BERITH** — De achtentwintigste geest in de reeks zoals Salomo hen heeft gebonden, is Berith. Hij is een machtige, geweldige en verschrikkelijke hertog. Hij heeft twee andere namen, hem gegeven door mannen van latere tijden, namelijk: BEALE, of BEAL, en BOFRY of BOLFRY. Hij verschijnt in de vorm van een soldaat met rode kleding, rijdend op een rood paard, met een kroon van goud op zijn hoofd. Hij geeft ware antwoorden over vragen betrokken op verleden, heden en toekomst. U moet gebruik maken van een ring bij het aanroepen van Berith, zoals dit beschreven staat bij Beleth. Hij kan alle metalen omzetten in goud. Hij kan de status verhogen, en de mens in de adelstand verheffen. Hij spreekt met een, zeer duidelijke en subtiele stem. Hij regeert over 26 legioenen geesten. Zijn sigillum is dit. Corresponderende Shem-HaMeforash-engel conform Dr. Rudd: **SEECHIAH** of **SEEIAH** *[Wordt ingezet voor promotie.]*

(29) **ASTAROTH** — De negenentwintigste geest is Astaroth. Hij is een machtige, sterke hertog, en verschijnt in de vorm van een schadelijke engel rijden op een hels beest als een draak, een adder dragend in zijn rechter vuist. U moet hem onder geen beding te dicht laten naderen omdat hij u anders schade berokkend met zijn walgelijke adem. Daarom moet de magiër de magische ring in de buurt van zijn gezicht houden, en dat zal hem verdedigen. Hij geeft ware antwoorden over dingen uit verleden, heden en toekomst, en kan alle geheimen ontdekken. Hij zal schertsend verklaren hoe de geesten vielen en, indien gewenst, de reden geven van zijn eigen val. Hij kan maken mannen wonderbaarlijk deskundig maken in alle vrije wetenschappen. Hij regeert over 40 legioenen van geesten. Zijn sigillum is dit, die gij als een borstplaat voor u moet dragen, anders zal hij niet

verschijnen, noch gehoorzamen. Corresponderende Mercuriusdjinn/engel conform Dr. Rudd: **REIAJEL** of **REIIEL** [*Het sigillum van Astaroth wordt gebruikt om de leercapaciteit te verhogen, ongeacht het onderwerp.*]

(30) **FORNEUS** — De dertigste geest is Forneus. Hij is een machtige en belangrijke markies, en verschijnt in de vorm van een groot zeemonster. Hij leert, en doet de mens uitblinken, in de kunst van de retoriek. Hij doet een goede naam verkrijgen, en geeft kennis en begrip van andere talen. Hij maakt geliefd bij zowel vriend als vijand. Hij regeert over 29 legioenen van geesten, deels van de Orde der Tronen, en deels van die van engelen. Zijn sigillum is dit, dat je draagt als borstplaat. Corresponderende Shem-HaMeforash-engel conform Dr. Rudd: **OMAEL** [*Forneus is vooral nuttig bij het leren van vreemde talen.*]

(31) **FORAS** — De eenendertigste geest is Foras. Hij is een machtige president, en verschijnt in de vorm van een sterke man in menselijke vorm. Hij geeft de mens inzicht hoe deze de eigenschappen van alle kruiden en edelstenen kan kennen. Hij leert de kunst van logica en ethiek in al hun vormen. Indien gewenst kan hij onzichtbaar maken, leren hoe u langer kunt leven en hoe u eloquent wordt. Hij kan schatten ontdekken en verloren dingen terugvinden. Hij regeert over meer dan 29 legioenen van geesten, en zijn sigillum is dit, dat u moet dragen. Corresponderende Shem-HaMeforash-engel conform Dr. Rudd: **LECTABEL** of **LEKABEL** [*Foras schijnt additioneel scherpzinnig en geestig te maken.*]

(32) **ASMODAY** — De tweeëndertigste geest is Asmoday, of Asmodai (Asmodeus). Hij is een grote koning, sterk en krachtig. Hij verschijnt met drie hoofden, waarvan de eerste is als van een stier, de tweede als van een man, en de derde als van een ram; Hij heeft de staart van een slang, en uit zijn mond komen vlammen. Zijn voeten hebben vliezen als die van een gans. Hij zit op een helse draak, en draagt in zijn hand een lans met een banier. Hij is eerste in rang onder de macht van AMAYMON, en gaat voor alle andere. Wanneer de exorcist hem wil oproepen, laat het in het buitenland zijn, en laat hem de hele tijd gedurende de operatie met beide voeten op de grond staan, zonder hoofddek-

sel; want met bedekt hoofd zal AMAYMON hem bedriegen en al zijn acties verstoren. Maar zodra de exocist Asmoday ziet in de vorm zoals eerder beschreven, zal hij hem bij zijn naam noemen, zeggende: "zijt gij Asmoday?" en hij zal dit niet ontkennen, en hij zal buigen tot op de grond. Hij geeft de Ring der Deugden; Hij leert de kunst van de reken-kunde, astronomie, geometrie, en alle ambachten grondig. Hij geeft ware en volledige antwoorden op uw verzoeken. Hij maakt onoverwinnelijk. Hij toont de plaats waar schatten liggen, en bewaakt deze. Onder de legioenen van AMAYMON, heerst hij over 72 legioenen van infernale geesten. Zijn sigillum is dit, dat gij moet dragen als een borst-plaat op uw borst. Corresponderende Shem-HaMeforash-engel conform Dr. Rudd: **VASARIAH** *[Charles Cosimano voegt toe dat het sigillum van Asmoday gunstig werkt voor studenten en wichelroedelopers.]*

(33) **GAAP** — De drieëndertigste geest is GAAP. Hij is een grote president en een machtige prins. Hij ver-schijnt wanneer de Zon de zuidelijke tekenen van de zodiak doorloopt, in een menselijke vorm en gaat voor vier grote en machtige koningen uit, alsof hij een leider is om hen de weg te wijzen. Zijn taak is het mensen ongevoelig of onwetend maken en anderzijds om hen de filosofie te leren en alle liberale weten-schappen bij te brengen. Hij kan liefde of haat stimu-leren, ook kan hij u leren om die dingen te wijden die tot de heerschappij van AMAYMON zijn koning behoren. Hij kan familiars onder de hoede van andere magiërs wegnemen aandragen en hij antwoordt correct inzake vragen betrokken op verleden, heden of. Hij kan de mens heel snel van het ene Koninkrijk naar het andere vervoeren en opnieuw vervoeren, naar de wil en voor het plezier van de exorcist. Hij regeert over meer dan 66 legioenen van geesten, en hij was van de Orde der Machten. Zijn sigillum dient zo te worden gemaakt en te worden gedragen zoals voor-noemd. Corresponderende Shem-HaMeforash-engel conform Dr. Rudd: **JEHUJAH** of **JEHUIAH** *[Met de zuidelijke tekenen van de zodiak worden bedoeld: Weegschaal, Schor-pioen, Boogschutter, Steenbok, Waterman, Vissen. Gaap geeft regelmatig wonderlijke re-sultaten met betrekking tot snel reizen en geluk met aansluitingen in het openbaar vervoer. Een enkele keer lijkt exact het omgekeerde te gebeuren. Zijn sigillum maak je het beste van tin. Waar Sitri negatief op de financiën lijkt te werken, lijkt Gaap daar positief op te wer-ken. Bij het eerste gebruik van het sigillum kan het voelen of het gevoel bekoelt.]*

(34) **FURFUR** — De vierendertigste geest is Furfur. Hij is een grote en machtige graaf, die verschijnt in de vorm van een hart met een vurige staart. Hij spreekt nooit de waarheid, tenzij hij wordt bedwongen, of in een driehoek Δ. Daarin, zal hij de vorm van een engel aannemen. Wanneer hem iets wordt verzocht, dan spreekt hij met een hese stem. Ook zal hij op een geestige manier de liefde tussen man en vrouw bespoedigen. Hij kan bliksemschichten en donderslagen, ontploffingen en grote onstuimige stormen veroorzaken en hij geeft ware antwoorden op zowel de dingen geheim als goddelijk zijn, indien bevolen. Hij regeert over meer dan 26 legioenen geesten. En zijn sigillum is dit. Corresponderende Shem-HaMeforash-engel conform Dr. Rudd: **LEHAHIAH** [Ingezet om geheimen van anderen te ontfutselen, weer te beïnvloeden.]

(35) **MARCHOSIAS** — De vijfendertigste geest is Marchosias. Hij is een grote en machtige markies Hij verschijnt eerst in de vorm van een wolf met griffioenvleugels en een slangenstaart en braakt vuur uit zijn mond. Maar na enige tijd, op het bevel van de exorcist neemt hij de vorm aan van een man. En hij is een sterke vechter. Hij was van de Orde van Vorsten. Hij regeert over 30 legioenen van geesten. Hij vertelde zijn meester, Salomo, dat hij na 1.200 jaar hoopt terug te keren tot de zevende troon. En zijn sigillum is dit, dat moet worden gemaakt en gedragen als een borstplaat. Corresponderende Shem-HaMeforash-engel conform Dr. Rudd: **CHAJAKIAH** of **KEVAKIAH** [Marchiosas is handig om in te zetten bij uitputting aangezien hij een soort jongemannen/energie geeft. Verder handig wanneer een strijd moet worden aangegaan. Het sigillum kan met een stift op de onderarm worden getekend.]

(36) **STOLAS** of **STOLOS** — De zesendertigste geest geest is Stolas of Stolos. Hij is een grote en machtige Prins, die bij de eerste oproep van de exorcist, verschijnt in de vorm van een grote raaf, maar daarna de vorm aanneemt van een man. Hij leert de kunst van de astronomie en over de eigenschappen van kruiden en edelstenen. Hij regeert over 26 legioenen geesten; en zijn sigillum is dit. Corresponderende Shem-HaMeforash-engel conform Dr. Rudd: **MANADEL** of **MENADEL** [Voor verhoging natuurkennis planten, stenen en astrologie.]

'Stolas' uit het Dictionnaire Infernal (editie 1863) van Collin de Plancy (1793 – 1881)

(37) **PHENEX** — De zevenendertigste geest is Phenex (of Pheynix). Hij is een grote markies, en verschijnt als de vogel Phoenix, met de stem van een kind. Hij zingt vele zoete noten vóór de exorcist, die deze moet negeren, terwijl hij Phenex langzaam dwingt een menselijke vorm aan te nemen. Dan zal hij wonderbaarlijk over alle bijzondere wetenschappen spreken indien nodig. Hij is een uitstekend dichter. En hij zal bereid zijn om uw verzoeken uit te voeren. Hij hoopt eveneens na 1.200 jaar terug te keren naar de zevende troon, zoals hij zei tot Salomo. Hij regeert over 20 legioenen geesten. En zijn sigillum is dit, dat u zult dragen. Corresponderende Shem-HaMeforash-engel conform Dr. Rudd: **ANIEL** *[Phenex wordt vooral ingezet voor het schrijven van poëzie.]*

(38) **HALPHAS** of **MALTHUS** — De achtendertigste geest is Halphas, of Malthous (of Malthas). Hij is een machtige graaf, en verschijnt in de vorm van een houtduif. Hij spreekt met een hese stem. Zijn taak is het opbouwen van torens, en ze te voorzien van munitie en wapens, en om soldaten of gewapende mannen te sturen naar toegewezen locaties. Hij regeert over meer dan 26 legioenen van geesten, en zijn sigillum is dit. Corresponderende Shem-HaMeforash-engel conform Dr. Rudd: **HAAMIAH** *[Charles Cosimano geeft aan dat het sigillum en algemeen verstoringspatroon weergeeft.]*

(39) **MALPHAS** — De negenendertigste geest is Malphas. Hij verschijnt in eerste instantie als een kraai, maar zal op verzoek van de exorcist een menselijke vorm aannemen en spreken met een hese stem. Hij is een machtige en sterke president. Hij kan huizen en hoge torens bouwen, en kan u informatie over uw vijanden geven, over hun verlangens en gedachten, en dat wat ze hebben gedaan. Hij geeft goede familiars. Wanneer men hem een offer geeft, zal hij het vriendelijk en gewillig ontvangen, maar degene bedriegen die het schenkt. Hij regeert over 40 legioenen van geesten, en zijn sigillum is dit. Corresponderende Shem-HaMeforash-engel conform Dr. Rudd: **REHAEL** *[Net als het vorige is dit een sigillum met een patroon dat een algehele verstorende uitwerking heeft.]*

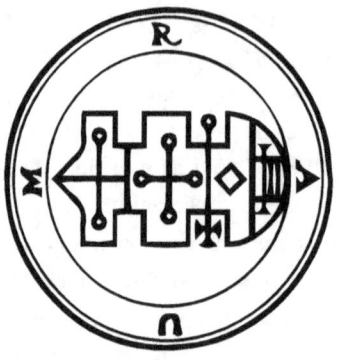

(40) **RAUM** — De veertigste geest is Raum. Hij is een machtige graaf; en verschijnt eerst in de vorm van een kraai, maar na het bevel van de exorcist neemt hij een menselijke vorm aan. Zijn taak is het schatten uit de huizen van de koning te stelen, en deze weg te dragen waarheen hij wordt bevolen. Ook kan hij steden en de status van mensen te vernietigen, alle dingen betreffende verleden, heden en toekomst te vertellen, en liefde tussen vrienden en vijanden doen opbloeien. Hij was van de Orde der Tronen. Hij regeert over 30 legioenen van geesten; en zijn sigillum is dit, dat u als voornoemde moet dragen. Corresponderende Shem-HaMeforash-engel conform Dr. Rudd: **JEJAZEL** of **IEIAZEL** *[Volgens Cosimano heeft Raum een sigillum met – radionisch gebruikt – een uiterst verstorende uitwerking op niet alleen mensen maar ook hele steden. Hem citerend en me volledig distantiërend van zijn ethische overwegingen: 'This is a disruption pattern that is useful not only against people but cities as well. In the 1980s I combined it with a photo of the battlefield of Verdun and fired it at Basra. The results were nothing short of spectacular.' Gezien de psychopate, orwelliaanse misdragingen en kankerachtige politieke status en ontwikkelingen van vrijwel alle westerse regeringen, semioverheden, multinationals en massamedia op dit moment, kan ik me toepassingen voorstellen die wel humaan en ethisch zijn en wellicht de laatste democratische strohalm kunnen zijn. Het sigillum is dan als offensief-defensieve ecotherapie te gebruiken.]*

(41) **FOCALOR** — De eenenveertigste geest is Focaler, of Forcalor, of Furcalor. Hij is een machtige hertog en sterk. Hij verschijnt in de vorm van een man met griffioenvleugels. Zijn taak is het om mannen te doden, en om ze te verdrinken in de wateren en om oorlogsschepen omver te werpen, want hij heeft de macht over zowel winden als zeeën; maar hij zal geen mens of ding kwetsen als hem dit door de exorcist wordt bevolen. Hij heeft ook de hoop om terug te keren naar de zevende troon na 1.000 jaar. Hij heerst over 30 legioenen van geesten, en zijn sigillum is dit, etc Corresponderende Shem-HaMeforash-engel conform Dr. Rudd: **HAHAHEL** *[Sigillum wordt ingezet voor weercontrole.]*

(42) **VEPAR** — De tweeënveertigste geest is Vepar, of Vephar. Hij is een grote sterke hertog en verschijnt als een zeemeermin. Zijn taak is het de wateren te regeren en om schepen beladen met wapens, bepantsering en munitie, enz. te begeleiden. Op verzoek van de exorcist kan hij de zeeën juist stormachtig laten worden en de hoeveelheid schepen doen toenemen. Ook maakt hij dat mannen in drie dagen sterven aan etterende wonden of zweren, vol wormen die zich erin voortplanten. Hij heerst over 29 legioenen geesten, en zijn sigillum is dit. Corresponderende Shem-HaMeforash-engel conform Dr. Rudd: **MICHAEL** of **MIKAEL** *[Dit sigillum werkt als disruptiepatroon op water of wat zich daarop of daarin begeeft.]*

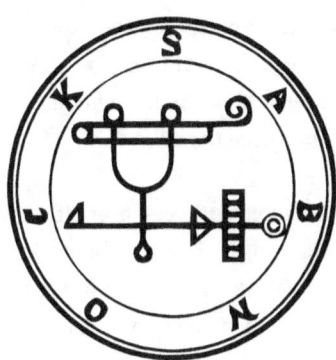

(43) **SABNOCK** — De drieënveertigste geest, zoals door koning Salomo in het vat van messing bevolen, heet Sabnock, of Savnok. Hij is een markies, machtig, groot en sterk, die verschijnt in de vorm van een gewapende soldaat met een leeuwenkop, rijdend op een vaal paard. Zijn taak is het bouwen van hoge torens, kastelen en steden, en om ze te van een verdedigingslinie te voorzien, enz. Ook hij kan mannen dagenlang kwellen met etterende wonden en zweren vol met wormen. Hij geeft goede familiars op verzoek van de exorcist. Hij gebiedt 50 legioenen van geesten; en zijn sigillum is dit. Corresponderende Shem-HaMeforash-engel conform Dr. Rudd: **VEVALIAH** of **VEUBIAH** *[Doet klein dispuut in grote strijd ontvlammen. Beschermt soldaten.]*

(44) **SHAX** — De vierenveertigste geest is Shax, Shan of Shaz (Shass). Hij is een grote markies en verschijnt in de vorm van een Turkse tortel (kleine grijze duif), die spreekt met een hese maar toch subtiele stem. Zijn taak is het om het gezicht, het horen, of het begrip van om het even welke man of vrouw op bevel van de exorcist weg te nemen, en om geld te stelen uit de huizen van koningen, en opnieuw te vervoeren over 1.200 jaar. Op bevel van de exorcist brengt hij paarden of allerlei andere dingen. Maar hij moet eerst worden bevolen in een driehoek, Δ, of anders zal hij hem bedriegen, en hem vele leugens vertellen. Hij kan alle dingen ontdekken die verborgen zijn, en niet worden bewaakt door boze geesten. Hij geeft soms goede familiars. Hij regeert over 30 legioenen van geesten, en zijn sigillum is dit. Corresponderende Shem-HaMeforash-engel conform Dr. Rudd:

JELAHIAH *[Het sigillum wordt gebruikt om geld te verkrijgen of dingen te verstoren. Wellicht geschikt om belastingteruggaaf te forceren.]*

(45) **VINE** — De vijfenveertigste geest is Vine, of Vinea. Hij is een grote koning, en een graaf; en verschijnt in de vorm van een leeuw (of als man met leeuwenkop), rijdend op een zwart paard, en hij draagt een adder in zijn hand. Zijn taak is het om verborgen dingen te ontdekken, heksen, tovenaars te ontmaskeren en dingen uit verleden en toekomst te onthullen. Op het bevel van de exorcist bouwt hij torens, werpt hij grote stenen muren omver, en maakt hij de wateren ruw middels stormen. Hij regeert over 36 legioenen geesten. En zijn sigillum is dit, dat u moet dragen, zoals eerder aangegeven (borstplaat). Corresponderende Shem-HaMeforash-engel conform Dr. Rudd: **SEALIAH** *[Wordt gebruikt binnen psionische oorlogvoering om de identiteit te ontdekken van iemand die een psycho-energetische aanval uitvoert en door diens verdediging heen te breken.]*

(46) **BIFRONS** — De zesenveertigste geest heet Bifrons, of Bifrous, of Bifrovs. Hij is een graaf, en verschijnt in de vorm van een monster; maar na een tijdje, bij het bevel van de exorcist neemt hij een menselijke vorm aan. Zijn taak is het om iemand in te wijden in de astrologie, geometrie en andere kunsten en wetenschappen. Hij onderwijst over de eigenschappen van edelstenen en bossen. Hij verandert dode lichamen, en verplaatst ze naar een andere plek; ook verlicht hij de graven van de doden door er kaarsen op te zetten. Hij heeft onder zijn bevel 6 legioenen geesten. Zijn sigillum is dit, waarmee degene die het bezit hem onderwerpt. Corresponderende Shem-HaMeforash-engel conform Dr. Rudd: **ARIEL** *[Charles Cosimano beveelt sit sigillum aan voor mensen die wiskunde studeren.]*

(47) **UVALL, VUAL** of **VOVAL** — De zevenenveertigste geest is Uvall, of Vual, of Voval. Hij is een hertog, groot, machtig, en sterk, en hij verschijnt in de vorm van een machtige dromedaris bij de eerste oproep, maar na enige tijd, op het bevel van de exorcist neemt hij een menselijke vorm aan en spreekt hij Egyptisch, maar niet perfect. Zijn taak is het om de liefde van een vrouw op te wekken, en om dingen te vertellen betreffende het verleden, heden of de toekomst. Hij stimu-

leert ook vriendschap tussen vrienden en vijanden. Hij was van de Orde der Machten. Hij regeert 37 legioenen van geesten, en zijn sigillum is dit, dat door u moet worden gemaakt en voor u gedragen (borstplaat). Corresponderende Shem-HaMeforash-engel conform Dr. Rudd: **ALALIAH** of **ASALIAH** *[Dit sigillum wordt gebruik om vriendschap te creëren of opnieuw aan te zwengelen na ruzie.]*

(48) **HAAGENTI** — De achtenveertigste geest is Haagenti. Hij is een president, in de vorm van een machtige stier met de vleugels van een griffioen. Maar op het bevel van de exorcist neemt hij een menselijke vorm aan. Zijn taak is het is om mannen wijs te maken, en om hen te instrueren in allerlei onderwerpen; ook om alle metalen in goud te transmuteren; en om wijn te veranderen in water, en water in wijn. Hij heerst over 33 legioenen geesten, en zijn sigillum is dit. Corresponderende Shem-HaMeforash-engel conform Dr. Rudd: **MIHAEL** *[Handig voor inzicht in (al)chemie.]*

(49) **CROCELL** — De negenenveertigste geest is Crocell, of Crokel of Procell. Hij verschijnt in de vorm van een engel. Hij is een grote, sterke hertog, die enigszins mystiek spreekt over verborgen dingen. Hij leert de kunst van de meetkunde en de vrije wetenschappen. Op bevel van de exorcist laat hij het bulderend geluid van vele waterstromen horen, hoewel deze er niet zijn. Hij verwarmt wateren, en ontdekt bronnen. Hij was van de Orde der Machten, vóór zijn val, zoals hij verklaarde aan koning Salomo. Hij regeert 48 legioenen geesten. Zijn sigillum is dit, dat u als eerder aangegeven (borstplaat) moet dragen. Corresponderende Shem-HaMeforash-engel conform Dr. Rudd: **VEHUEL** *[In te zetten voor mensen die moeite hebben met geometrie.]*

(50) **FURCAS** — De vijftigste geest is Furcas. Hij is een ridder, en verschijnt in de vorm van een wrede oude man met een lange baard en een grijs hoofd, rijdend op een vaalbleek paard, met een scherp wapen in zijn hand. Zijn taak is het om de kunsten van de filosofie, astrologie, retoriek, logica, chiromantie en pyromantie, in al hun onderdelen, perfect te onderwijzen. Hij heeft onder zijn macht 20 legioenen van geesten. Zijn sigillum of merkteken, maakt u zo. Cor-

responderende Shem-HaMeforash-engel conform Dr. Rudd: **DANIEL** *[Ingezet ter bevordering van filosofisch inzicht.]*

(51) **BALAM** — De eenenvijftigste geest is Balam of Balaam. Hij is een afschrikwekkende, grote en machtige koning. Hij verschijnt met drie hoofden: de eerste is als die van een stier; de tweede is als dat van een man; de derde is als dat van een ram. Hij heeft de staart van een slang en vlammende ogen. Hij rijdt op een woedende beer, en draagt een havik op zijn vuist. Hij spreekt met een hese stem, en geeft ware antwoorden betreffende vragen over het verleden, heden en de toekomst. Hij kan mannen onzichtbaarheid verlenen en geestig te maken. Hij heerst over 40 legioenen geesten. Zijn sigillum is dit. Corresponderende Shem-HaMeforash-engel conform Dr. Rudd: **HAHASIAH** *[Balam wordt ingezet om algemeen de kennis te verhogen, voorschouw te ontwikkelen en voor helderziendheid.]*

(52) **ALLOCES** — De tweeënvijftigste geest is Alloces, of Alocas. Hij is een hertog, groot, machtig, en sterk, verschijnend in de vorm van een soldaat die een groot paard berijdt. Zijn gezicht is als dat van een leeuw, zeer rood, en met vlammende ogen. Zijn stem is hees en zeer hard. Zijn taak is het de kunst van astronomie, en alle vrije wetenschappen te onderwijzen. Hij brengt u goede familiars en regeert over meer dan 36 legioenen geesten. Zijn sigillum is dit. Corresponderende Shem-HaMeforash-engel conform Dr. Rudd: **IMAMIAH** *[Cosimano wijst erop dat dit sigillum het vermogen verbetert om informatie te absorberen, en daarom handig is voor studenten, vooral in de astronomie (al moet in oude teksten astronomie meestal als astrologie worden gelezen).]*

(53) **CAMIO** of **CAIM** — De drieënvijftigste geest is Camio, of Caim. Hij is een groot president, en verschijnt eerst in de vorm van een lijster, maar neemt daarna de vorm aan van een man met een scherp zwaard in zijn hand. Hij schijnt te antwoorden door gloeiende as of brandende kolen. Hij is een goede redenaar. Zijn taak is het mensen het vermogen te geven om alle vogels, het geloei van ossen, het blaffen van honden, en andere schepselen en ook de stem van de

wateren te leren verstaan. Hij geeft ware antwoorden betreffende dingen die komen in de toekomst. Hij was van de Orde van Engelen, maar regeert nu meer dan 30 legioenen van infernale geesten. Zijn sigillum is dit, dat u moet dragen. Corresponderende Shem-HaMeforash-engel conform Dr. Rudd: **NANAEL** *[Over het gebruik van dit sigillum schrijft Cosimano: 'I must confess that I have never had much use for this pattern. It is supposed to help you understand animals and my cats have never had any trouble making themselves understood.' Handig bij psychedelische trips en reizen omdat Camio het begrip van andere werelden verhoogt.]*

(54) **MURMUR** of **MURMUS** — De vierenvijftigste geest heet Murmur of Murmus of Murmux. Hij is een grote hertog, en een graaf; en verschijnt in de vorm van een krijger die op een griffioen rijdt met een hertogkroon op zijn hoofd. Voor hem uit gaan zijn ministers onder indrukwekkend trompetgeschal. Zijn taak is het om de filosofie perfect te onderwijzen, en om de zielen van overledenen te dwingen voor de exorcist te laten verschijnen en hem indien hij dat wenst de vragen die hij stelt te laten beantwoorden. Hij was deels van de Orde der Tronen, en deels van die van Engelen. Hij regeert nu 30 legioenen van geesten. En zijn sigillum is dit. Corresponderende Shem-HaMeforash-engel conform Dr. Rudd: **NITHAEL** *[Murmur wordt geraadpleegd bij necromantie of ander contact met de doden.]*

(55) **OROBAS** — De vijfenvijftigste geest is Orobas. Hij is een grote en machtige prins, die eerst als een paard verschijnt, maar na het bevel van de exorcist de gestalte van een mens aanneemt. Zijn taak is het is om alle dingen uit verleden, heden en toekomst te ontdekken en om status te geven, en een hoge sociale (of kerkelijke) rang, alsook de gunsten van vrienden en van vijanden. Hij geeft ware antwoorden betreffende het goddelijke en de schepping van de wereld. Hij is zeer trouw aan de exorcist, en zal niet toestaan dat deze lijdt door de verleidingen van andere geesten. Hij regeert over 20 legioenen van geesten. Zijn sigillum is dit. Corresponderende Shem-HaMeforash-engel conform Dr. Rudd: **MEBAHIAH** of **MEBAIAH** *[Gunstig sigillum voor het verkrijgen van vrienden en invloed.]*

'Orobas' uit het Dictionnaire Infernal (editie 1863) van Collin de Plancy (1793 – 1881)

(56) **GREMORY** of **GAMORI** — De zesenvijftigste geest is Gremory, of Gamori. Hij is een sterke en machtige hertog, die verschijnt in de vorm van een mooie vrouw, met de kroon van een hertogin gebonden aan haar taille, en rijdend op een grote kameel. Zijn taak is het te vertellen van over alle dingen in verleden, heden en toekomst, en over verborgen schatten, en waar ze in liggen, en om de liefde van vrouwen, zowel jong als oud te verkrijgen. Hij regeert over 26 legioenen geesten, en zijn sigillum is dit. Corresponderende Shem-HaMeforash-engel conform Dr. Rudd: **POLIAL** of **POIEL** *[Gunstig voor het verkrijgen van de liefde van vrouwen.]*

(57) **VOSO** of **OSE** — De zevenenvijftigste geest is Voso. Hij is een groot president, en verschijnt eerst als een luipaard, maar na een korte tijd neemt hij de vorm aan van een man. Zijn taak is het iemand slim te maken in de vrije wetenschappen en ware antwoorden over goddelijke en geheime dingen te geven; alsook om een mens te veranderen in elke vorm die de exorcist bevalt, zodat degene die zo is veranderd niets anders zal denken dan dat hij dat ook echt andere schepsel is waarin hij veranderd is. Hij regeert over 30 legioenen geesten, en dit is zijn sigillum. Corresponderende Shem-HaMeforash-engel conform Dr. Rudd: **NEMAMIAH** *[Wordt psionisch gebruikt om iemands vermogen tot redeneren en normaal denken aan te tasten.]*

(58) **AMY** of **AVNAS** — De achtenvijftigste geest is Amy, of Avnas. Hij is een grote President en verschijnt eerst in de vorm van een wakkerend vuur, maar na een tijdje neemt hij de vorm aan van een man. Zijn taak is het iemand zeer geleerd te maken in de astrologie en alle vrije wetenschappen. Hij geeft goede familiars, en kan een schat openbaren die wordt bewaard door geesten. Hij regeert over 36 legioenen geesten, en zijn sigillum is dit. Corresponderende Shem-HaMeforash-engel conform Dr. Rudd: **JEJALEL** of **JEIALEL** *[Verhoogt leervermogen.]*

(59) **ORIAX** of **ORIAS** — De negenenvijftigste geest is Oriax, of Orias. Hij is een grote markies, en verschijnt in de vorm van een leeuw, rijdend op een paard, machtig en sterk, met een slang als staart en hij houdt in zijn rechter hand twee grote sissende slangen. Zijn taak is het onderwijzen en leren begrijpen van de eigenschappen van de sterren en de huizen van de planeten. Hij verandert mensen, en hij geeft status, promoties, en bevestiging daarvan; alsook de gunsten van vrienden en vijanden. Hij regeert over 30 legioenen van geesten; en zijn sigillum is dit. Corresponderende Shem-HaMeforash-engel conform Dr. Rudd: **HAZABEL** of **HARAHEL** *[Is volgens Cosimano algemeen gunsig voor promotie. Ik heb zeer veel met dit sigillum gewerkt en Orias is een geweldige intelligente en betrouwbare hulp bij zeer complexe astrologische problemen en astrologisch pionierswerk en versnelt hierbij de stroom aan juiste intuïtieve ingevingen. De Asteroïden-Gids, die ik voltooide in 2017 is een coproductie met Orias. Voor dit werk werden in anderhalf jaar 750.000 pagina's data verwerkt met elk 50 regels aspectdata en een zeer groot aantal testhoroscopen. Tekenend voor de kracht van een daemon als deze als het ware goed op de rails staat.]*

(60) **VAPULA** of **NAPHULA** — De zestigste geest is Vapula, of Naphula. Hij is een grote hertog, machtig, en sterk, die verschijnt in de vorm van een leeuw met griffioenvleugels. Zijn taak is het om de mens kundig te maken in alle filosofie en andere wetenschappen. Hij regeert over 36 legioenen geesten en zijn sigillum of karakter wordt aldus gemaakt, en u zult het dragen als eerder genoemd (als borstplaat). Corresponderende Shem-HaMeforash-engel conform Dr. Rudd: **MIZRAEL** *[Dit sigillum stimuleert toename van kennis.]*

(61) **ZAGAN** — De eenenzestigste geest is Zagan. Hij is een grote koning en president, die eerst verschijnt in de vorm van een stier met griffioenvleugels, maar na enige tijd een menselijke vorm aanneemt. Hij maakt mannen geestig. Hij kan wijn omzetten in water, en bloed in wijn, ook water in wijn. Hij kan alle metalen omzetten in een munt van dat metaal. Hij kan zelfs dwazen wijs maken. Hij regeert over 33 legioenen van geesten, en zijn sigillum is dit. Corresponderende Shem-HaMeforash-engel conform Dr. Rudd: **UMA-BEL** *[Charles Cosimano geeft aan dat dit sigillum vooral een gevoel voor humor stimuleert.]*

(62) **VOLAC** of **VALAK** of **VALU** of **VALAC** — De tweeënzestigste geest is Volac, of Valak, of Valu. Hij is een president, machtig en groot, en verschijnt als een kind met engelenvleugels, rijdend op een tweekoppige draak. Zijn taak is om ware antwoorden te geven betreffende verborgen schatten, en om te vertellen waar slangen kunnen worden gevonden, die hij zonder kracht of inspanning de exorcist zal brengen omdat hij bij deze in dienst is. Hij regeert over 38 legioenen geesten, en zijn sigillum is dit. Corresponderende Shem-HaMeforash-engel conform Dr. Rudd: **JAHHAEL** of **JAH-HEL** *[Charles Cosimano grapt over dit sigillum: 'This pattern is useful if you are a snake charmer in need of money because it gives power over reptiles and helps dowse for wealth.']*

(63) **ANDRAS** — De drieënzestigste geest is Andras. Hij is een grote markies, die verschijnt in de vorm van een engel met het hoofd van een zwarte nachtraaf, rijdend op een sterke zwarte wolf met een scherp en lichtend zwaard in zijn hand, dat hij omhoog houdt. Zijn taak is het zaaien van onenigheid. Als de exorcist niet oplet, zal hij zowel hem als zijn metgezellen doden. Hij regeert over 30 legioenen geesten, en dit is zijn sigillum. Corresponderende Shem-HaMeforash-engel conform Dr. Rudd: **ANAVEL** of **ANIA-NUEL** *[Zeer destructief sigillum.]*

(64) **HAURES** of **HAURAS** of **HAVRES** of **FLAUROB** of **FLAUROS** — De vierenzestigste geest is Haures, of Hauras, of Havres, of Flauros. Hij is een grote hertog, en verschijnt het eerst als een luipaard, machtig, verschrikkelijk en sterk, maar na enige tijd, op het bevel van de uitdrijver, neemt hij een menselijke vorm aan met vurige vlammende ogen en een vreselijk gelaat. Hij geeft ware antwoorden op vragen betreffende het heden, verleden en de toekomst. Maar als hij niet wordt bevolen in een driehoek Δ, zal hij de exorcist voorliegen en misleiden in al zijn vragen en ondernemingen. Hij zal, ten slotte, spreken van de schepping van de wereld, en van goddelijkheid, en van hoe hij en andere geesten vielen. Hij vernietigt en verbrandt degene die de vijand van de exorcist is, mocht deze dat wensen, en ook zal hij niet toestaan dat deze wordt verleid door andere geesten. Hij regeert over 36 legioenen geesten, en zijn sigillum is dit, om te worden gedragen als een

borstplaat. Corresponderende Shem-HaMeforash-engel conform Dr. Rudd: **MEHIEL** *[Charles Cosimano beschrijft dit sigillum als een extreem disruptief patroon.]*

(65) **ANDREALPHUS** — De vijfenzestigste geest is Andrealphus. Hij is een machtige markies, die het eerst verschijnt in de vorm van een pauw met veel kabaal en na enige tijd een menselijke vorm aanneemt. Hij kan de geometrie perfect leren. Hij onderwijst de mens heel subtiel daarin; en in alle dingen met betrekking tot meetkunde of astronomie. Hij kan een man in de gelijkenis van een vogel transformeren. Hij regeert over 30 legioenen van infernale geesten, en zijn sigillum is dit. Corresponderende Shem-HaMeforash-engel conform Dr. Rudd: **DAMABIAH** *[Stimulerend bij wiskundeproblemen.]*

(66) **CIMEJES** of **CIMEIES** of **KIMARIS** — De zesenzestigste geest is Cimejes, of Cimeies, of Kimaris. Hij is een markies, machtig, groot, sterk en krachtig, die verschijnt als een dappere krijger rijdend op een zachtaardig zwart paard. Hij regeert over alle geesten in de delen van Afrika. Zijn taak is het om u perfect de grammatica, logica, retoriek te leren en om verloren of verborgen dingen of schatten te ontdekken. Hij regeert over 20 legioenen van infernalen; en zijn sigillum is dit. Corresponderende Shem-HaMeforash-engel conform Dr. Rudd: **MARAKEL** of **MANAKEL** *[Cosimano adviseert dit sigillum bij gebrek aan moed en om je kennis van literatuur en wichelroedelopen te verbeteren.]*

(67) **AMDUSIAS** of **AMDUKIAS** — De zevenenzestigste geest is Amdusias, of Amdukias. Hij is een grote sterke hertog en verschijnt voor het eerst als een eenhoorn, maar neemt op verzoek van de magiër een menselijke vorm aan en veroorzaakt dan dat er trompetten en allerlei andere muziekinstrumenten te horen zijn, maar niet onmiddellijk. Ook kan hij bomen buigen en doen omvallen op wens van de exorcist. Hij geeft uitstekende familiars en regeert over 29 legioenen van geesten. En zijn sigillum is dit. Corresponderende Shem-HaMeforash-engel conform Dr. Rudd: **EIAEL** of **EIAIEL** *[Wordt ingezet om een familiar te verkrijgen voor geheime missies.]*

(68) **BELIAL** — De achtenzestigste geest is Belial. Hij is een machtige en invloedrijke koning en werd geschapen naast Lucifer. Hij verschijnt in de vorm van twee prachtige engelen zittend in een vurige strijdwagen. Hij spreekt met een kalme stem, en verklaart dat hij de eerste was van een waardiger soort, die bestond voor Michaël en de andere hemelse engelen. Zijn taak is het verschaffen van een goede indruk en het senatorschap etc., en om de gunst van vrienden en vijanden te verkrijgen. Hij geeft uitstekende familiars, en regeert over 50 legioenen van geesten. Let er op dat koning Belial offers, offeranden en giften moet krijgen die hem door de exorcist worden voorgezet, anders zal hij geen ware antwoorden op zijn vragen geven. Hij houdt zich nog geen uur aan de waarheid, tenzij hij wordt beperkt door goddelijke macht. En zijn sigillum is dit, dat moet worden gedragen als eerder aangegeven (als borstplaat). Corresponderende Shem-HaMeforash-engel conform Dr. Rudd: **HABUJAH** of **HABUIAH** [*Wordt ingezet om de gunsten van anderen te verwerven. Persoonlijk heb ik gemerkt dat Belial erg handig is om van vervelende types af te komen ressorterend onder overheid, semioverheid of incassobureaus. Belials kan snel (maar tijdelijk) een parasitair persoon een halt toe roepen. Belial heeft een hele harde resolute energie. (Basta! Vuist op tafel.)*]

(69) **DECARABIA** — De negenenzestigste geest is Decarabia. Hij verschijnt in de vorm van een ster in een Pentakel, maar op het bevel van exorcist, neemt hij de beeltenis aan van een mens. Zijn taak is het om de kwaliteiten van vogels en edelstenen te ontdekken, en om de gelijkenis van alle soorten vogels voor de exorcist te laten vliegen, zingen en drinken net zoals natuurlijke vogels doen. Hij regeert als groot markies over 30 legioenen van geesten. En dit is zijn sigillum, dat moet worden gedragen (als borstplaat). Corresponderende Shem-HaMeforash-engel conform Dr. Rudd: **ROEHEL** of **ROCHEL** [*Voor planten- en stenenkennis.*]

(70) **SEERE, SEAR** of **SEIR** — De zeventigste geest is Seere, Sear, of Seir. Hij is een machtige en invloedrijke prins, onder AMAYMON, koning van het Oosten. Hij verschijnt in de vorm van een mooie man, rijdend op een gevleugeld paard. Hij heerst over alles wat komt en gaat, en schept een overvloed van dingen om deze plotseling door te geven en naar elke willekeurige locatie te verplaatsen of ze daarvandaan te halen. Hij kan zich in een oogwenk over de gehele aarde verplaatsen. Hij geeft uitsluitsel over alle vormen van diefstal en over verborgen schatten en over vele andere dingen. Hij is van een onverschillige goede aard, en is bereid om alles te doen wat de exorcist verlangt. Hij heerst over 26 legioenen geesten. En dit is zijn sigillum dat moet worden gedragen (als borstplaat). Corresponderende Shem-HaMeforash-engel conform Dr. Rudd: **TABAMIAH** of **JABAMIAH** *[Katalysator bij magische operaties. Geeft controle over tijd, maakt tijd ondergeschikt aan magiër.]*

(71) **DANTALION** — De eenenzeventigste geest is Dantalion. Hij is een hertog, groot en machtig, die verschijnt, in de vorm van een man met vele gezichten, allerlei mannen en vrouwengezichten, en hij heeft een boek in zijn rechterhand. Zijn taak is het aan eenieder alle kunsten en wetenschappen te onderwijzen en om de geheime gedachten van om het even wie te verklaren; want hij leest de gedachten van alle mannen en vrouwen, en kan ze veranderen naar zijn wil. Hij kan liefde opwekken, en de gelijkenis van iedere persoon tonen, door middel van een visioen en laten zien in welk deel van de wereld de persoon zich ophoudt. Hij regeert over 36 legioenen geesten; en dit is zijn zegel, dat je draagt (als borstplaat). Corresponderende Shem-HaMeforash-engel conform Dr. Rudd: **HAJAJEL** of **HAIEL** *[Een geschikt sigillum voor de ontwikkeling van remote viewing of iemands amoureuze aandacht te verkrijgen.]*

(72) **ANDROMALIUS** — De tweeënzeventigste geest in volgorde wordt Andromalius genoemd. Hij is een graaf, groot en machtig, en verschijnt in de vorm van een man met een grote slang in zijn hand. Zijn taak is het om zowel een dief als de door hem gestolen goederen terug te brengen en om alle kwaadaardigheid en heimelijke afspraken te ontdekken, alsook om alle dieven en andere boze mensen te straffen en schatten te ontdekken die verborgen zijn. Hij regeert over meer

dan 36 legioenen van geesten. Zijn sigillum is dit, dat moet je dragen als eerder aange-
geven (als borstplaat). Corresponderende Shem-HaMeforash-engel conform Dr. Rudd:
MUMIAH [*Charles Cosimano adviseert dit sigillum voor wichelroedelopen in te zetten.
Alwetend. Brengt verloren dingen terug. Openbaart complotten tegen de magiër.*]

De Middeleeuwse tekst gaat hier verder:

Dit zijn de 72 machtige koningen en prinsen die koning Salomo in een vat van messing bedwong samen met hun legioenen. Over wie BELIAL, BILETH, ASMODAY,
en GAAP de heersers waren. En men moet opmerken dat Salomo dit deed wegens
hun trots, want nooit gaf hij een andere reden waarom hij zo hen bond. En toen
hij hen aldus had gebonden en het vat had verzegeld, joeg hij hen door goddelijke
kracht allemaal in een diep meer of gat in Babylon. En zij van Babylon, zich afvra-
gend hoe het vat er uit zag, gingen toen diep het meer in om het vat open te breken,
in de verwachting dat daarin een grote schat te vinden zou zijn. Maar toen zij het
open hadden gebroken, vlogen onmiddellijk de belangrijkste geesten er uit, samen
met hun legioenen die hen volgen; en zij werden allen terug in het vat gedwongen,
behalve BELIAL, die een beeld binnentrad en vervolgens antwoorden gaf aan degenen die offers aan hem brachten, en het beeld aanbaden als hun God, enz.

Opmerkingen

Eerst zult u de tijd van de maan kennen en observeren voor uw werk. De beste dagen
zijn de dagen waarop de Maan 2, 4, 6, 8, 10, 12, of 14 dagen oud is, zoals Salomo zegt;
en de andere dagen zijn niet winstgevend. De sigilli van de 72 koningen worden gemaakt in metalen. Die van de koningen in Sol (goud); die van de markiezen in Luna
(zilver); die van de hertogen in Venus (koper); die van de prelaten (bischoppen) in
Jupiter (tin); ridders in Saturnus (lood); die van presidenten in Mercurius (kwik);
die van de graven evenredig in Venus (koper) en Luna (zilver), enz. Deze 72 koningen zijn onder de macht van AMAYMON, CORSON, ZIMIMAY of ZIMINAIR, en
GAAP,* die de vier grote koningen zijn van de vier Kwartieren, of Kardinale Punten:
Oost, West, Noord en Zuid, en ze horen niet te worden opgeroepen, behalve bij
belangrijke zaken; maar moeten worden aangesproken en opgedragen om een geest
te zenden die onder hun macht en heerschappij staat, zoals wordt getoond in de
volgende invocaties of bezweringen. En de belangrijkste koningen kunnen worden
gebonden van 9 tot 12 uur 's middags, en van 3 uur tot zonsondergang; Een markies kan worden gebonden van 3 uur in de namiddag tot 9 's nachts, en van 9 uur 's
nachts tot zonsopgang; hertogen kunnen worden gebonden van zonsopgang tot de
middag bij helder weer; prelaten kunnen worden gebonden op ieder uur van de dag;

---

* Deze vier grote koningen worden gewoonlijk Oriens, of Uriens, Paymon of Paymonia, Ariton
of Egyn, en Amaymon of Amaimon genoemd. Door de rabbi's worden zij vaak aangesproken
met: Samaël, Azazel, Azaël en Mahazaël.

ridders kunnen van zonsondergang tot zonsopgang, of van 4 uur tot zonsondergang worden opgeroepen; presidenten kunnen op elk moment worden gebonden, met uitzondering van schemering, 's nachts, tenzij de koning, die over hen heerst wordt opgeroepen; en graven kunnen elk uur van de dag worden opgeroepen. En laat dat in het bos gebeuren, of op een andere plek waar geen mensen zijn en geen lawaai is.

Hier eindigt (in dit boek) de originele tekst.

72 DAEMONES VAN DE GOËTIA GECLASSIFICEERD NAAR RANG

KONINGEN (Sigilli in goud) - *(1)* Bael; *(9)* Paimon; *(13)* Beleth; *(20)* Purson; *(32)* Asmoday; *(45)* Vine; *(51)* Balam; *(61)* Zagan; *(68)* Belial

HERTOGEN (Sigilli in koper) - *(2)* Agares; *(6)* Valefor; *(8)* Barbatos; *(11)* Gusion; *(15)* Eligos; *(16)* Zepar; *(18)* Bathim; *(19)* Sallos; *(23)* Aim; *(26)* Bune; *(28)* Berith; *(29)* Astaroth; *(41)* Focalor; *(42)* Vepar; *(47)* Vual; *(49)* Crocell; *(52)* Alloces; *(54)* Murmur; *(56)* Gremory; *(60)* Vapula; *(64)* Haures; *(67)* Amdusias; *(71)* Dantalion

PRINSEN & PRELATEN (Sigilli in tin) - *(3)* Vassago; *(12)* Sitri; *(33)* Gaap; *(22)* Ipos; *(36)* Stolas; *(55)* Orobas; *(70)* Seere

MARKIEZEN (Sigilli in zilver) - *(4)* Samigina; *(7)* Amon; *(14)* Leraje; *(24)* Naberius; *(27)* Ronove; *(30)* Forneus; *(35)* Marchosias; *(37)* Phenex; *(43)* Sabnock; *(44)* Shax; *(59)* Orias; *(63)* Andras; *(65)* Andrealphus; *(66)* Cimeies; *(69)* Decarabia

PRESIDENTEN (Sigilli in kwik(verbinding)) - *(5)* Marbas; *(10)* Buer; *(17)* Botis; *(21)* Marax; *(25)* Glasya-Labolas; *(31)* Foras; *(33)* Gaap; *(39)* Malphas; *(48)* Haagenti; *(53)* Caim; *(57)* Ose; *(58)* Amy; *(61)* Zagan; *(62)* Valac

GRAVEN (Sigilli in gelijke delen zilver en koper) - *(17)* Botis; *(21)* Marax; *(25)* Glasya-Labolas; *(27)* Ronove; *(34)* Furfur; *(38)* Halphas; *(40)* Raum; *(45)* Vine; *(46)* Bifrons; *(72)* Andromalius

RIDDER(S) (Sigilli in lood) - *(50)* Furcas

Verscheidene van de bovengenoemde daemones hebben twee titels van verschillende rangen; bijv. (45) Vine is zowel koning als graaf; (25) Glasya-Labolas is zowel president als graaf, enz. "prins" en "prelaat" zijn gebruikt als verwisselbare termen.

Goëtische daemones in defensieve en offensieve magie

Defensieve tactieken:

Belial – brengt de magiër gunstig aanzien en is dus goed voor het pareren van aanvallen op iemands status, vertrouwen, populariteit of goede naam.

Berith – is vergelijkbaar met Belial.

Buer – biedt een uitstekend allround genezingspatroon. Perfect voor algemene verdediging.

Eligor – schenkt gunsten en start oorlogen (strijd), goed voor de overwinning.

Foras – verdedigt tegen aanvallen op eigendommen.

Gusion – goede dingen in het algemeen, dus biedt een uitstekend patroon voor alle basisverdedigingswerk.

Offensieve tactieken:

Agares – valt status aan. Verwoestend wanneer gebruikt jegens een politicus of CEO.

Andras – algemene vernietiging.

Flauros – algemene vernietiging.

Lerajie – zorgt ervoor dat wonden langzamer genezen dan normaal en kan daarom bestaande aandoeningen van welke aard dan ook verergeren.

Ose – kan de mentale toestand van de tegenstander aanvallen.

Vine – breekt door de muren van kastelen, symbolisch voor het doorbreken en aanvallen van elke verdediging.

Dit overzicht toont slechts een magisch instrumentarium voor noodgevallen en mag daarbuiten nooit onethisch worden gebruikt. Het is daarbij sterk af te raden met "zware jongens" te werken of met bijvoorbeeld Marswezens, omdat ze een psychosfeer bij zich dragen die zeer disharmonisch kan nawerken, indien een ritueel niet goed wordt afgesloten of gebalanceerd met een contra-energie. Bijvoorbeeld door Venus-wezens te invoceren.

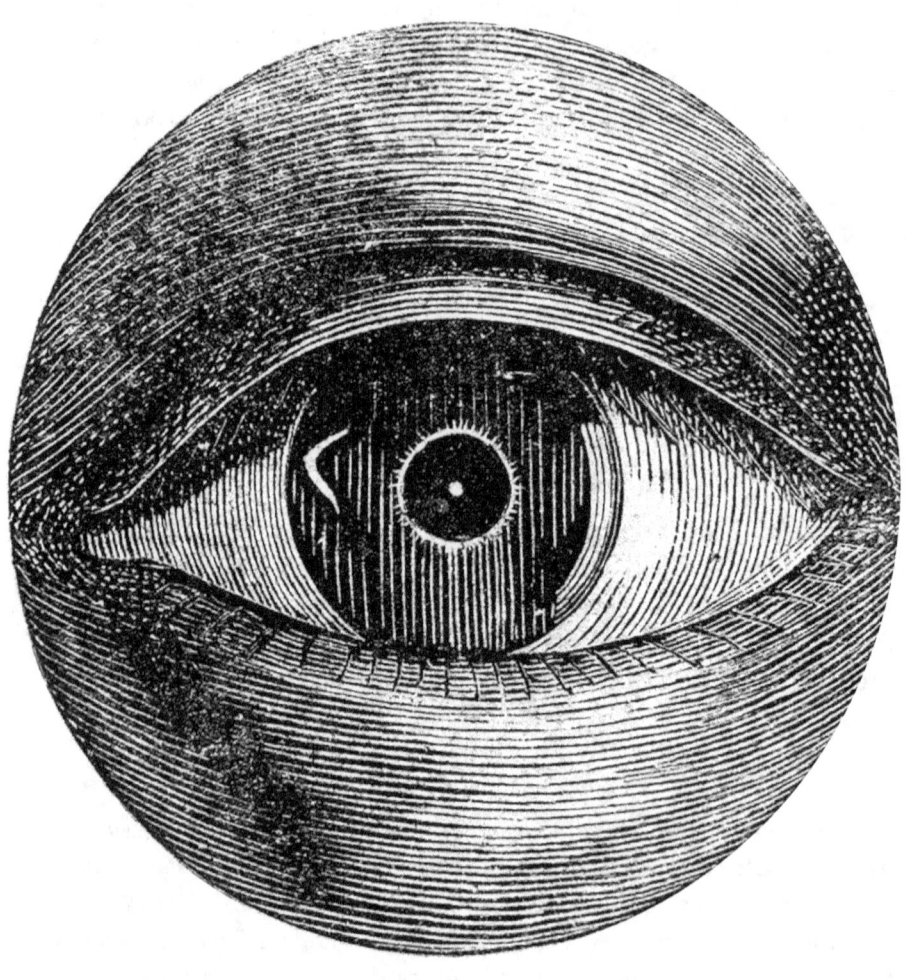

Kies voor een servitor liefst een simpele verschijningsvorm, die past bij de taak ervan.
Hele ingewikkelde vormen kosten teveel verbeeldingenergie.

VII. GEDACHTEVORMEN-MAGIE

• Het Philip-experiment • Gedachtevormen, constructs, tulpas, larven, egregors,
familiars, servitors, homunculi, e.a. • Algemeen belangrijke Maan-regel voor de creatie
van alle scheppingsvormen • De schepping van een servitor of servitor companion
(familiar) • Het werken met een gedachtevorm •

Het is een vreemde paradoxale opmerking maar, ook al bedenken we zelf
gedachtevormen, ze zijn geen fantasie. Ze zijn zeer reëel en bepalen
onvoorstelbaar sterk het grid en het functioneren van een hele samenleving.
Zowel goed- als kwaadschiks. Het feit dat iedereen belasting betaalt, terwijl
geld tegenwoordig zonder enig andere dekking, als "schuld" gewoon door
bankiers wordt getypt dus uit niets geschapen, is een zeer schadelijke vorm
van collectieve krankzinnigheid. Ons geldsysteem is op geen enkele wijze meer
logisch of humaan te verantwoorden en toch blijft het overeind. Dit komt niet
zo zeer door symptomatische effecten die bij belastingweigering optreden,
zoals deurwaarders, maar in de eerste plaats omdat dit systeem an sich een
gigantisch sterke, dagelijks gevoede gedachtevorm is. (Met, zoals elke kunstmatige gedachtevorm, een eigen overlevingsinstinct, dat optreedt zodra dit
zich bedreigd voelt door dissidente opinies.)

Een andere gedachtevormkolos is de VS. Dit land moordt systematisch elk
land op de wereld uit, dat oliebronnen of andere belangrijke grondstoffen heeft
en dit niet vrijwillig spotgoedkoop, of in overeenstemming met het oliedol-
larchantagesysteem, aan de VS wil leveren. Toch houdt de VS het imago van
een "democratisch land" overeind, dat allerlei andere landen "moet bombarde-
ren" voor onze veiligheid. Door structureel gedachtevormen, die de VS goed
uitkomen, wereldwijd te laten voeden door de media, houdt dit land, dat sinds
WO-2 nu al meer dan 30 miljoen slachtoffers heeft gemaakt, ondanks alles een
beschaafd imago overeind. Ook na het starten van 248 gewapende conflicten
kreeg dit land nooit sancties opgelegd door andere staten.

Op kleinere schaal worden landen, bedrijven, organisaties en families door
gedachtevormen geregeerd en verdedigd. Alle negatieve varianten daarvan
worden in de kabbala schalen of schillen genoemd, de Qlippoth, het echte
demonenrijk.

Een demon is geen daemon

Demonen zijn al die krachten, die via obsessies van de mens tot obsessors zijn geëvolueerd en ons de eigen besturing over ons leven, lichaam of toekomst ontfutselen. Zodra we merken dat onze gedachten, handelingen of emoties NIET in overeenstemming zijn met ons werkelijke wezen, dus wie we echt willen zijn en wat onze kern is, is er al sprake van een demonische kracht, die probeert te parasiteren! Dit is dus iets waar iedereen dagelijks mee te maken heeft! *Een demon is dus geen daemon.* Een daemon is een kleine god. Een demon een astraal virus dat via psycho-mentaal eenrichtingsverkeer een persoonlijk of sociaalmaatschappelijk systeem infiltreert en probeert over te nemen. Alle absolutistische denktrends stimuleren het demonische. Alle inspanningen om de twee grote krachten (yin en yang) in de wereld in synergie brengen *ondermijnen* het demonische.

Voor de duidelijkheid van de volgende teksten kunnen we bovengenoemde gedachte- annex energievormen beter egregors noemen. Dit omdat ik in *Magus* de persoonlijke gedachtevormtechniek van John Kreiter volg, die gedachtevormen *(thoughtforms)* onderscheid van servitors, waartoe egregors behoren. Het verschil zit hem in de aangewende techniek en tijdspanne van gebruik, in relatie tot de status van geanimeerdheid en autonome bewustzijnsontwikkeling bij zo'n kunstmatig wezen. Veel gedachtevormen die tot egregors verworden – dus echte entiteiten – ontstaan onbewust uit culturele, emotionele of economische en sociaalmaatschappelijke trends en ontstaan zelfs uit merken, tv-series en speelfilms.

HET PHILIP-EXPERIMENT

Het Philip-experiment is een parapsychologisch experiment, uitgevoerd, tussen 1972 en 1974, in Toronto, Ontario door de Toronto Society of Psychic Research. Van dit experiment is verslag gedaan middels het boek: *Conjuring up Philip – An Adventure in Psychokinesis.* Ik besteed hier aandacht aan omdat het nog steeds het enige gedocumenteerde en zelfs op film vastgelegde gedachtevorm- (servitor)experiment uit de geschiedenis is. Op de film hoor je Philip echt kloppen vanuit een houten tafel en keert hij deze om.

Het experiment werd uitgevoerd door de wiskundige A.R. G. Owen en werd begeleid door psycholoog Dr. Joel Whitton. Het doel van het experiment was in de eerste plaats de realiteit van telekinese te onderzoeken. Daartoe werd gepoogd een fictieve geest te scheppen op een wijze die grote overlap heeft met veel technieken die worden gebruikt voor het scheppen van een gedachtevorm, met als resultaat… een hele bijzondere gedachtevorm of kunstmatige elementaal. Met dit wezen, genaamd Philip, wilde men vervolgens communiceren.

Eén van de leden van de Society maakte een gedetailleerde tekening van Philip en een ander lid schreef voor Philip een *fictief* levensverhaal dat zich in een historische tijd in Engeland afspeelde: Philip werd voorgesteld alsof hij was geboren in 1624 met een vroege militaire carrière, waarbij hij op zijn 16e werd geridderd. Hij was betrokken bij de Engelse burgeroorlog en raakte persoonlijke bevriend met Charles II, waarvoor hij werkte als spion. Philip was ongelukkig getrouwd met een vrouw genaamd Dorothea en werd later verliefd op een zigeunermeisje dat van hekserij werd beschuldigd en op de brandstapel werd verbrand. Wanhopig pleegde Philip in 1654 op zijn dertigste levensjaar zelfmoord door van een kasteelmuur af te springen.

Alle leden van de groep hadden zich goed ingeleefd in de figuur Philip en een jaar lang probeerden de groepsleden via diepe concentratie contact met hem te maken. Zonder enig resultaat. Toen besloot men het roer om te gooien en over te gaan op de traditionele Engelse seancemethode, zoals die veel in het Victoriaanse tijdperk werd toegepast. Anders dan Hollywood wil doen geloven was dat een soort vrolijke tea party waarbij men liedjes zong, in plaats van een creepy sfeertje op te bouwen, met dien verstande dat men in het achterhoofd een constante concentratie behield op het contact leggen met een entiteit *(detached attention)*. Meteen de tweede keer dat men het op deze wijze probeerde was het raak. Op een vraag die Philip – conform zijn fictieve levensverhaal – met ja kon beantwoorden kwamen klopgeluiden als reactie. Op een vraag die hij, conform ditzelfde levensverhaal, niet kon beantwoorden volgde een korte stilte gevolgd door een zagend geluid. Deze reacties werden Philips' standaardreacties om een ja of nee te communiceren.

Geleidelijk aan manifesteerde Philip zich steeds sterker, waarbij zich ook poltergeistachtige verschijnselen voordeden, zoals het dansen of kantelen van een tafel. Hoewel *Wikipedia* de desinformatie verspreidt dat dit enkel claims van de groep zijn, is zo'n sessie met Philip op film vastgelegd. Op een zeker moment manifesteerde Philip zich zo sterk dat hij de Canadese televisie haalde. Naar verluidt werd een dergelijk experiment herhaald met twee nieuwe personages, genaamd Lilith en Humprey, met vergelijkbare resultaten. De wijze waarop men Philip destijds schiep, kan worden gebruikt om een speciale servitor of familiar te scheppen, ook als groep! Later in dit hoofdstuk volgt een andere, maar overlappende methode.

GEDACHTEVORMEN, CONSTRUCTS, TULPAS, LARVEN, EGREGORS, FAMILIARS, SERVITORS, HOMUNCULI, E.A.

Er bestaan veel verschillende namen voor kunstmatige wezens, die verwarrend kunnen werken. Hieronder een simpel overzicht dat de verschillen en overeenkomsten in beeld brengt.

Gedachtevorm

Deze term wordt alleen gebruikt voor een kunstmatig wezen dat door een magiër wordt geschapen. In *Magus* volg ik de indeling van John Kreiter. Hierbij is een gedachtevorm een sterk geladen, zeer sterk geconcentreerde wens die via een techniek (die later in dit hoofdstuk volgt) wordt gelanceerd, op een soortgelijke wijze zoals in de chaosmagie. Dit technisch ritueel wordt meerdere keren herhaald, totdat de wens is gerealiseerd. Er wordt bij een gedachtevorm in deze definitie dus GEEN echte etherische entiteit gecreëerd, maar enkel een hypergeconcentreerde gedachte, die na realisatie van de wens weer oplost.

Servitor

In dit boek is een servitor gelijk aan de bekende tulpa uit Tibet, een kunstmatig, met de gedachten geschapen entiteit, die voor een specifiek doel wordt geschapen. Dit doel is sterk afgebakend. Een dergelijk wezen heeft een scheppingsfase en oplaadfase, een duurzaam bestaan als separate entiteit met een bepaalde levensspanne, oplaadmomenten en een einde.

Servitor companion

Dit wezen is identiek aan de familiar van de Middeleeuwse heks of magiër. Het betreft een servitor die meerdere taken en vermogens krijgt toebedeeld en zeer sterk verdicht kan worden, zodat sommige mensen met helderziende vermogens of in een bepaald stadium op dat moment, ze daadwerkelijk kunnen zien, en dus ook objectiveren. Een servitor kan bijvoorbeeld worden gemaakt om enkel geld aan te dragen, terwijl een servitor companion deze taak als onderdeel van een groter pakket kan hebben, in dienst van persoonlijk welbevinden. De servitor companion vergt intensief onderhoud.

Familiar

Dit wezen wordt later uitgebreid behandeld. In dit boek is de familiar gelijk aan de servitor companion.

Tulpa

Dit is een servitor, die als een examenstuk voor jonge lama's in opleiding wordt geschapen via een traditionele techniek (zie de boeken van Alexandra David Neel) en weer wordt vernietigd nadat de meesterlama het wezen heeft gezien.

Construct

Dit is een servitor waarbij je voor het maken geen energie van jezelf toevoegt.

Humunculus

Francis King beschrijft in *Sexuality, Magic & Perversion* de techniek waarmee Alex Sanders en een compagnon samen, uit sperma een homunculus (klein mensje) scheppen. Paracelcus schrijft hier uitgebreid over. Een homunculus is dus een extreem verdichte servitor, die tot algehele objectieve waarneembaarheid verdicht is.

Larve

Bijna iedereen draagt larven met zich mee, die zeer parasitair kunnen inwerken op ons dagelijks leven. Ze ontstaan uit gewoontes die verslavingen worden. De verslaving is de meest herkenbare larve-activiteit in iemand. Of ze ontstaan juist abrupt uit trauma en zijn dan gekoppeld aan heftige emoties in relatie met angst of woede. Larven worden door veel mensen ervaren als externe entiteiten, terwijl het afsplitsingen van het eigen psycho-mentaal-energetisch systeem zijn. Elk geval van PTTS is een larve-geval. (Voor het vernietigen van een larve zie *hoofdstuk IX Training.)*

Egregors

Egregors zijn servitor companions die onbedoeld ontstaan uit trends en massageloof of bewust worden geschapen in occulte loges of vrijmetselaarsloges. In dat laatste geval dienen ze als beschermers van de loge en de logecultuur. Via massamedia worden voortdurend super-egregors geschapen om onethische politiek in stand te houden.

ALGEMEEN BELANGRIJKE MAAN-REGEL VOOR DE CREATIE VAN ALLE SCHEPPINGSVORMEN

In de latere 20e eeuw heeft de chaosmagie een hoge vlucht genomen. De hardcore chaosmagie verwerpt de astrologie en andere psychosferische invloeden radicaal. In de praktijk zijn echter de meeste chaosmagiebeoefenaars hiervan met hangende pootjes teruggekomen. Met name voor wat betreft de invloed van de Maan, waarbij het Afhoudende Maan-gegeven cruciaal bleek. Zie voor de uitleg *Afhoudende Maan* in **appendix II Begrippenlijst** achterin dit boek.

Dan dient de meer astrologisch onderlegde lezer(es) van dit boek zich te beseffen dat bepaalde planeetstanden die dominant zijn, voor de ene servitor- of gedachtevormschepping wel geschikt zijn en voor de andere niet. Omdat

een servitor en gedachtevorm entiteiten zijn die een empowermentfase en/
of groei- en ontwikkelingsfase doorlopen, is de wassende Maan-periode het
geschiktst, omdat de natuurlijke omgevingsorgon dan toeneemt tot de piek bij
Volle Maan. De beste start voor een servitor of gedachtevormproject is dan een
dag na Nieuwe Maan.

DE SCHEPPING VAN EEN SERVITOR OF SERVITOR COMPANION (FAMILIAR)

Hieronder de techniek om een servitor of servitor companion te scheppen.
Vooraf even de opmerking dat je geloofssysteem alles bepalend is in deze
en dat je moet snappen wat een intentie precies inhoud. *Een intentie is een
uitdrukking van geloof aan iets zonder enige twijfel.* Dit niet twijfelen is een
bewuste keus, bewuste daad, bewuste beslissing inherent aan het technisch
proces van de schepping van een servitor. Een intentie is bovenal een uitdrukking van een verlangen. Het enige correcte geloofssysteem voor een servitorschepping is NIET een systeem dat dit proces als experiment ziet en kijkt waar
het schip strand, maar een geloof dat een resolute afwerking van het protocol
en de bijbehorende discipline simpelweg het resultaat gaat geven dat je wenst.
Servitorschepping draait dus om geloof in de betekenis van bewuste keus.

1. Zorg voor een zeer goede conditie en laad je energielichaam extra op met
   de combinatie yi jin jing 2 sets van 5 per dag en de 4 drukpunten. *(Zie
   hoofdstuk IX Training.)*
2. Bepaal of je een tijdelijke servitor wilt maken of een dienaar voor de lange
   termijn (familiar) en determineer of je de servitor meer als wezen of als
   machine of stuk gereedschap wilt zien in een specifieke situatie voor een
   specifieke taak.
3. Schrijf de *Statement of intent*: Wat precies moet de servitor bewerkstelligen?
   Binnen welk tijdsbestek; hoe snel? Creëer de servitor bij voorkeur voor
   slechts 1 specifieke taak of enkele overlappende taken.
4. Welke verschijningsvorm? Maak deze logisch en psychosferisch logisch in
   relatie tot de taak van de servitor. Aansluitend, in geval van een tijdelijke
   vorm, bepaal je de levensduur.
5. Maak een tekening van de servitor met alle attributen nodig voor het
   uitvoeren van de taak.
6. Geef de servitor een naam die past en doe dat liefst op het juiste
   astrologische tijdstip. Voor geld bijv. zijn deze planeten en asteroïden op de
   ascendant handig: *Jupiter, BU48, Rockefellia etc.* Voor uiteenwerpen gesloten
   systeem *Damocles op de ascendant.* Voor grote mediabekendheid *Varuna*

op de midhemel. Voor magie *Kouzel of Deucalion.* Voor paranormale zaken *Flammario, Ginevra, Altjira.* Voor astraal reizen, lucide dromen *Walpurga.* Voor liefde en seks *Venus, Eros, 1988XB, Kytheria e.a..* Voor bescherming *Pluto op de ascendant,* etc.. Let op de Maan! Dit is geen verplichting, maar ik vermoed dat veel servitorscheppingspogingen die mislukt zijn, dit vooral aan Afhoudende Maan of andere astrologische factoren te danken hadden.

7. Houd de naam van je servitor of servitor companion strikt geheim!

8. Schep een logo of sigillum voor de servitor, die herinnert aan de verschijningsvorm van de servitor. Dit logo/sigillum is een embryonale vorm van waaruit de servitor gedurende de loop van het gebruik een meer complexe vorm krijgt, dus uit de abstractie tevoorschijn kristalliseert.

9. Begin met het opladen van de servitor. Zonder je af gedurende 10 tot 30 minuten op een plek waar je niet gestoord kan worden. Neem een stuk papier waarop je het sigillum/logo van de servitor tekent en diens naam op schrijft. Herhaal de naam gedurende deze tijd en verbeeld de servitor visueel (liefst aangevuld met: temperatuur, geur, geluid, textuur, vorm, sfeer) zo sterk mogelijk. Doe dit speels zoals in je kindertijd, dus vanuit een ongedwongen staat, maar blijf gefocust op de taak die je nu aan het doen bent, dus het animeren van een gedachtevorm tot een entiteit. Dit betekent dat de gedachten niet mogen afdwalen of zich tijdens het verbeelden op andere onderwerpen richten. De gedachtestilte-oefening *(zie hoofdstuk IX Training)* is een goede voorbereiding, voordat je servitors gaat maken.

10. Herhaal deze procedure op de 2 a 3 opeenvolgende dagen op exact dezelfde wijze. De servitor is doorgaans pas voldoende "klaar" voor het werk na enkele sessies van opladen. Experimenteel kan een neutrale orgonzender als hulpmiddel worden gebruikt om de servitor van meer energie te voorzien. (www.dooozz.nl maakt deze op speciaal verzoek.)

11. Voor het nu uitzenden van de servitor voor diens taak, roep je hem op dag 4 of 5 op bij diens geheime naam, tot je het idee hebt dat de servitor aanwezig is. Herhaal de oplaadsessie nog een keer en geef de servitor dan een heel duidelijk commando dat begint met de naam van de servitor. Dus de commandoformule luidt: *(Naam),* doe *(de taak van de servitor)*! Korte simpele commando's zijn het beste.

12. Verbeeld of zie de servitor de ruimte verlaten om de taak uit te voeren. Laat nu het ritueel los en ga over tot de normale orde van de dag, in volledig vertrouwen, dus zonder dit te "hopen" of "testen", dat de opdracht wordt uitgevoerd.

13. Indien dit niet lijkt te lukken, laadt je de servitor nog een paar keer op en commandeer je deze eerst om van het ene eind van de kamer naar de andere te bewegen en verbeeld dit. Speel hier een poos mee en beweeg zo de servitor in allerlei richtingen. Dit "slow charging" zoals John Kreiter het

noemt schijnt zeer sterke geslaagde servitors op te leveren.

14. De servitor wordt nu steeds sterker en effectiever naarmate hij vaker wordt opgeroepen.

15. Om de servitor onder controle te houden, dien je er op dezelfde wijze mee om te gaan als een baas met zijn hond. Jij blijft altijd de Alpha!

16. Ken de servitor of servitor companion een vaste plek toe in je huis vanwaar hem of haar kunt roepen. En begroet de servitor als je de plek passeert alsof het een gewone huisgenoot is, om de vanzelfsprekendheid van de existentie van de servitor te benadrukken.

De onderhoudsmethode voor servitors

Een servitor onderhoud je door opladen en intensief gebruik, minimaal eens in de drie dagen. Weersta daarbij de verleiding om de servitor als een soort vriend of huisdier te gaan benaderen. De servitor is een kunstmatig wezen, maar in de eerste plaats gewoon een gedachte van jezelf. Zoals je ook geen gewone gedachtes aanbid of ermee amicaliseert, zo doe je dat ook niet bij de servitor. Bij de servitor companion ligt dit complexer, ook al zul je daar controle over moeten houden. De informatie die je daarin stopt is complexer en het opladen gebeurt veel frequenter om zo een entiteit te scheppen die, zoals de familiar van de middeleeuwse heks, een trouwe begeleider is. Een veel gebruikt doel voor een servitor companion is die van een adviseur.

Het opheffen een servitor

Een servitor houdt nooit helemaal op te bestaan, maar kan inert worden gemaakt door er eenvoudig geen enkele aandacht meer aan te schenken en deze dus niet meer op te laden. Bij een collectief gedeelde gedachtevorm of servitor is dat een zeer veel moeilijker proces en het hangt helemaal af van het soort en de omstandigheden.

Het vernietigen van niet-eigen servitors

Een methode om een niet eigen gedachtevorm te vernietigen is door deze simpelweg in je verbeelding op te zuigen in je buik en als het ware te verslinden. Je tankt hiermee gewoon extra energie. Een andere methode is een contra-servitor maken en die het werk laten doen.

HET WERKEN MET EEN GEDACHTEVORM

Stel je bent al jaren op zoek naar een specifiek boek dat nergens meer te krijgen is, of alleen voor een veel te hoog bedrag. Een hulpmiddel kan dan zijn het scheppen van een gedachtevorm. Het proces gaat als volgt:

1. Definieer exact wat je wilt.
2. Zoek een rustige plek op in een schemerdonkere ruimte.
3. Haal diep adem en concentreer je daarbij intens op wat je wilt in de nabije toekomst en hoe je het zou ervaren wanneer je het gewenste (….laten we het boek als voorbeeld houden..) in je bezit zou hebben.
4. Verbeeld alsof deze toekomstvoorstelling in jezelf groeit en duidelijker zichtbaar wordt en met al je zintuigen kan worden waargenomen.
5. Verbeeld simultaan dat je overal rondom de ruimte waarin jij je bevindt, vult met psychische energie als een soort rook of mist.
6. Ga door met dit verbeelden, totdat je de energie kunt voelen.
7. Haal nu langzaam en diep adem en zuig al deze etherische energie naar binnen, totdat deze een energiebal in je buik vormt. Je kunt de energie ook direct in je buik zuigen door je spieren aan te spannen, zoals bij *reverse breathing* (hierbij zet je buik niet uit tijdens het inademen).
8. Als je niet meer lucht kunt inademen of naar binnen kunt trekken, houd dan je handen – ongeveer 25 cm van elkaar verwijderd ter hoogte van je solar plexus – voor je uit, alsof je een grote kom vasthoudt.
9. Adem nu uit en verbeeld dat alle psychische energie uit je lichaam en uit je handen naar buiten stroomt, en er tussen je handen een geladen bal energie vormt.
10. Herhaal dit proces nog een keer, zodat de bal iets groeit en in je verbeelding intenser gaat gloeien en elektrisch tintelend aanvoelt.
11. Blijf dit enkele malen herhalen totdat je het gewenste, in dit voorbeeld het boek, in de bal projecteert en daar vasthoudt.
12. Inhaleer nu voor de laatste keer zo diep als je kunt en verbeeld hoe de hele wereld in deze energiebal naar dat boek wordt gezogen. Stop al je passie, verlangen en emoties erin. Wil het boek!
13. Adem nu uit en zeg hardop: HAAL HET NU VOOR ME!
14. Als je dit proces goed hebt uitgevoerd zul je je tijdelijk van energie gedraineerd voelen, omdat je veel energie hebt uitgestoten.
15. Dit hele bovenstaande proces van deze specifieke gedachtevorm herhaal je elke dag één keer, totdat je wens is vervuld.

HÆRESIS DEA

Manichera.

Primitiæ artis Antonii Eisen
hoit datæ Warbergæ Paderbornensium.

VIII. FASCINUM (HEKSERIJ)

• Diana en Silvanus – heksen, vruchtbaarheid en het Heilige Bos • De heksencultus en Diana-verering • Fascinum versus Habentis Maleficia • De Sabbat • Diana, Hekate, de Godin en de Maan • Pan en Wilhelm Reichs orgone psychosomatiek • De Familiar • Daemones van land, huis en vruchtbaarheid • Maan en Natuur • Seksuele magie • Astraal reizen • Psychotrope middelen •

De oudste goden en volksrituelen hebben in de regel altijd met de Aarde en vruchtbaarheid te maken. Het leven was immers afhankelijk van de oogst en daarom van alle processen met betrekking op aarde, het weer en de wezens die achter die processen de intelligenties vormen. De heksencultus is in haar diepste essentie dan ook een vruchtbaarheidscultus met een sterk seksueel accent. Ook is deze cultus een paria-cultus.

DIANA EN SILVANUS – HEKSEN, VRUCHTBAARHEID EN HET HEILIGE BOS

Veel mensen die vroeger werden verbannen of vervolgd zochten hun toevlucht in de bossen, het domein van de heksengodin Diana, die hun beschermelinge werd, net als haar legendarische dochter Aradia, waarvan de historische figuur door haar ouders werd verstoten, omdat ze weigerde de christelijke leer en normen te accepteren. In de strega-legende is Aradia het kind van Diana en Lucifer. Lucifer is de god van het verrijzende leven zelf, de levenswil, libido, creatieve kracht. Diana en Lucifer belichamen het goddelijk vitalistische. Omdat alle maatschappelijke systemen in Europa die centralistisch werden opgelegd vanuit een centraal machtsbolwerk (Rome, de kerk etc.), ANTIVITALISTISCH waren en zijn, werd de cultus van Diana automatisch een paria-cultus en een vervolgde en verboden cultus.

Dit begint al onder keizer Flavius Gratianus Augustus (359 – 383), die het christendom tot staatsreligie maakte en zich direct keerde tegen alles wat niet christelijk was. Ook het bewust kappen van de uitgestrekte eikenbossen van Europa, die van Denemarken tot Gibraltar liepen, had een functie binnen deze strekking. Ze werden niet alleen gekapt voor houtwinning en om landbouwgrond te scheppen, maar ook om politieke redenen. In het westen geloofden de Kelten in de Boommoeders en ook bij de Germanen waren bomen heilig en werden ze met veel respect behandeld. De eikenbossen waren daarnaast gewijd aan Diana, die het meest hardnekkig de oude, tot heidens gedemoniseerde religie vertegenwoordigde, binnen het spiritueel patriarchaat dat nu de toon zette.

Het uitroeien van vitalisme, creatief denken, natuurkennis en zelfbeschikking gaat door tot aan vandaag, in de vorm van de draconische terreur die de farmaceutische industrie en hun politieke slippendragers uitoefenen via de codex alimentarius, het verbod op bepaalde planten en het recht op normale geneeskunde. Tot aan vandaag onthooft Saoedi Arabië vrouwen die kruidengeneeskunde toepassen onder het mom van "hekserij", stuurt de VS-regering SWAT-teams af op mensen die hun eigen moestuin hebben en regenwater verzamelen en deelt de Nederlandse Voedsel en Waren Autoriteit boetes van €35.000 uit aan mensen, die zelfs maar een verwijzend linkje op hun website hebben naar een website die leert over de geneeskracht van kruiden en deze verkoopt. Waar in de oude religies en volksgeloven mensen de rol van plantengeesten aannamen om de vruchtbaarheid van gewassen te stimuleren, nog doordrenkt van hun symbiose met de aardse en spirituele natuur, beuken pesticiden de laatste 20% van de Europese insecten en vogels dood en wordt ons water ondrinkbaar.

Diana werd steeds meer een godin van de bossen. Haar heiligdommen stonden vooral in de bossen en zij werd daarom vaak geassocieerd met de vrouwelijke versie van de bosgod Silvanus, die net als Diana ook over de herten heerste (iets dat hem lieert aan Herne the Hunter). Diana was niet slechts een godin van bomen. Net als haar Griekse versie *Artemis* lijkt ze zich te hebben ontwikkeld tot een verpersoonlijking van het bruisende, krioelende leven van de natuur zelf, zowel het dierlijke als plantaardige en net als Silvanus waakte ze daarbij ook over het vee. Diana, die zelf de belichaming van vruchtbaarheid was, had in een van de tradities een mannelijke partner, genaamd *Virbius* (Hippolytos; later identiek aan Silvanus). In het bos van Aricia bij Latinum (in Midden-Italië) offerden jonge vrouwen die gingen trouwen, lokjes van hun haar aan hem, als teken van maagdelijkheid en voor de zegening van vruchtbaarheid. Volgens de Griekse mythe zou Hippolytos op verzoek van Artemis (Diana), na zijn overlijden door een ongeluk met paarden, door Askleipios weer tot leven zijn gewekt, waarna de godin hem overbracht naar haar heiligdom in het Nemus Dianae bij Aricia (dorpje bij Rome). We zien hier de link met de bekende mythe van de gestorven en wederopgestane god (Osiris, Christus, Mithra, e.v.a.).

Interessant is de overeenkomst tussen *Silvanus* en de *Wilde Man* of *Woodwose* of de Baskische *Basajaun*. Silvanus was oorspronkelijk een genius loci die de kenmerken van de Etruskische grensgod Selvans had overgenomen. Hij werd meestal afgebeeld als een grote harige man met een ruw en boers uiterlijk.

SYLVANVS
DEVS NEMORVM

H. Cock

FF

In zijn hand droeg hij als knots een pijnboom, die hij met wortel en al uit de grond had gerukt. Aan de ene kant was hij evenals Faunus een goede god, maar soms leek hij een demon, die uit het woud zijn ijzingwekkende schreeuw liet horen. Iets waarmee hij aan de paniek zaaiende schreeuw van Pan herinnert, met wiens uiterlijk hij eveneens vaak werd afgebeeld. Silenus, Pan, Faunus en de Saters, de Wilde Man vervloeien later vaak met elkaar, om daarna gezamenlijk tot Duivel of Satan gedemoniseerd te worden.

> *"Witch. Mediaeval English wicche, both*
> *masculine and feminine, a wizard, a witch.*
> *Anglo-Saxon wicca, masculine, wicce feminine.*
> *Wicca is a corruption of witga, commonly used as*
> *a short form of witega, a prophet, seer, magician,*
> *or sorcerer. Anglo-Saxon witan, to see,*
> *allied to witan, to know..."*
>
> – *citaat van Charles Godfrey Leland*

De gestorven en uit de dood verrezen god staat in essentie symbool voor het hervinden, door de man, van het contact met de innerlijke zon, de atman, de Shiva-kracht ofwel pure essentiële mannelijkheid; meteen datgene wat de allergrootste seksuele prikkel bij vrouwen veroorzaakt en de hoogste orgone spanning en vruchtbaarheid. De Wilde Man-gestalte staat symbool voor de pure man, kaal gestript van alle opgelegde civilisatiebullshit, onzinnige gedachtespinsels en mindsets en vooral culturele aanpassingen en angsten. Binnen de Vamachara of Linker Pad-traditie is dit kaalstrippen *(Nirguna)* de aanraking door Kali. Een zeer intensieve ervaring die je, om met Nietzsche te spreken, *Jehnseits von Gut und Böse* brengt. Deze volgt op *Cidrupini,* een tijdelijke vereniging met Shakti, zich manifesterend als een lang aanhoudend full body orgasme in alle chakra's, tegelijk met visioenen van eindeloos veel bloemen en kleuren. Daarbij wordt de godin herkend als de vuller van het vacuüm (ontstaan door het sterven/radicaal loslaten van een mindframe of zielsframe) met een zachte, voedende positieve en vruchtbare energie.

Shakti heerst – net als Hekate en Diana – over het morfogenetisch veld, de maansfeer of het geboorteveld waar memen zich ophouden alvorens te materialiseren op aarde. Shakti, Kali alias Diana, Hekate worden het meest direct en meest krachtig geïnvoceerd, wanneer meerdere vrouwen zich tegelijk in hun gedachte op één man richten, corresponderend met de essentie van het mannelijke, zoals de Mone of Ene en het vrouwelijke, zoals de Dyade of het Vele. Deze symboliek vinden we terug in de vele voorstellingen van de heksensabbat waarbij een grote groep heksen zich seksueel losbandig rond een mannelijke figuur beweegt. Deze wordt dan voorgesteld door hetgeen de christenen in de Duivel hebben gedemoniseerd, maar wat eigenlijk de Wilde Man, Koning van het Woud, Pan, de representant van de vruchtbaarheid van de (gehoornde) god is. De ene mannelijke centrale figuur is ook niet "de baas" van de sabbat, maar als de ene (het mannelijke Element, de God) vormt deze een levensenergie opvoerende dynamiek en synergie samen met het vele (het vrouwelijke Element, de Godin), vertegenwoordigd door de vrouwelijke participanten. Binnen de Indiase hekserij die om Kali draait, bestaan nog steeds riten waarbij een menigte vrouwen naakt om een naakte man danst en beweegt en zo de seksuele c.q. orgone lading, ofwel levenskracht, dusdanig opzweept dat de mannelijke heks, die het centrum van seksuele aandacht is, tot abnormale krachtexplosies in staat is, zoals het abrupt optillen van een enorm rotsblok waar een power-lifter zich een breuk aan kan tillen. De mannelijke heks is hierbij in trance en raakt bezeten door de God.

Bepaalde psychotrope kruiden of paddenstoelen kunnen deze invocatie makkelijk maken. Ik heb een reportage van zo'n Indiase heksensabbat gezien en het is zeer indrukwekkend. Razend fascinerend ook, want je ziet de Europese etsen van sabbats uit de Renaissance gewoon voor je neus tot leven komen, hiermee sterk een gemeenschappelijke Indo-Europese wortel van de Europese en Indiase hekserij suggererend. Servius Tullius de zesde (Etruskisch-Romeinse) koning van Rome (regeerde van 575–535 v.Chr. en bouwde Diana's tempel) gaf aan dat Virbius als vertegenwoordiger de Koning van het Woud had en dat de jaarlijkse gemeenschap tussen hem en Diana de vruchtbaarheid van het land, de dieren en de mensen waarborgde. Er gaat een sterke suggestie van uit dat ook hier, de viering was op 13 augustus, een wortel ligt van de heksensabbat.

R O B I N

GOOD-FELLOW,

HIS MAD PRANKES AND MERRY IESTS.

Full of honeft Mirth, and is a fit Medicine
for Melancholy.

Printed at London by Thomas Cotes, and are to be fold by
Francis Grove, at his fhop on Snow-hill, neere the
Sarazens-head. 1639.

Titelblad waarop Robin Goodfellow prijkt als sabbat-icoon. Robin Goodfellow is een van de titels waarmee de gehoornde god werd aangeduid. Synoniemen voor hem zijn Puck, Puk, Bucca, Kobold, Knecht Ruprecht, Bovi, Leonard, Hedemöpel, Nissë God-dreng en Hobgoblin – een samenvoeging van Hob (elf) en goblin (lelijke irritante elf), waarbij elf hier Fairy is, een term algemeen voor natuurwezens in alle soorten en maten. Sinds Meyerbeer's opera 'Robert le Diable' uit 1831, begonnen occultisten Robin Goodfellow als synoniem voor de Duivel te gebruiken.

BESTOND ER EEN DOORLOPENDE HEKSENCULTUS EN DIANA-VERERING?

Het antwoord daarop is in weerwil van wetenschappers, die liever een meer corporate modern-academische conclusie aanhangen, ja. We weten dat de Diana-verering al 800 voor Christus bestond en doorliep tot ver in de 17e eeuw, om vervolgens nog na te sudderen in de stregeria (Italiaanse hekserij). De Basken kenden amper onderscheid tussen hekserij en hun oude religie, zodat daar parallel een zeer oude lijn loopt. De Baskische auteur Gulio Caro Baroja gaf in zijn boek *Las Brujas y su Mundo* (in Engelse vert. *The World of Witches)* uit 1964 aan, dat bejaarde bewoners uit zijn geboortestreek zich nog steeds nachtelijke heksenbijeenkomsten in de velden herinnerden uit de tijd dat ze jong waren. Verder bestonden er lokaal meer gespecialiseerde heksencultussen zoals die van de Benandanti en Malandanti in Noord Italië, zo fascinerend beschreven door de microhistoricus Carlo Ginzburg.

Tot slot zijn er diverse losse incidentele eindjes, die al of niet overlap met bovengenoemde tradities of doorgaande lijnen hebben, zoals Alex Sanders, Charles Godfrey Leland en Austin Osman Spare, die allen beweerden als kind door een heks aan een inwijdingsritueel te zijn onderworpen. Respectievelijk door Sanders grootmoeder, een huishoudster van Nederlandse komaf en Mrs. Paterson, volgens Spare een nazaat van een vrouw die aan de Salem-trials was ontsnapt.

Zelf ervaar ik daarom het verschijnsel hekserij als een even historisch geworteld, als cultuurgevoelig, als magisch, als amoebisch vertakt verschijnsel, en geloof ik in zeer oude Indo-Germaanse wortels, om reden die ik eerder aangaf. Even oud als Diana zelf. Ook in geschriften uit Mesopotamië vinden we veel verwijzingen naar hekserij, met een voor ons herkenbaar, maar in dit geval minder gunstig beeld.

Als fundering van de aanname van een doorlopende relatie tussen een Diana-cultus en hekserij door de eeuwen heen, volgt hierna een historisch overzicht. Interessant hieraan is dat het de inquisiteurs, en andere kerkelijke bestrijders van hekserij en de Diana-cultus, langzaam maar zeker duidelijk wordt dat de nachtelijke reizen van heksen niet fysiek, maar in hun uitgetreden dubbel worden ondernomen, waarbij via vliegzalven een comateuze toestand wordt opgewekt die een uittreding activeert. Weliswaar speelde de bezem bij dit "vliegen" regelmatig een rol, maar meer als hulpmiddel om psychotropica in te brengen en extase te veroorzaken (zie later in dit boek de paragraaf *Ergot*). Een terugkerend element is de walnootboom, die in Noord-Italië de plek van de trequenda (heksenbijeenkomst) markeerde.

⚹ De Romeinse historicus Varro *116 - 27 v. Chr.* vermeldt Diana aanbidding door Titus Tatius (gestorven in 748 v.Chr.). Diana Lucina en Luna worden genoemd als afzonderlijke goden.

⚹ Tullus Hostilius (derde Romeinse koning, omstreeks *673 - 642 v. Chr.*), stelt in zijn Lex Regia dat, wanneer incest was gepleegd, door hogepriesters een zoenoffer aan Diana moet worden aangeboden in haar heilige bos. Incest werd geacht ongeluk te brengen in de vorm van schaarste, zodat men zich na deze misdaad eerst moest verzoenen met de dan boze vruchtbaarheidsgodin Diana.

⚹ De, ooit als slaaf geboren, koning Servius Tullius *(578-535)* wijdde Diana's tempel in op 13 augustus, haar festivaldag, op de Aventijnse heuvel in het midden van de 6e eeuw voor Christus. Uit het feit dat hij haar tempel op de Aventijn plaatste, en buiten het Pomerium kunnen we afleiden dat de cultus van Diana, hoewel zelfs in de wet geïntegreerd, nog in essentie als een uitheemse cultus werd beschouwd. (Het Pomerium was het gewijde gebied van Rome dat oorspronkelijk door Romulus zou zijn aangebracht door met een ploeg een voor te trekken rondom de stad. Het was niet toegestaan om binnen het Pomerium mensen te begraven en voor legerleiders om het met hun troepen binnen te trekken. Magistraten dienden hun imperium (verkregen politieke machtstatus) neer te leggen bij het betreden ervan. Ook was het dragen van wapens in het gebied verboden. Later verwaterde de functie van het Pomerium als heilige en sacrale plek, waar dus ook de tempels van de goden van de officiële godsdienst stonden, om met het christendom helemaal te verdwijnen.)

⚹ Marcus Tullius Cicero *(106 - 43 v.Chr.)* verbindt de etymologie van Diana met het Schijnsel van de Maan. Tegenwoordig denkt men dat Diana is afgeleid van "goddelijk" vanwege de overeenkomst van dia met *dea* (godin) of van lucht/hemel via *divios, divus* of *dius*. Het klassieke agalma van Diana toont echter vrijwel altijd een godin met een maansikkel.

⚹ *30 v.Chr.* - Eerste associatie van Diana met heksen in een mysteriecultus wordt door de dichter Horatio opgetekend in zijn *Epoden*.

⚹ *314 n.Chr.* - De Raad van Ancyra (Ankara) beschouwt heksen, die geloven dat zij tot een kring van Diana behoren, als ketters. Volgens de Raad heeft Satan hen bedrogen. 's Nachts zou volgens de raad een grote groep heksen met Diana of Herodias op dieren rijden.

⚹ Sint-Augustinus *(354-430)*, die in Noord-Afrika en Italië woonde, schrijft dat amuletten waardeloos zijn zonder het pact met een demon. Het is het eerste verslag in de geschiedenis van het demonen- of duivelspact, zoals dit in de latere eeuwen van de heksenvervolgingen, zo vaak zal worden aangewend als "bewijs".

⚹ *550* - De gotische historicus Jordanus, schrijft in zijn *Getica*, over de Gotische koning Filimer die heksen (Alirunen) achtervolgt in het bos omdat zij waarzeggerij uitoefenden en het land verwoesten. In het bos werden deze heksen vergezeld door saters.

⚹ *662* - Saint Barbato bekeert de hertog van Benevento, Romuald tot het christendom. Op verzoek van Saint Barbato laat Romuald de lokale "walnotenboom van de heksen" omhakken. Deze walnootboom is de verzamelplaats van heksen die Diana aanbidden.

✳ **680** - Saint Barbato woont het concilie van Constantinopel bij, waar hij zich uitspreekt tegen de "heksen van Benevento".

✳ Van St. Guthlac **(683-714)** wordt gemeld dat hij deelnam aan de Wilde Jacht (geleid door een noordelijke versie van Diana. In Noord-Europa vervulden Perchta, Berchta, Frau Faste, Holle, Freya, Dame Habond, Queen of the Fairies e.a. die rol).

✳ **906** - Regino van Prüm beweert in zijn instructies aan de bisschoppen dat heidenen Diana aanbidden in een cultus die het *Gezelschap van Diana* wordt genoemd.

✳ **1006** - Het 19e boek van Decretum associeert de aanbidding van Diana met de religie van het gewone "heidense" volk.

✳ Bisschop Burchard von Worms **(965-1025)** schrijft in zijn *Bußbuch* (Boeteboek) over 'criminele' vrouwen die de velden oversteken, in de stilte van de nacht, rijdend op dieren met hun godin Diana, na te zijn verleid tot een dergelijke actie door demonen. Hij klaagt ook over het feit dat veel mensen, die tot het gewone volk behoren, geloven dat Diana echt is, en zich dus niet beperken tot het christelijke geloof in slechts één God.

✳ Hereward the Wake **(1035 - 1072)**, een Angelsaksische edelman die een lokaal verzet leidde tegen de Normandiërs, zou hebben deelgenomen aan de Wilde Jacht.

✳ Hugo van Sint Victor **(1096 -1141)**, een Saksische reguliere kanunnik (kloosterling) en een vooraanstaand schrijver over mystieke theologie citeerde Diana's naam als "Diana Minerva" uit de *Canon Episcopi*. Latere versies bevatten de namen "Benzozia" en "Bizazia". De Canon Episcopi was een kerkelijk stuk uit de vroege Middeleeuwen, dat zich tegen magie en bijgeloof keerde en waarin de nachtelijke extatische vluchten van vrouwen in het spoor van de heidense godin Diana uitdrukkelijk werden veroordeeld als verwaandheid en waanvoorstellingen. Geestelijken dienden allen tovenarij te bestrijden in hun gemeenschappen en het contact met de veroordeelde vrouwen en mannen te verbreken. Ook keerde de kerk zich nu intensief tegen het ogenschijnlijk wijdverspreide geloof in door de nacht reizende vrouwen. Het citaat waaraan de *Canon Episcopi* zijn naam dankt is deze: '*Episcopi, eorumque ministri omnibus modis elaborare studeant, ut perniciosam et a diabolo inventam sortilegam et magicam artem ex parochiis suis penitus eradicent, et si aliquem virum aut mulierem hujuscemodi sceleris sectatorem invenerint, turpiter dehonestatum de parochiis suis ejiciant.*' (vert. "*De bisschoppen en hun predikers moeten alles in het werk stellen om de kwaadaardige kunst van waarzeggerij en magie, uitgevonden door de duivel, grondig uit hun parochies te bannen, en als ze merken dat een man of vrouw zich aan zo'n misdaad schuldig maakt, zouden ze deze, schandelijk onteerd, uit hun parochies moeten werpen.*"). Deze veroordeling van de 'verderfelijke kunst van waarzeggerij en magie' (magicam werd door de canonieke jurist Gratianus, in de eerste helft van de 12e eeuw, in maleficam veranderd) wordt gerechtvaardigd door een verwijzing naar

Titus 3: 10-11 over ketterij. Dan volgt een beschrijving van de fouten van "bepaalde slechte vrouwen" *(quaedam sceleratae mulieres),* die door Satan misleid, geloven dat ze zich 's nachts bij de stoet van de heidense godin Diana moeten aansluiten (waaraan Burchard: *vel cum Herodiade,* dus: *met Herodias* heeft toegevoegd), om grote afstanden te overbruggen met vrouwen die op beesten rijden, en om gedurende bepaalde nachten opgeroepen te worden om hun meesteres (Diana) te dienen.

※ *1280* - De Bisschoppelijke Raad van Conserans associeert de "heksencultus" met de aanbidding van een heidense godin.

※ *1310* - De Raad van Trier associeert heksen met de godin Diana.

※ *1313* - Giovanni de Matociis schrijft in zijn *Historiae Imperiales* dat veel leken geloven in een nachtelijke maatschappij onder leiding van een koningin genaamd Diana.

※ *1390* - Een vrouw die door de Milanese Inquisitie werd "uitgehoord" of ze behoorde tot de *Gezelschap van Diana,* bekent de Godin van de Nacht te aanbidden en verklaart dat Diana haar zegeningen heeft gegeven.

※ *1457* - Drie vrouwen die in Bressanone zijn berecht, bekennen dat ze tot de *Gezelschap van Diana* behoren (zoals opgetekend door Nicholas van Cusa).

※ *1508* - De Italiaanse inquisiteur Bernardo Rategno schrijft in zijn *Tractatus de Strigibus* dat 150 jaar eerder een snelle toename van hekserij was begonnen. Hij trekt deze conclusie uit zijn studie van proefafschriften uit de archieven van de Inquisitie in Como, Italië.

※ *1519* - De Italiaanse dichter Girolamo Folengo associeert een "Meesteres" bekend als Gulfora met heksen die samenkomen om haar te aanbidden in haar hof, in zijn *Maccaronea.*

※ *1525* - De Dominicaanse kerkman Bartolommeo Spina (1465? / 1475? -1546) van Pisa geeft twee verslagen over de kracht van de vliegzalf in zijn *Tractatus de strigibus sive maleficis (Verhandeling over heksen of kwaaddoeners)* uit 1525. De eerste betreft een incident in het leven van zijn kennis Augustus de Turre van Bergamo, een arts. Terwijl hij medicijnen studeerde in Pavia als een jonge man, keerde Augustus eens laat op een avond terug naar zijn verblijf (zonder sleutel) om niemand wakker te vinden, die hem binnen kon laten. Hij klom daarom op het balkon, werkte zich door een raam naar binnen en ging op zoek naar de dienstmeid, die wakker had moeten zijn om de deur voor hem te openen. Toen hij haar kamer controleerde, merkte hij dat ze buiten bewustzijn op de grond lag. De volgende ochtend probeerde hij haar hierover te ondervragen, maar ze antwoordde alleen dat ze 'op reis was geweest'. Bartolommeo's tweede verhaal is meer suggestief en wijst naar een ander element in de 'vluchten' van heksen. Het betreft een zekere notaris van Lugano die op een ochtend zijn vrouw niet kan vinden, haar overal op hun landgoed zoekt en ten slotte ontdekt dat ze diep bewusteloos, naakt en smerig met haar vagina wijd opengesperd in een hoek van de varkensstal ligt. De notaris begreep onmiddellijk dat zijn vrouw een heks was en wilde haar in eerste instantie ter plekke doden, maar hij bracht zichzelf tot bedaren en wachtte tot ze zich herstelde van haar verdoving om haar te onder-vragen. Doodsbang voor zijn woede viel de arme vrouw op haar knieën en bekende dat ze 's nachts op reis was geweest.

✲ *1526* - Rechter Paulus Grillandus schrijft over heksen in de stad Benevento, die een godin aanbidden op de plek met een oude walnootboom.

✲ *1585* - Alexander Montgomerie (1550? -1598), Schotse Jakobijnse hoveling en dichter, rept van een vrouw genaamd Nicneven of Nicnevan (afkomstig van de Schots-Gaelische achternaam Neachneohain, wat "dochter (s) van het goddelijke" betekent, terwijl Neachneohain ook op de Schotse versie van Diana slaat. Montgo-merie vermeldt haar in zijn "*Flyting*" (ca. 1585) dat deze naam was overgenomen door een vrouw die in Schotland voor hekserij ter dood was veroordeeld en ver-brand.

✲ *1628* – Te Barcelona schrijft Pedro Ciruelo in zijn *Tratado en el cual se repue-van todas las supersticiones y hechizerías* over heksen dat ze: ... *"zich met bepaalde zalven insmeren en dan 's nachts door de lucht naar verre landen gedragen worden om bepaalde zwarte magie te verrichten ... maar niets daarvan is waar, hoewel ze dat denken... terwijl ze zo dood en koud zijn, hebben ze niet meer het gevoel dan een lijk en kunnen gegeseld en verbrand worden; maar na een bepaalde tijd ... zijn hun zintui-gen bevrijd, komen ze goed en vrolijk op, vertellen wat ze hebben gedaan en brengen nieuws uit andere landen."*

✲ *1647* - Peter Pipernus schrijft in zijn *De Nuce Maga Beneventana & De Effectibus Magicis*, over een vrouw genaamd Violanta, die bekende Diana te aanbidden op de plek van een oude walnootboom in de stad Benevento.

✲ *1749* - Girolamo Tartarotti associeert de heksencultus met de oude cultus van Diana, in zijn boek *Del Congresso Nottorno Delle Lammie.*

✲ *1894* - Lady Vere de Vere, die onderzoek deed naar hekserij zoals het toen in het Italiaanse Tirol bestond, schreef een artikel in *La Rivista van Rome* (juni 1894) waar-in staat dat "*... de gemeenschap van Italiaanse heksen wordt gereguleerd door streng geheime wetten, tradities en gebruiken, waaronder speciale recepten voor magie."*

✲ *1895* - Professor Milani (Etruskisch geleerde & directeur van het archeologisch museum in Florence) stelt dat verschillende elementen van het oude Etruskische occultisme "wonderbaarlijk bewaard zijn gebleven" in de "Italiaanse hekserijtradi-tie". Professor Milani was bekend met de werken van zowel Lady Vere de Vere als Charles Leland.

FASCINUM VERSUS HABENTIS MALEFICIA

In de oudheid bestond er, net als nu, een schizoïde maatschappelijke houding jegens hekserij. De veroordeling van hekserij in de Oudheid en later wortelt deels in oudtestamentische wetten, waarin hekserij of dat wat men hekserij noemde, sterk veroordeelde. Een aantal passages hebben toen, maar vooral eeuwen daarna, in de Middeleeuwen en Renaissance, voor een gruwelijke hoeveelheid leed op massieve schaal gezorgd.

Exodus 22:18
Gij zult geen heks laten leven.
Deuteronomium 18: 10, 11, 12
10 Onder u zal niet gevonden worden, die zijn zoon of zijn dochter door het vuur doet doorgaan, die met waarzeggerijen omgaat, een huichelaar, of die op vogelgeschrei acht geeft, of tovenaar.
11 Of een bezweerder, die met bezwering omgaat, of die een waarzeggenden geest vraagt, of een duivelskunstenaar, of die de doden vraagt.
12 Want al wie zulks doet, is den HEERE een gruwel; en om dezer gruwelen wil verdrijft hen de HEERE, uw God, voor uw aangezicht, uit de bezitting.

Het trieste hierbij is dat in de zin "Gij zult geen heks laten leven" een dubieuze vertaling is. Er staat letterlijk MeKāshāfah lo TeChaieh *(Een heks zal niet leven)* waarbij het Hebreeuwse woord *kāshāfah* met *heks* is vertaald. In de Septuagint, de Griekse vertaling van de Hebreeuwse bijbel wordt kāshāfah echter met (φαρμακεία) *pharmakeía, kruidenmengster* of *kruidendeskundige,* vertaald. Kāshāfah kan ontstaan zijn uit de samenstelling van kash, *(kruid)* en hapaleh *(gebruiken).* De woordstam KSF betekent echter neerdrukken, treurig zijn, murmelen, dempen, het zacht uitspreken van bezweringen of magie beoefenen. In ieder geval mag kāshāfah niet zomaar met heks of tovenares worden vertaald.

Het is niet met absolute stelligheid te concluderen dat de heksenvervolging enkel de wortels in de bijbel heeft. De oudste Europese term voor heks is *hagazussa,* een woord dat dezelfde betekenis heeft als het oud-Noorse *tunritha,* het Zuid-Duitse *zûnrite* en het Nederduitse *walrîderske,* hetgeen allemaal met heggenrijdster vertaald kan worden – met de kanttekening dat walrîderske ook als aanduiding voor incubus/succubus, mare of alp werd gebruikt.

De oudste Noord-Europese vorm van hekserij valt geheel samen met sjamanisme en werd *sejd* genoemd. Een theorie poneert dat de sjamaan/heksen die een "reis door de lucht" maakten, mogelijk een sejdhstafr *(sejd-staf)* gebruikten. Nu weten we van sjamanen (de Lapse sjamanen zijn uitgebreid gedocumenteerd) dat deze zich in een catatone toestand brachten, met of zonder trommels, en dan hun astrale reis in hun dubbel maakten. We weten ook dat in de Middeleeuwen een bezemsteel (uit een heg gesneden) of andere steel van een landbouwwerktuig, werd bereden om ergot in de vaginaplooien te wrijven, om zo via deze psychotrope zwam eenzelfde trancetoestand te verkrijgen om uit te treden. In de *Heimskringla Saga* lezen we over de opdracht van een heerser om zijn broer te vermoorden, die aan sejd deed samen met tachtig andere tovenaars, die hij levend verbrandde in een huis waarin ze zich verzameld hadden – wat overigens door het volk erg gewaardeerd werd.

Van oudsher was de koning een sjamaankoning en sjamaan werd later afgestript van koning en deze post-sjamanistische koning vreesde mogelijk de macht van de onttroonde sjamaan, die aanzienlijk was. Lees bijvoorbeeld over het kunnen van Lapse sjamanen inzake reizen in hun dubbel en vaardigheid in remote viewing bij Lecouteaux *Witches Werewolves and Fairies – Shapeshifters and astral Doubles in the Middle Ages.* Het blijft theorie, maar er zit ook een gedegen stuk logische conclusie achter, voor wie iets snapt van machtspolitiek en haar afhankelijkheid van een gesimuleerde (dus waarheidsvijandige) werkelijkheid, die men tot aan vandaag koste wat kost wil verhullen. Ook voor astraal reizende pottenkijkers.

Wie zich verdiept in Babylonische vloektabletten of de *Griekse Magische Papyri,* kan er overigens niet omheen dat er in de Oudheid ook een boosaardige vorm van magie werd beoefend. En niet zo'n klein beetje ook, hoewel je ook veel magie uit die tijd als ad hoc ingezette "consumptiemagie" zou kunnen betitelen. Hieronder vallen veel trucs uit de stal van de liefdesmagie bijvoorbeeld, waaraan verlangen in plaats van een directe drang om iemand te schaden aan ten grondslag ligt. Een radicale koppeling van dit soort vervloekingsmagie aan hekserij in het algemeen, gaat echter veel te ver.

Hekserij was ten eerste niet hetzelfde als het toepassen van magie. En dan bestond er nog een vorm van hekserij, die het midden hield tussen priesterwerk binnen een oude religie, sjamanistische kennis van zichtbare en onzichtbare natuurkrachten en natuurgeneeskunde. Kwaadaardige magie (tegenwoordig aangeduid met de term *bane magic)* werd bij de Romeinen aangeduid met de term *habentis maleficia,* letterlijk *toenemende kwaadaardigheid of overtreding,* maar ook de algemene term voor hekserij die zich met vervloekingen en vergiftiging bezig hield. Deze stond echter pal tegenover de Fascinum, die direct met een vruchtbaarheidsreligie was vervlochten en dus met de inhoudelijke of spirituele hekserij. Fascinum heeft namelijk meerdere overlappende betekenissen.

Fascinum kan duiden op:

⌗ Oorspronkelijk chtonische hekserij, die met natuurkrachten werkt en zeer sterk wortelt in vruchtbaarheid en fallische energie. Deze staat, zoals ik eerder aangaf, tegenover de *habentis maleficia,* de boze hekserij die vooral om macht en vervloekingen draait. Fascinum is hier een voorloper van de Benedanti-cult uit de Middeleeuwen en Renaissance, waarbij de Benedanti astraal tegen de Malandanti vechten.

⌗ Magie van het soort dat in het Engels met *sorcery* en in het Latijn met *praecantatio* wordt aangeduid, dus op zeer praktische persoonlijke resultaten gerichte magie.

⌗ Een geluksamulet; meestal in de vorm van een fallus of vagina.

⌗ Bescherming tegen het boze oog.

⌗ De verering van de godheid Fascinus, de fallus als godheid, verwant aan Pater Liber, Bacchus, Dionysus, Priapus en Mutunus Tutunus. Fascinus werd aanbeden voor de bescherming van akkers tegen boze magie, ter bevordering van vruchtbaarheid en voorspoed. We zien daarom op sommige afbeeldingen het beeld van de fallusgod omringt met vrouwen, waarvan er een de fallus omsluit met een handvol korenhalmen of andere plantenstengels.

⌗ Een religieuze cultus, de *Fascinus Populi Romani,* onderhouden door de Vestaalse Maagden die de veiligheid van de Romeinse staat moest garanderen. De Vestaalse Maagden verzorgden de dienst van Vesta of Hestia, de godin van het haardvuur. Lecoutier geeft in zijn werk *The Tradition of Household Spirits* uitgebreid informatie over de centrale magische rol van de haard en de haard-haak (met haardgeest), waaraan in Europa tot ver in de Middeleeuwen de kookpot hing. Een en ander suggereert een link met Hekate, die bij de Romei-nen eigenlijk alleen via huisaltaartjes werd aanbeden en die sterk verbonden is met het onderaardse, ofwel chthonische Vuur, dat soms door vulkanen wordt uitgebraakt en waarin het absoluut opstijgende Element Vuur zit: de fallische energie ofwel dat wat dingen potent maakt, die zich kenmerkt met oprichting, opstijgen. Als onderaardse godin overlapt ze hiermee Persephone, de godin of dat aspect van de godin, dat zorgt voor het regeneratieve, voedende van de slaap, het aanvullen van de orgone energie die bij gezonde mannen de ocht-enderectie geeft, die zich binnen de hele menselijke homeostase vertaalt naar levenslust en een algeheel welbevinden – en daarom als tegenhanger van het boze oog (het ongeluk, de neergang) werd gezien.

DE SABBAT

Er is weinig rond het fenomeen hekserij dat, bij zowel kunstenaars als inqui-siteurs, zo tot de verbeelding sprak als het begrip heksensabbat. Het probleem met de heksensabbat is dat de term op zowel een echte ontmoeting kan slaan, als op een historische, als op een hedendaagse wicca-sabbat, als op een astrale sabbat. Een voorbeeld van de fysieke ontmoeting vinden we in de Baskische Akkelare of Aquelarre *(Plaats van de Bok),* of de Italiaanse Trequenda, meestal gehouden onder een oude walnootboom. Mythische sabbatlocaties zijn o.a. de Blocksberg in de Harz, Melibäus en het Zwarte Woud (Duitsland), Blockula en Blå Jungfrun (Zweden), Vestö, Zabern en Kispest (Hongarije), Kyöpelinvuori of Geestenberg (Finland), Alderley Edge, Cheshire (Engeland), Zugarramurdi (Noord Spanje), Carignano, Benevento en San Colombano al Lambro (Italië), Puy de Dôme (Bretagne) en Macini de Anago (de berg *El Baidalero)* op Tenerife. In Slavische laden wordt de sabbatlocatie in het algemeen aangeduidt met Lysa Hora (Kale Berg). Dan waren er historische bijeenkomsten van de Benandanti gedurende bepaalde vastliggende dagen van het jaar, die van de volgelingen van Signora Oriente in 14e eeuws Milaan, of die van Richella en Sibillia in 15e eeuws Noord Italië, of die van groepen als de Livonische "Weerwolven", de Táltos in Hongarije, de Kresniki uit Dalmatië, de Calusari uit Roemenië of de Burkudzauta uit Ossetië.

In de wicca wordt de term sabbat soms gebruikt ter aanduiding van de acht feesten: *Yule/Midwinter* (20-23 december), *Imbolc* (2 februari), *Ostara* (19-22 maart), *Belthane/Walpurgisnacht* (1 mei), *Litha/Midzomer* (19-23 juni), *Lughnasadh/Lammas* (1 augustus), *Mabon* (21-24 september), *Samhain/Halloween* (1 november).

Het beeld dat de Inquisitie van de sabbat heeft geschetst is voor zo'n groot deel onder bedreiging en foltering verkregen, dat de waarde ervan gering is. Het gaat dan om het clichébeeld van dansende feestende heksen rondom de Duivel of een bok die hem representeert, waarvan ze de achterste kussen bij wijze van Duivelspact, en waarbij kinderen worden geofferd of gegeten. Verder is er geen enkel bewijs voor het gebruik van babyvet in vliegzalven. Veel sabbatvoorstellingen laten vreemde demonische wezens zien, die te midden van de heksen krioelen. In de meeste boeken zullen deze als fantasieën worden afgedaan, maar dat zijn het in essentie niet.

De Australische metafysicus en OBE-expert Robert Bruce beschrijft tijdens een verblijf in de woestenij sater-achtige wezens, lokale natuurgeesten. Tijdens een telefonisch gesprek, dat ik ooit met de Duitse uitgever Franz Hartman had, vertelde deze over een vriend van hem die onder begeleiding van een bevriende arts melk nuttigde waar stukken vliegenzwam in gekookt waren en die in een trip de ervaring had van het door de lucht vliegen, te midden van allerlei Elementaalachtige wezens. In mijn boek *Vamachara* (2012) heb ik mijn evocatie van de Vuur-Elementaal Itumo beschreven en dat wezen opgeroepen in de materiële verschijning zonder dat er psychotrope middelen in het spel waren.

Ik heb verder tijdens een invocatie van de Etruskische Stier en vruchtbaar-heidsgod *Mutunus,* met behulp van sigillum en psilocybine tijdens het vrijen, Elementaal-achtige sater-achtige wezens zien verschijnen, beide in een soort lange gestalte, de een met een gezicht van een bok, de andere met leeuwachtige trekken.

Austin Osman Spare en zijn Australische evenknie (model voor de briljan-te schilder/tekenaar Norman Lindsay) Rosaleen Norton hadden een sterke band met deze rauwe, wilde natuurwezens, die een ongecompliceerde lust en oerkracht uitstralen. Hoe vreemd en fantasievol de tekeningen van Spare en Norton over mogen komen, de geportretteerde wezens zijn geen louter fantasie en komen sterk overeen met hetgeen wordt waargenomen als de sluier over het astrale wordt doorbroken in bepaalde toestanden. De combinatie lustgevoel, een speciale energieke staat en middelen op basis van belladonna of mandrag-ora of vliegenzwam, paddengif of psilocybine, lijkt deze wezens vrij eenvoudig op te roepen en zichtbaar te maken. Later meer hierover. Nu alleen de harde waarschuwing dat belladonna meestal dodelijk is (dus een absolute afrader!) als men ermee gaat rommelen, en dat de overige middelen ook hun gebruiks-aanwijzing hebben.

Eerder beschreef ik een fysieke sabbatsituatie uit India. Er zijn aanwijzingen dat het gebruik van vliegzalven in de Middeleeuwen in delen van Europa, zeer frequent was en dat vooral vrouwen deze zalven gebruikten. De vraag rijst waarom deze trend ontstond. Iets ontstaat in de regel omdat er een behoefte is die niet op andere manieren wordt ingevuld of omdat men ergens een verbe-terde versie van wil. In ieder geval had het gebruik van vliegzalven (en ergot) een hoogtepunt in een tijd waarin seksuele expressie door de kerk met een hel en verdoemenis-schuldcomplex werd opgezadeld, waarin oorlogen en de pest om zich heen sloegen, waarin men in de regel geen water maar enkel bier of wijn dronk, waar er geen Netflix of internet bestond, en waarin de doorsnee man zo ongelofelijk stonk dat deze tegenwoordig door de GGZ in quarantai-ne zou worden gezet. Als er dan middelen bestaan, die orgasmes opwekken waarbij elk normaal orgasme in het niet valt – in combinatie met een uittre-ding-vliegeffect, waarbij men omringt wordt door natuurwezens die wel voor een party in zijn – dan kan ik me goed voorstellen dat vliegzalven (er zijn veel verschillende recepten voor) ondanks de grote risico's populair werden. En natuurlijk…, alles wat er aan coelestes niet aan het clichébeeld van een engel of God beantwoorde, werd automatisch toegeschreven aan de Duivel, inclusief de duivelse kruiden en paddenstoelen om de trance mee op te wekken. Hekserij werd immers steeds identiek gesteld aan ketterij.

Toen ik in 2008 kort op het Griekse eiland Lesbos verbleef had ik een sab-
bat-ervaring die mijn visie op spiritualiteit, samen met enkele andere ervaringen, voor de rest van mijn leven heeft veranderd. 's Nachts werd ik uit mijn
lichaam getrokken en door een vrouw van ergens achter in de zestig naar een
plek gevoerd die aan een klassieke Middeleeuwse sabbatplaats deed denken.
We stonden aan de rand van een open plek waar mensen, vooral jonge vrouwen door elkaar bewogen, met op de achtergrond drie wezens van enkele
meters hoog die op wandelende bomen leken. De vrouw die naast mij bleef
staan, legde haar hand over mijn geslachtsdeel en zei dat die wezens facetten van mijzelf waren die ik nog niet had uitgewerkt. Een jonge vrouw liep
aan de overzijde van de sabbatplaats een groene boslaan in, overwoekerd of
van boven omsloten door hoge bomen. Ik vroeg haar wat de essentie van de
hekserij was. Ze legde me daarop uit dat in de heksencultuur het tweede en
eerste chakra de functie hadden van het voorhoofdschakra in onze cultuur. De
heks leefde volgens *het leven en laten leven beginsel,* in eenheid met de levende
natuur en de energieën van die natuur. Dit in plaats van de *ik-verander-jou-in-
mij-formule* die automatisch de boventoon gaat voeren bij ontwricht gebruik
van het voorhoofdschakra, waarbij dus voortdurend ideeën op de omgeving
(of natuur) worden geprojecteerd, teneinde die naar eigen hand te zetten. Ze
sprak niet met woorden, maar alles verliep telepathisch. Hierna vloog ik met
een schok terug in mijn lichaam, geen tijd hebbende om nog te vragen welke
dingen ik van mijn wezen nog niet had uitgewerkt.

Ik geloof sinds deze ervaring dat de cultus van de hekserij een oergrond heeft
in de psychosferen van het eerste en tweede chaka zelf en waar deze mee resoneren: natuur, aarde, seks, vruchtbaarheid, liefde, gevoel, lust en een positieve
vurige aardse en demonische kracht die de Andalusiërs de *Duende* noemen.
Garcia Lorca schreef over de Duende: *"Duende is niet de Muse, niet de engel
van de artistieke schepping, maar iets dat door de voetzolen wordt opgezogen."*
En verder, Duende is: *"een bries van de geest die vastberaden over de hoofden
van de doden waait, op zoek naar nieuwe landschappen en onverwachte ac-
centen; een bries die ruikt naar kinderspeeksel en kuilgras en klinkt als een hese
kwallenstem die het onafgebroken dopen aankondigt van pas geschapen dingen."*
Het is een vurige levenslust die uit de aarde zelf wordt opgezogen en sensuele,
gepassioneerde of extatische vormen van uitdrukking zoekt.

LVNA

'Diana' van monogrammist IB uit 1529.

DIANA, HEKATE, DE GODIN EN DE MAAN

'... *mensen beschouwen Diana en de maan als een en dezelfde. ... de maan (luna) wordt zo genoemd naar het werkwoord dat schitteren (lucere) betekent. Lucina is ermee geïdentificeerd, en daarom roepen ze in ons land Juno Lucina aan tijdens de bevalling, net zoals de Grieken Diana de Lichtdrager noemen. Diana wordt ook Omnivaga ('overal zwerven') genoemd, niet vanwege haar jacht, maar omdat ze is genummerd als een van de zeven planeten (Maan); haar naam Diana dankt ze aan het feit dat ze de duisternis verandert in daglicht (deis). Ze wordt aangeroepen tijdens de bevalling omdat kinderen soms na zeven, maar meestal na negen, maanomwentelingen worden geboren ...*'
– Quintus Lucilius Balbus zoals opgenomen door Marcus Tullius Cicero over de etymologie van Diana.

Diana, ook Lana, Deana, Diviana, kan zowel zijn afgeleid van het Indo-Germaanse *dei* (glanzen, schemeren, schijnen) als van *dius* (hemels, goddelijk). Diana en Hekate delen de functies van Maangodin en lichtdrager of lichtbrenger. Hoewel oorspronkelijk twee verschillende godinnen, overlappen ze elkaar steeds meer in de latere heksentraditie. Toch blijft het verschil dat Diana in essentie de godin is van de natuur, jacht, geboortes, vruchtbaarheid en wilde natuur, en later – samen met Herodias/Aradia – van de outcasts en verschoppelingen (zoals de traditionele heks). Hekate heeft een directere band met Isis als godin van de magie, heersend over het transformatieveld waar tussen materie en geest nieuwe dingen ontstaan, waarbij geboorte eigenlijk identiek wordt aan materialisatie of realisatie, en dus de reikwijdte van het begrip geboorte wordt vergroot. De bijzondere kroon op het hoofd van Hekate, gelijkend op een kasteel of kleine stad linkt deze, van oorsprong Anatolische godin, aan de oudere Dea Maters of Moedergodinnen uit het Middenoosten en Mesopothamie zoals Cybele, Rhea, Attis e.d..

Hecate, Hecat of Hekate (uitspraak: Hê kàh tai) is de belangrijkste godin van de magie. Ze regeert over de realisatie van astrale vormen in Aardse manifestatie en vice versa overbrugt ze onze aspiraties naar de astrale werelden. Ze is ook gelieerd aan alle grensgebieden tussen Aarde en dodenrijk. Symbolisch daarvoor zijn met name poorten, muren, de schemering en wildernis.

In de *Argonautica*, een Alexandrijns epos uit de 3e eeuw v.Chr. evoceert de held Jason, Hekate in een ritueel voorgeschreven door haar priesteres Medea: hij baadt om middernacht in het stromende water van een beek. Hij kleedt zich daarna in een donker gewaad en moet een ronde kuil graven en daarboven de keel van een ooi doorsnijden. Hij moet het offer zoeten met honing en het karkas van het schaap naast de kuil verbranden en vervolgens weglopen van de plek zonder achterom te kijken. Zelfs niet als hij het geluid van voetstappen of blaffende honden oppikt. Al deze elementen verwijzen naar de riten van een chtonische godheid.

Hekate was vooral populair onder de lagere klassen van Rome en werd aanbeden voor huisaltaren. Deze altaren werden geplaatst bij deuropeningen van huizen en de poorten van steden vanuit het geloof dat de godin de rusteloze doden en andere geesten zou afweren. Ook werden er heiligdommen gecreeerd bij driewegkruisingen, waar voedseloffers werden achtergelaten, in de nacht van de nieuwe maan, om de offerbrengers te beschermen tegen geesten en ander kwaad.

De Romeinen importeerden Hekate uit Griekenland, maar oorspronkelijk was ze een Anatolische godin. Haar belangrijkste heiligdom in Griekenland was Lagina, een theocratische stadsstaat, waarin de godin werd bediend door eunuchen. Speciaal verbonden met Hekate zijn verlaten driesprongen, grenzen, stadsmuren, de Maan (vooral de Nieuwe Maan of Deiphon), de nacht, honden, de bunzing, paarden, koeien, dolken, zwervende geesten en zielen, een rozenkrans, de nummers 3, 9 , 13, 18, 27 en 30, grotten, gebieden die de grens van twee werelden symboliseren zoals kerkhoven of grafvelden of de grens cultuur-wildernis, kraaien, everzwijnen, raven, slangen, honden, de waarheid, de sleutel, de geitvis of rode barbeel en de fakkel. Hekate was verder een godin van planten- en kruidenkennis. De taxusboom was heilig voor haar en ze wordt ook geassocieerd met de vlier, papaver en cipres. Van de godin werd gezegd dat ze vooral het aanbod van knoflook begunstigde. Een aantal andere planten (vaak giftig, medicinaal en/of psychoactief) werden ook geassocieerd met Hekate. Dit zijn aconiet (ook wel hecateis genoemd), belladonna, marjolein en mandragora. Waarschijnlijk is het gebruik van honden, vooral in de eerste eeuwen na Christus, voor het opgraven van mandragora- of alruinwortels, terug te voeren tot de relatie tussen deze plant en Hekate.

De naam Hekate kan zijn afgeleid van het Griekse woord voor "wil". Een andere theorie verklaart de naam via Ἑκατός *Hekatos,* een obscure bijnaam van Apollo. Hekatos betekent "zij die vanuit de verte opereert", "zij die weggaat of wegrijdt", of "de ver reikende". De naam van de Egyptische godin van de bevalling, *Heqet,* is ook een optie als een bron. Hekate is een deelaspect van de Godin. De Godin algemeen vinden we het meest compleet in Shakti. Shakti is namelijk de kracht die de uitspraak dat het universum een vacuüm haat, positief bevestigt. Zodra je definitief iets loslaat in je leven, sluit je als het ware een deur (Hekate). Zodra je dit doet ontstaat er een leegte, die echter meteen wordt opgevuld met een zachte, voedende en positieve energie. Deze energie en dit proces van het vullen van het vacuüm zijn de essentie van Shakti/de Godin. Hekate vormt in deze nu gevoede ruimte het nieuwe; datgene wat je wilt (dat waarvoor je het oude patroon hebt losgelaten). En dit is geen proces van een algemeen opvullen, maar van specifiek opvullen en materialiseren van een conceptie.

Het zal nu duidelijk zijn waarom Hekate de eerste godin is van de magie algemeen. Magie impliceert immers een verandering teweegbrengen in het tijd/ruimte/energie/protobewustzijn-continuüm via de schepping van een vacuüm dat onmiddellijk daarna wordt opgevuld. De stof of magische agens waarmee de Godin een leegte opvult wordt *sphota* genoemd. Sphota is in wezen qi, Od, mana, orgon, de boetseerklei van de magiër.

Zeldzame afbeelding van de Driehoofdige Hekate met hondekop en paardenhoofd en in haar handen een papaverbol en toorts. Uit: 'Hieroglyphica, sive, De sacris Aegyptiorvm aliarvmqve gentivm literis commentarij' (1575)

DE 33 NAMEN AANROEP VAN HEKATE

Ik *(je naam)* roep U aan
HEKATE KOILÔMATA tussen Binding en Verlossing:
DESMOS KAI EKLUSIS – COAGULA ET SOLVE
Om mijn wens te voltrekken en mijn magie te laten slagen
onder uw goedkeuring en bescherming.
Om mijn offer te ontvangen.
Ik *(je naam)* roep U aan:

✝	LUCIFERA	Draagster van Licht
✝	PURPHOROS	Vuurdragende
✝	PURIPNON	Vuurademer
✝	AIDOUCHOS	Toortsdrager
✝	MELAINE	Zwarte
✝	PERSEIS	Licht
✝	PISTIS	Vertrouwen
✝	HEKATE TRICEPHALOS	Driehoofdige
✝	HEKATE TRIFORMIS	Drievoudige
✝	HEKATE TRIODIA	Kruiser van de Driesprong
✝	KRATAIIS	Onderaardse
✝	SKOTIA	Die van het Donkere Oord
✝	APOTROPAIA	Beschermster die het Boze keert
✝	PHOSPHOROS	Lichtbrenger
✝	OURANIA	Hemelse
✝	SELENE APOTROPAIA	Afnemende Maan die het Boze Afwendt
✝	BAUDO	Baudo
✝	CHTHONIA	Van de Aarde
✝	KOUROTROPHOS	Beschermster van Kinderen
✝	HEKATE KLEIDOPHOROS	Sleuteldraagster
✝	HEKATE PROPULAIA	Voor de Poort
✝	HEKATE KOILÔMATA	Hekate, Schoot van de Wervelingen van de Kosmos
✝	PROPOLOS	Tempeldienster
✝	AMPHIPHON	Die schijnt Rondom
✝	ARTEMIS	Artemis
✝	HEKATE DAIMONARCHES	Die heerst over de Daimones
✝	KLEIDOUCHOS	Sleutelhoudster
✝	PHULADA	Wachter
✝	PSUCHÊ TOU PANTOS	Wereldziel
✝	SOTEIRA	Redster

✠	LAMPADEPHORAS	Brenger van Licht
✠	BRIMO	Wraakzuchtige
✠	HEKATE EPIPYRGIDIA	Hekate op de Toren

Ik roep U aan
PSUCHÊ TOU PANTOS - HEKATE DAIMONARCHES – APOTROPAIA
Heerseres van de Kabeiroi, Poortopener, PROPOLOS
Mij te helpen, te beschermen en het kwaad te weren.
Zo zij het. Dit is mijn wil en mijn wens.

---

* Het beste wordt dit ritueel uitgevoerd op de nacht van de Deiphon (Nieuwe Maan) op een stille verlaten plek op een driesprong of op een locatie, die aan Hekate is gewijd, zoals naast een deurpost.
* Gebruik dit sigulum.
* Gebruik 13 bollen knoflook als offer
* Verbeeld Hekate's amalga bijvoorbeeld als een rijzige vrouwengedaante met drie hondenkoppen met in haar handen een sleutel en een brandende toorts.
* Voer dit ritueel bij (grote) voorkeur uit terwijl je op de grond staat of een vloer die contact maakt met de aarde. (Deze regel is goed te hanteren bij alle goëtisch magische rituelen.)

De omens van Hekate kunnen zijn: drie kraaien of raven die plots opvliegen, het zien van een geestverschijning, het zien van een groep mensen die ineens uit elkaar gaat en zich in alle richtingen verspreidt, een bunzing, een slang, het ontvangen van een sleutel, honden die onverklaarbaar aanslaan, een vrouw met drie honden, het krijgen van of uitgenodigd worden voor een ouija-bord, het ontvangen van knoflook, het zien van een van de aan Hekate gewijde giftige planten.

Sigillum van Hekate

PAN EN WILHELM REICHS ORGONE PSYCHOSOMATIEK

Sigillum Pan

Pan is de geest, de wil en energie van de Aardse natuur zelf, de belichaming van groei, bloesem, vrucht, de vitaliteit die uit de Aarde door de voetzolen omhoog stijgt, de levenslust, de eeuwenoude eik, de vlinder en hommel, de bok, de stier en de kolder van lammetjes, de hondsdagenlucht, nicotinekleurig en zwanger van onweer, zwermen insecten en zwaluwen. Pan is de geur van kuilgras, rozen, kamille en humus. Hij is het ongerepte bos en daar waar het ongerepte vergeten tuinen en parken herovert. Pan is de erectie, de natte vagina en opgerichte tepel, de cadans voorafgaand aan het orgasme, de koele heldere beek in het woud, de schoonheid en vreugde die de Aarde uitwerpt uit haar schoot, de verduisterende storm, die aan boomtoppen trekt en patronen trekt in grassen en roggevelden. Pan is waar de mens het kunstmatige, het onechte, verliest.

Pan-magie is de hoogste expressie van liefde voor de Aarde en dankbaarheid voor leven. Pan-magie keert zich tegen dat wat antivitalistisch, anti-bio, anti-leven is en voedt het omgekeerde. Wil je Pan eren? Vergeet dan alles aan rituelen waar de magische literatuur en traditie rijk aan is en zaai overal waar je kunt in het voorjaar wilde bloemen! Verdiep je in hoe het seksleven van je partner en jou intenser, bevredigender en dynamischer kan en zoek zoveel mogelijk de natuur op. Wees vriendelijk voor alles wat leeft.

Wilhelm Reich, was een briljant veelzijdig begaafd wetenschapper, die onder meer aantoonde dat de stelling in de tweede wet van de thermodynamica – dat "zelforganisatie in een chaotisch systeem alleen mogelijk is als er energie wordt toegevoegd" – onjuist is wanneer je orgon als energievorm erkent. Zijn orgone accumulators botsten op Einstein, met wie hij meerdere malen contact zocht voor deze discussie, over een wet die feitelijk een gepolitiseerde wetenschappelijke leugen is. Zonder Einstein als schurk neer te zetten, hooguit als angsthaas want dat was hij, is de botsing tussen beide giganten er een geweest van *consensus-systeem* (Einstein) versus *vitaal systeem* (Reich). De staatswetenschap steunt helaas alleen het consensus-systeem en zal nooit energie steken in een ontwikkeling die een zieke realiteitmodus vervangt door een vitale, omdat dit een parasitaire economie zou aanklagen en ondermijnen. Reich was de schreeuw van Pan voor Einstein's *Pan-iek.*

Reich ontdekte een cruciaal gegeven met betrekking tot zowel orgon als de samenleving/staat, namelijk dat wij in een staat van geluk en ontspanning orgon aanmaken en gaan uitstralen naar ons huidoppervlak, en dat orgone energie – dus de vitaliteit – afneemt en zich naar binnen trekt als we boos, gefrustreerd, depressief of anderzijds ongelukkig zijn. Het is het handhaven van deze laatste conditie waar de huidige samenleving op draait, met als belangrijkste politieke krachten de petrochemische industrie, de farmaceutische industrie, de wapenindustrie, *Big Wireless* en *Big Banking*. Al deze economisch-politieke spelers, waar 99,99% van alle politici alleen maar de marketingcampagnes voor voeren – gesteund door de rioolpers en een cluster corrupte universiteiten – houden een doorwoekerend levensgeluk en vitaliteitsondermijnende neprealiteit in stand, die helaas zo dominant is, dat de Aarde dit steeds moeilijker trekt en het menselijk systeem idem dito. Wat we zien is een clash – Armageddon – tussen organische schepping *(Rta)* en anorganische schepping *(Anrta)*, waarbij het anorganische momenteel dominant is. Een toestand die kritiek is en voor veel planten en diersoorten reeds fataal (dagelijks sterven er soorten uit), evenals voor complete biotopen en het wereld-ecosysteem. Het consensus-systeem creëert doelbewust angst, pijn, woede, onherstelbaar trauma en vergiftigt lucht, water en Aarde voor vele generaties na ons. Het zet christenen, islamieten, joden, boeddhisten en andere staatsreligieuzen in, om "spiritualiteit" en "goddelijk" exclusief aan het *transcendente* te koppelen en niet aan Aarde en het leven. En daarom zien veel mensen het wonder van een enkele klaproos niet meer: hoe uit een zaadje zo'n wonder kan groeien. Ziet men de intelligenties achter de natuur niet meer, want niets in de natuur is chaos. Alles is georganiseerd volgens veel hogere intelligenties dan die in het Witte Huis, Brussel en op universiteiten.

Pan heerst over al deze intelligenties, de Deva's, Dyaden (nimfen), Hamadyaden, Elementalen, etc.. Alle wezens die de natuur maken wat ze is en die de Aarde gezond, mooi en vitaal proberen te houden. Voor de meeste mensen is Pan dood. Voor een groeiende groep mensen die het roer om wil is hij de nieuwe icoon aan het worden: De God van het Leven en de Diversiteit in plaats van de God van Zijn en Dode Eenheid. De tuinen van Findhorn was zijn eerste moderne wonder en ik hoop dat vele volgen. Pan en de natuurwezens zullen vanzelf op je pad komen wanneer je zo'n staat van echtheid hebt bereikt, dat je het leed van de natuur als persoonlijk leed ervaart en uit het niets de kracht kunt oproepen in jezelf, om het levenloze te vitaliseren. …

'That formidable daimon which…can be reached somewhere in my nature, and when it is reached has the Devils own force. …I became aware, more vividly than I had ever been, that the secret of life consists in sharing the madness of God, I mean the power of rousing a peculiar exultation in yourself as you confront the Inanimate, an exultation which is really a cosmic erotisism.'
– John Cowper Powys, *Autobiography* (1934)

De Familiar

Er bestaan veel oude afbeeldingen waarop een heks met een dier wordt afgebeeld. Doorgaans stelde dit dier de zogeheten familiar van de heks voor.
Gedurende de heksenverhoren door de Inquisitie "bekenden" vrouwen vaak
het gebruik van een familiar, en zelfs hun vreemde namen zijn in documenten
uit die tijd bewaard gebleven zoals: Ball, Grissel Greedigut, Hiff Hiff, Grimals-
kin, Borrel, Federwish, Lucifel, Mermet, Pyewackett, Titty, Prettyman, Piggin,
Suckin, etc.. De familiar van de heks wordt in diverse geschriften als "Imp"
betiteld, een dierlijke vorm van het etherisch dubbel van een heks, waarin
deze 's nachts reisde en die zo verdicht kon zijn, dat hij door gewone boeren
werd gezien als een bekend dier zoals een haas, vos of wolf. Als deze Imp
werd beschoten of verwond, kon de wond de volgende dag op dezelfde locatie
zichtbaar zijn op het lichaam van de heks. Uit deze situaties zijn de weerwolf-,
weerkat- en weerhaasverhalen ontstaan.

In diverse grimoires lezen we over demonen en welke goede familiars leveren
(zie hoofdstuk VI Goëtia). Een familiar is dan dus een geest die door een hoger
wezen wordt geleverd op verzoek en een daemon, in plaats van een geanimeerde zelfgeschapen gedachtevorm (servitor). Heinrich Cornelis Agrippa
von Nettesheim had een familiar die inbrekers het huis uit joeg (gooide, in de
overlevering). Als mensen ongevraagd in Franz Bardon's spullen snuffelden,
verscheen er uit het niets een gigantische zwarte haan, die hen schrik aan joeg.
Het bekends is de familiar Touchwood, de pad, die schitterde als de onafschei-
delijke metgezel van *Catweazle* in de gelijknamige jaren '70 tv-serie. Over wat
deze familiar nu precies is en wat het wezen doet, bestaat zeer veel verwarring.
Daarnaast bestaat er veel overlap en verwarring met wat vroeger de huisgeesten waren die teruggaan tot de Romeinse volksreligie. Men maakte daar een
onderscheid tussen diverse soorten huisgeesten.

Panes

De Panes, ook bekend als Penates waren de geesten van de voorraadkamer, van
de keuken. Het waren de aardgeesten die voedsel in het huis hielden en voor
een aangename sfeer zorgden. Beeldjes van de Panes of Penaten werden tijdens
de maaltijden op tafel gezet.

Manes

Manes waren de collectieve doden die het hiernamaals bewoonden. Iedereen
die stierf, werd een Mane en vervolgens gespecificeerd als een Lare of een Parentes door bijvoorbeeld familie of vrienden die tijdens het leven nauw bij de
overledene betrokken waren.

Lares en Parentes

Lares waren de geesten van overleden voorouders en er was een speciale kast in het huis *(Lararium)* waarin hun beeldjes waren gehuisvest en van waaruit de Lares werkten om te zorgen dat het goed ging met het gezin. Dagelijks werden er gebeden en offers gebracht aan de Lares, het hele jaar door, maar uitgebreide rituelen werden uitgevoerd op speciale dagen zoals bij een verjaardag, huwelijk, jubileum of vertrek of terugkeer van een reis. Wanneer een gezin permanent van het ene huis naar het andere verhuisde, zouden de Lares en de Panes met hen meegaan. De Parentes waren de geesten van iemands naaste familie – een moeder of vader – die was overleden maar ook de geesten van familieleden die nog op aarde leefden zoals vrouw en kind. De beeldjes van Parentes werden meegenomen op reis.

Lares of Lar Familiaris

De Romeinen kenden hiernaast enige tientallen andere soorten Lares, die als beschermende daemones specifieke onderdelen van het leven of de maatschappij onder hun hoede hadden. Een van de belangrijkste was echter de *Lar Familiaris*, oorspronkelijk geen huisgeest, maar een aarde-daemon die in een landbouwcultus werd vereerd. Dit wezen kreeg als huisgeest offers als honing, koeken, wijn, wierook, fruit en een lam, bij een sterfgeval. De Lar Familiaris waakte over de hele familie en was dus een soort beschermende familie-daemon.

Lemures

Lemures waren de onrustige of toornige doden, die schade en ongeluk konden brengen. Het waren de geesten van ongelukkige doden die geen rust vonden in het hiernamaals. Een Lare of Lar kon overigens veranderen in een Lemuur, indien deze ontevreden was over offers of gebeden die uitbleven.

Genius

De Genius was de geest van mannelijkheid in huis, die als een slang werd voorgesteld. Hij werd speciaal geëerd op de verjaardag van de man van het huis als "een geest van mannelijkheid" met speciale invloed op het huwelijksbed. De voorgangers van de Romeinen, de oude Grieken, hadden ook hun huisgeest. Dit was een soort gepersonificeerde versie van Zeus, de god die in het algemeen de beschermer van huis en haard was. Als rond een huis eenmaal de omheining klaar was, werd een altaar ingericht en heette Zeus als huisgeest Herkeios of Ktesios *(de Vergaarder)*. Aan hem werden om de zoveel tijd zaden geofferd in een ritueel dat Panspermia *(Alle zaden)* werd genoemd. Deze "huis-Zeus" heette ook Zeus Melichios *(de begunstigende Zeus)* en had de vorm van een slang. Ook vervloeide Zeus in deze vorm met de *Agathos Daimon*, de Goede Daemon, een begrip dat later bij de Pythagoreers, meer psychologisch en persoonlijk wordt opgevat, als tegenhanger van de *Kakos Daemon* of Slechte Daemon. De Agathos Daemon staat dan voor alles wat je accepteert en de Kakos Daemon voor een entiteit, die is ontstaan al vanaf de geboorte, uit alles wat je verwerpt. (En die je dus levenslang probeert tegen te werken en pech op je pad brengt.)

Huisgeesten in de Middeleeuwen en daarna

Huisgeesten, vooral de geest van de haard en de deurpost, speelden tot in de 20e eeuw een rol in heel Europa. Er bestonden veel verschillende gewoonten en rituelen om deze geesten gunstig te stemmen, op de correcte wijze te verhuizen, of ze ergens te vestigen en vast te houden. De Penates van de Romeinen werden in Duitsland ongeveer vanaf de 11e eeuw geïdentificeerd met de *Schrat,* een huisgeest die meestal als een dwerg, kobolt of pygmee werd voorgesteld. Voor die tijd werd de Schrat min of meer gelijkgesteld aan de sater, de Harige of aan Silvans, bosgeesten. In Slavische landen werd de huisgeest een Domovoj genoemd, en ook dit wezen werd gunstig gestemd.

De familiar als Servitor Companion

Welke wortels de familiar ook heeft en welke vorm hij aanneemt, is ondergeschikt aan zijn functie, zoals een wezen dat de heks of magiërs gunstig gezind is en dat als een trouwe hulp fungeert. Een dier (of plant) die als familiar wordt beschouwd – ideaal is een dier dat zichzelf aandient – kan als een geest in een lichaam worden gezien. Doorgaans is de familiar echter een astraal wezen, en in een zo sterk mogelijk verdichte vorm, zodat poltergeistachtige verschijnselen – dus interferenties met de aardse realiteit – niet zeldzaam zijn. (Zie de paragraaf over het Philip Experiment). Een familiar moet bij dit alles strikt gehoorzaam zijn. Hoewel er aardig wat boeken zijn geschreven, inclusief die van veel 20e eeuwse auteurs, die de meest uitgebreide, complexe en langdradige rituelen voorschrijven voor het creëren van een familiar, is een astrale familiar eigenlijk niets anders dan wat John Kreiter beschrijft als een *Servitor Companion,* waarvan het scheppen en onderhouden al eerder in dit boek werd beschreven.

DAEMONES VAN LAND, HUIS EN VRUCHTBAARHEID

De natuur is geen chaos, maar *onder* de natuur, *door* de natuur en *in* de natuur is een astraal ecosysteem actief, bestaande uit op elkaar inspelende intelligente processen. Deze intelligente processen werken binnen hun eigen specifieke afbakening van taken en zijn daarom, behalve intelligente processen, ook entiteiten, wezens. Vanouds spelen deze wezens een veel belangrijkere rol in de Europese traditie dan je zou denken. Zowel in het Oude Griekenland als in de Duitstalige landen stonden zware straffen op het zomaar kappen van een boom. Als je zonder reden of toestemming een boom kapte, stierf name-lijk ook de geest die in die boom leefde, wat de woede en toorn van de goden opriep. Deze boomgeesten werden *dryades* en *hammadryades* genoemd, die weer waren onderverdeeld in allerlei specifieke boom-gebonden soorten zoals: *Karya* (walnoot of hazelnoot), *Balanos* (eik), *Kraneia* (kornoelje), *Morea* (moerbei), *Aigeiros* (zwarte populier), *Ptelea* (iepensoorten), *Ampelos* (wijn-stokken) en *Syke* (vijgeboom). Naast deze boomgeesten had je natuurgeesten (nimfen, fairies) van weiden, bossen (sater en silvanen), bronnen, zeeën, rivieren, bergen, etc.. Op het platteland van Duitsland voerde men tot in de late 19e eeuw nog jaarlijkse vruchtbaarheidsrituelen uit voor de *Roggenwulf* of *Roggenhund* of *Sauzagel,* een velddaemon in de vorm van een wolf, hond of zwijn. Deze werden geëerd om de vruchtbaarheid van het land en goede oogst voor het volgende jaar te garanderen. In de magie worden natuurgeesten soms opgeroepen op de klassieke wijze, zoals engelen en daemones. Echter de driehoek wordt dan vervangen door een pentagram.

Een bijzonder wezen is de Aardgordelzone-djinn *Forsteton.* Dit wezen regeert over de 17e graad Vissen – dus van 16° tot 17° Vissen – en heerst over de vruchtbaarheid, seksuele potentie en energie van zowel mens, dier als plant en Aarde. Hij ziet er uit als een figuur met het onderlichaam van een mens en het bovenlichaam van een ezel, een uiterlijk dat veel opduikt in de wereld van de Fairies, zoals bijvoorbeeld op schilderijen van Fuseli met betrekking tot Shakespeares *Midsummernights Dream.* Forsteton leert alles over de seksu-eel-fysieke energie en kan schitterende beelden tonen van planten, bloemen en korenvelden. Zijn sigillum staat op de volgende pagina.

Sigillum van Forsteton

Sigillum van Flora

Sigillum van Ops

Sigillum van Reüs

Sigillum van Dolm

Sigillum van Meris

Sigillum van Zomi

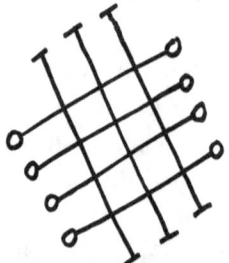

Sigillum van Wit

Sigillum van Sadina

Enkele beschrijvingen van natuurwezens met hun sigilli:

Flora; Sif

Flora (Sif in Noord-Europa) is de godin van de bloemen en bloei. Haar taak is de bloemen in hun specifieke periode tot bloei te laten komen en landschappen met bloemen in te kleuren. Flora is, vooral in het voorjaar, helderziend in haar astrale vorm waar te nemen, als meerdere over het hele landschap verspreide, transparante grijsachtige gelmassa's van enkele meters doorsnee, doorspikkeld met kleurige rudimentaire bloemvormen, die zich over het landschap bewegen en tijdelijk stil hangen waar zich veel bloemen of planten vlak voor de bloei bevinden.

Ops

Flora werkt samen met de godin Ops, die voor de plantengroei an sich en rijping van zaden en vruchten verantwoordelijk is.

Reüs, Dolm, Meris, Zomi, Wit e.a.

Reüs beweegt zich vanuit astraal zicht ondergronds, als een bruin-oranje massa of wolk en houdt zich vooral op bij de wortels van oude eiken. Reüs zorgt voor stevigheid en verankering met de aarde om bomen op hun plek te houden. Eenzelfde wezen *(Dolm)* bevindt zich onder beuken, is echter grijs-zilverachtig van kleur en beweegt zich amoebisch, waarbij het zich voortdurende verticaal uitstrekt tot hoog in de stam en diep in de aarde er onder. Onder lindes is het wezen *(Meris)* met deze functie gelig van kleur. *Zomi* vervult deze taak onder vliegdennen, is oranje-barnsteenkleurig en beweegt zich stroperiger en overwegend horizontaal onder de dennenwortels. *Wit* bevindt zich ongeveer 10 centimeter onder de grond in de duinen, als een gigantisch fluoriserend blauw netwerk onder de wortels van helmgras, waarbij elke graspol is verbonden via dit netwerk met de overige in de omgeving. Deze bomen en planten in de aarde verankerende wezens behoren tot de *Gnomen* of *Aard-Elementalen*.

Sadina

Sadina is een bloemen-daemon, die communiceert met insecten die nuttig zijn voor de bestuiving van bloemen en ziet er astraal uit als een amoebische lichtgevende vorm, waarin zich schitterende felle kleuren manifesteren en waarin deze afwisselend oplichten. De vorm bevindt zich in een vaag zichtbaar energiezog, dat zich rond de vorm ver uitstrekt in een soort mistbanen of stroken. Sadina lokt insecten en stimuleert en reguleert de bestuiving. Ze regeert met name over zweefvliegen.

Doornwezen

Er is een zeer belangrijk wezen dat tot de Gnomen behoort. Dit *doornwezen,* heeft de verdediging van planten, struiken en bomen als taak. Het beweegt zich ondergronds zeer snel en wild, heeft een meterslange rups- of aalachtige vorm, is helder geel van kleur en bezaaid met stekels. Voorin heeft het scherpe tanden.

'De verzoeking van de heilige Antonius', Jan Luyken, 1701. Deze afbeelding toont een veel voorkomende gestalte van een vruchtbaarheidsdaemon.

Maan en natuur

De Maan was altijd erg belangrijk voor landbouw, bosbouw en fruitteelt in
Europa (en elders). Hout werd bijvoorbeeld enkel bij Afnemende Maan gekapt,
omdat er dan minder vocht in zat en het dus harder was. In Oostenrijk werden
boomstammen echter bij Volle Maan vervoerd, omdat het water dan hoger was
en meer drijfvermogen had, noodzakelijk voor stromen die door de bossen
liepen. Dit soort gewoontes vinden we zelfs in officiële reguleringen uit die tijd
terug. Voor het zaaien of planten van gewassen waren traditioneel de Maan in
Stier, Maagd of Steenbok (de Aardetekens) het meest geschikt, hoewel Kreeft
(heerst over jong leven en jonge gewassen) ook wordt genoemd. In Duitsland
gold dat voor rogge, de tijd van de wassende Maan geschikt was en voor gerst,
tarwe en erwten de Afnemende Maan.

In het algemeen is het beter te zaaien of te planten vanaf twee dagen na Nieuwe Maan, omdat in de Wassende Maan-periode het water in zaden en planten,
nodig voor ontkieming en groei, toeneemt. Er zijn echter diverse uitzonde-
ringen op de regel. Van bijzonder belang is dat de Maan Direct gaand en niet
Afhoudend is. Zowel iets dat bij Nieuwe Maan als bij Afhoudende Maan is ge-
plant of gezaaid heeft zeer weinig groei- en vormkracht. In de natuur worden
om die reden bij Nieuwe Maan vrijwel nooit dieren geboren.

Tot slot zijn de 21e graad Stier van (20° tot 21° Stier) en de 17e graad Vissen
(van 16° tot 17° Vissen) zeer vruchtbare graden. De eerste graad wordt beheerst door de Aardgordelzone-djinn *Hagos,* die plantengroei versneld. De
17e graad Vissen wordt beheerst door de Aardgordelzone-djinn *Forsteton.*
Magische kennis van planten is inherent gekoppeld aan de 3e en 4e graad Stier,
beheerst door Manmes en Faluna. (Zie Franz Bardon's *Die Praxis der magischen Evokation.*)

In *The Expert Gardener* uit 1640 – een werk dat is samengesteld uit de ex-
pertise van verschillende Nederlandse en Franse auteurs – is een hoofdstuk
volledig gewijd aan de Maan-tijd en maanden, die specifiek geschikt zijn voor
het zaaien of planten van allerlei gewassen, zie het onderstaande uittreksel.
De term Oude Maan, die wordt gehanteerd betekent de Maan in het Vierde
Kwartier, dus vanaf de week voor Nieuwe Maan tot Nieuwe Maan. Wanneer in
het onderstaande overzicht wordt gesproken over planten of zaaien bij Nieuwe
of Volle Maan, wordt bedoeld niet later dan 6 uur voor Volle Maan of Nieuwe
Maan en niet eerder dan 6 uur na Volle Maan of Nieuwe Maan. Deze afstand
van 6 uur was een basisregel, omdat de tijd van sec Nieuwe Maan te weinig
vitaliteit heeft en die van Volle Maan kankerachtige vergroeiingen kan geven.

Onderstaande lijst is uit *The Expert Gardener:*

Kool moet gezaaid zijn in februari, maart of april, bij het afnemen van de Maan, en ook herplant worden bij Afnemende Maan.

Kropsla, in februari, maart of juli, bij Oude Maan.

Uien en *prei* moeten worden gezaaid in februari of maart, bij het afnemen van de Maan.

Bieten moeten worden gezaaid in februari of maart, bij Volle Maan.

Boerenkool in februari of maart, bij Oude Maan.

Pastinaken moeten in februari, april of juni worden gezaaid, bij Oude Maan.

Radijs moet in februari, maart of juni worden gezaaid bij een Nieuwe Maan.

Pompoenen moeten in februari, maart of juni worden gezaaid, ook tijdens een Nieuwe Maan.

Komkommers en *meloenen* moeten worden gezaaid in februari, maart of juni, bij een Oude Maan.

Spinazie moet worden gezaaid in februari of maart, bij een Oude Maan.

Peterselie moet worden gezaaid in februari of maart, bij Volle Maan.

Venkel en *anijszaad* moet in februari of maart worden ingezaaid, bij Volle Maan.

Witte Cichorei moet in februari, maart, juli of augustus worden gezaaid bij een Volle Maan.

Carduus Benedictus (Gezegende Distel) moet in februari, maart of mei worden ingezaaid, wanneer de Maan oud is.

Basilicum moet in maart worden gezaaid, wanneer de Maan oud is.

Postelein moet zijn gezaaid in februari of maart, bij een Nieuwe Maan.

Marjolein, *viooltjes* en *thijm* moeten in februari, maart of april worden gezaaid bij een Nieuwe Maan.

Amaranth (Amaranthus melancholicus), *rozemarijn* en *lavendel* moet in februari of april bij Nieuwe Maan worden gezaaid.

Barbarakruid (gewoon) en *tuinkers* moeten in februari worden gezaaid, bij een Nieuwe Maan.

Saffraan moet in maart worden gezaaid, wanneer de Maan oud is.

Koriander en *Komkommerkruid* (Bernagie) moeten in februari of maart worden gezaaid bij een Nieuwe Maan.

Hertshoornweegbree en *zeekraal* moeten zijn gezaaid in februari, maart of april, wanneer de Maan oud is.

Anjers, het *driekleurig viooltje* en *muurbloemen*, moeten worden gezaaid in maart of april, wanneer de Maan oud is.

Kardoens (soort middeleeuwse artisjok) en *artisjokken* moeten worden gezaaid in april of maart, wanneer de Maan oud is.

Vogelmuur moet in februari of maart worden gezaaid bij Volle Maan.

Grote pimpernel (Sanguisorba officinalis) moet worden gezaaid in februari of maart, wanneer de Maan oud is.

Dubbele goudsbloemen moeten worden gezaaid in februari of maart, bij een
    Nieuwe Maan.

Hysop en **bonenkruid** moeten in maart worden gezaaid wanneer de Maan oud is.

Witte klaproos moet in februari of maart worden gezaaid bij een Nieuwe
    Maan.

Palma Christi (dit kan slaan op een orchidee of op de castorolieplant) moet in
    februari worden gezaaid bij een Nieuwe Maan.

Asperges moeten worden gezaaid in februari, wanneer de Maan oud is.

Houd er rekening mee dat op alle tijden en seizoenen **sla**, **radijs**, **spinazie** en
pastinaak kunnen worden gezaaid.

Seksuele magie

Seksuele magie bestaat er in vele soorten en maten. Binnen de tantra zelf
worden veel verschillende varianten bedreven voor verschillende doeleinden.
De hoogste vorm van seksuele magie is er een waarbij door langdurige gemeenschap en het voortdurend in elkaars ogen staren, een omslag plaatsvindt bij een
of beide partners, waarbij er een volledige identificatie met god *(Shiva)* of godin
(Shakti) plaats heeft en er een totaal andere staat van bewustzijn intreedt, die
ver buiten het menselijke reikt. In die staat kan een magisch commando geven
worden, dat direct in Atziluth werkt en impact kan hebben op wereldschaal.
Seksuele magie wordt ook sec recreatief gebruikt via bijvoorbeeld de schepping
van een *servitor* die enkel seksuele taken heeft, het werken met seksdaemones,
of het aangaan van een duurzaam contact met een incubus of succubus.

De invocatie van Leonard-Mutunus

Mutunus is een van oorsprong Etruskische vruchtbaar-
heidsgod, verwandt aan Liber, Priapus en Pan/Faunus.
Leonard is zowel een velddaemon met incubuskwalitei-
ten, als de president van de heksensabbat. Beide wezens
fuseren in Leonard-Mutunus en belichamen de heksen-
god van de sabbat. Het agalma van dit wezen is een soort
minotaurus, een saterachtige god, zeer zwaar gespierd,
zittend op een stenen troon op een kleine heuvel, omringd met vrouwen zoals een Priapusbeeld. Zijn voeten
zitten in de aarde en zijn grote fallus pompt onafgebroken
zaad omhoog dat door zijn lichaam direct gevormd

Sigillum Mutunus

wordt door de energie van de Aarde zelf, en onuitputtelijk is. Boven hem hangt
een van onweer zwangere hemel. Het beste wordt hij geïnvoceerd tijdens de
Hondsdagen. Als man invoceer je hem (nodigt zijn kracht uit in je lichaam)
om seksueel een abnormale kracht en uithoudingsvermogen op te wekken.

Voor het invoceren, neem 2 of 3 theelepels poeder van gedroogde paddo's (Golden Teacher, Mazatapec) en een theelepel ginko biloba. Wanneer de paddowerking intreedt, roep je hem op door zijn sigillum vast te houden en zijn agalma zo sterk te verbeelden dat jij je ermee identificeert.

Tijdens het vrijen zul je, indien dit slaagt en deze god bij je wezen aansluit, een enorme saterachtige energie voelen en onuitputtelijk seksueel actief kunnen zijn. Dit kan uren duren. Wanneer de god je lichaam verlaat, voelt dit als het leeglopen van een fietsband. Je bent weer een gewone sterveling. Dit gebeurt heel abrupt en een ervaren paddogebruiker weet dan dat dit iets heel anders is dan de normale afloop van een paddotrip tijdens de seks. Terwijl Leonard-Mutunus in je is, kun je wezens zien als saters of andere vruchtbaarheid gerelateerde daemones. Dit is een invocatie vergelijkbaar met die welke in de voodoo worden gebruikt. Deze methode is gevaarlijk en daarom sterk af te raden, voor instabiele mannen, die geen paddo-ervaring hebben en geen contact met hun atman (vajrayana-staat) en eigen bewustzijn kunnen behouden tijdens het gebruik van psychotrope middelen.

'Leonard' uit het Dictionnaire Infernal (editie 1863) van Collin de Plancy (1793 – 1881)

Chthonische sigillum-initiatie

Wie uit de mainstream-spiritualiteit de overstap naar chtonische (Aardse vitalistische spiritualiteit) wil maken, kan de Aarde- en heksenenergie wakker schudden met dit sigillum van *Mutunus Serpentis MeHeddollah,* dat in witte inkt op een zwarte ondergrond moet worden aangebracht. Hang het op een plek waar je het dagelijks ziet.

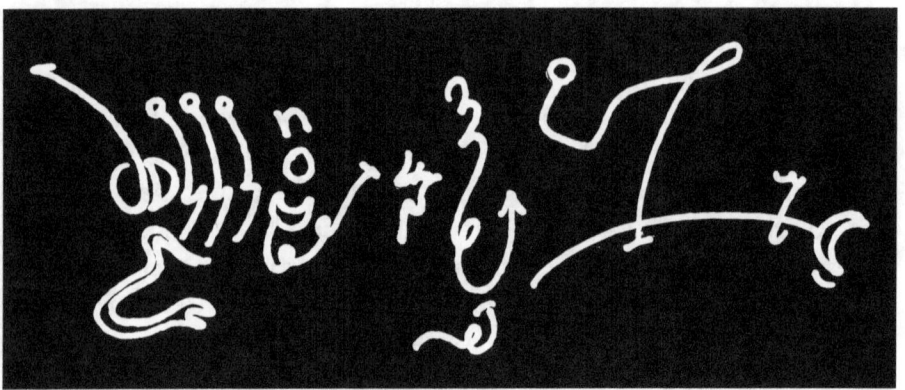

ASTRAAL REIZEN

Astraal reizen is een belangrijk onderdeel van magie en zeker van de sjamanen en heksencultus. Met name de Laplandse sjamanen stonden eeuwenlang bekend als meesters in het reizen in een "dubbel" en bilocatie (op twee plekken tegelijk zijn). Hiervoor bestaan inmiddels veel technieken. Ik heb diverse geprobeerd en het meest interessante resultaat verkreeg ik met die van John Kreiter, omdat deze het grote voordeel heeft dat je niet letterlijk je eigen astraal lichaam projecteert, maar een lichaam schept (dubbel) waarin je reist. Dit is één manier.

De andere is nog eenvoudiger en bestaat simpelweg uit het ontspannen in halve lig- of zithouding in een luie stoel, of op bed plaatsnemen en als het ware in jezelf in te storten. Alsof je vanuit je lijf, met je geest in een afvoerputdraaikolk de binnenwereld invliegt. Bij deze techniek gebruik je geen dubbel, maar ben je een soort bewust punt, dat de onmetelijke binnenwereld (astrale werelden) induikt.

Wil je in een dubbel reizen, dan moet je dat eerst scheppen zoals je het uiterlijk van een servitor ook eerst moet scheppen. Je kunt echter simpelweg je eigen lichaam als mal gebruiken, of een dierenvorm of om het even wat voor vorm aannemen. (Hier komen de weerwolfverhalen vandaan, want dat waren gewoon *dubbels* die veel gebruikt werden en zo verdicht waren, dat sommige mensen ze konden zien).

In beide uittredingstechnieken is het belangrijk eerst heel scherp het hier en nu te onderscheiden van de binnenwereld/astrale wereld. Dit oefen je door je in de eerder beschreven comfortabele positie te begeven, je 1 minuut lang sterk met al je zintuigen op het hier en nu te concentreren en vervolgens je ogen te sluiten en je binnenwereld in te treden, of via instorten in jezelf, of via verplaatsing van je bewustzijn in je dubbel. Dit herhaal je in het begin vaak, en je verblijft niet meer dan 5 minuten in je binnenwereld, waar je steeds uitstapt door je sterk op het hier en nu te richten en je ogen te openen. (Kreiter onderstreept hierbij het belang van het *here and now-point* als oriëntatiebaken, dat je ook bij eventuele angstige situaties in de binnenwereld simpelweg weer bereikt door je ogen te openen.) Deze methode werkt niet met frequenties of trance, maar vraagt je juist om zo alert mogelijk te blijven.

Het scheppen van een dubbel vraagt om verbeeldingskracht, niet alleen visueel maar via alle zintuigen, waarbij je extra aandacht aan de tactiele verbeelding moet geven. Betast in je dubbel jezelf overal. Knijp in je voeten, armen etc. en tot je dit net zo voelt als bij je fysieke lichaam. Oefen het overstappen van het fysiek in het dubbel vaak en geef je dubbel een zeker kenmerk dat je fysiek lichaam niet heeft. (De mijne heeft bijv. horens, die voor dit doel zeer behulpzaam bleken). Test ook je dubbel objectief. Zelf test ik regelmatig de dubbel door er in uit te treden en naar een dak vlakbij te vliegen, om zodoende op de klok van de Westertoren de exacte tijd op de minuut af te lezen. Ik vlieg dan meteen terug naar mijn fysiek lichaam, stap van bed af en loop naar buiten om te controleren of de tijd exact de tijd is die ik zag. Dit is me al vrij snel 5 keer achter elkaar gelukt. Hierbij de kanttekening dat een dubbel iets is dat je bij moet houden, dus je moet dit soort grapjes dagelijks trainen, tot het na een of twee jaar zo'n sterk vermogen wordt dat alles feilloos gaat. In de techniek van Kreiter fuseren *astraal reizen* in een dubbel, *remote viewing* en *bilocatie* met elkaar.

Aan een dubbel kun je bijzondere kwaliteiten geven, zoals het vermogen tot astraal zicht wanneer je je ermee in de dagelijkse realiteit verplaatst. Ik heb mijn dubbel zo gemaakt dat ik dit aan en uit kan zetten met een simpele handbeweging. Deze methode om astraal zicht te ontwikkelen bleek van alle methoden die daarvoor zijn ontwikkeld, meteen de snelste en beste.

Een dubbel is te gebruiken om direct andere psychosferen en rijken te betreden, wat onvoorstelbare ervaringen kan opleveren. Ook direct contact met wezens, die anders veel omslachtiger met rituele magie moeten worden benaderd. Ik heb zo meerdere keren de Venussfeer bezocht en het contact met de wezens daar op mijn trouwdag ingezet om een cadeau voor mijn vrouw te vinden waar ze al langer naar op zoek was. Het ging om een hoorn des overvloeds. Terug in mijn fysiek lichaam wist ik meteen waar ik moest zijn en liep ik zonder aarzelen direct naar een zaak waar ze een mooier exemplaar hadden, dan we tot nu toe online hadden gezien. Toevallig, want het was mei en normaliter hadden ze dit niet. Er was een handelaar die ze soms inkocht, enkel rond de kerstdagen. Het is alsof je in een soort halve droomtrance beweegt. Het gezond, kritisch verstand staat op dat moment geheel buitenspel, juist om het te laten slagen.

PSYCHOTROPE MIDDELEN

Deze paragrafen zijn in de eerste instantie opgenomen om dit hoofdstuk Fascinum compleet te maken qua historische informatie – niet om aan te zetten tot het gebruik ervan. Psychotrope middelen hebben altijd een grote rol gespeeld in de tradities van magie, hekserij en sjamanisme. Sommige van de onderstaande middelen kunnen erg gevaarlijk zijn of tot gevaarlijke vergissingen leiden, zoals bij de vliegenzwam. Het gebruik is alleen geschikt voor mensen die al ervaring hebben met psychedelica en exact weten wat ze doen, of iets toepassen onder deskundige begeleiding. Het heeft echter geen zin om informatie over toxische psychedelica te gaan censureren, omdat alles toch binnen een minuut op internet te vinden is en overal is aan te komen.

Cannabis & hasjiesj

Hasjiesj betekent in het Berbers letterlijk "drugs" en is samen met de cannabisbloemtoppen een van de oudste stimulerende middelen. In de magische traditie worden vooral indicasoorten gebruikt. Bij mensen die problemen ondergaan van cannabis als POTS of psychoses zijn het bijna altijd de sativasoorten. De indicasoorten hebben bovendien gemiddeld een veel hoger CBD-gehalte, naast de THC. In de Europese heksencultuur heeft cannabis geen beduidende rol. De werking is altijd zeer persoonlijk. Dezelfde soort wiet die bij de een stimulerend en verhelderend werkt, doet de ander in slaap suffen. Het enige nut dat ik me er in magische strekking bij kan voorstellen is het snel opwekken van de Neptunus-sfeer waardoor het opgaan in sferen vergemakkelijkt, mits men er niet geheel stoned van wordt.

Paddo's en truffels

Psilocybine is een soort natuurlijk LSD. Het laat veel meer hersengebieden samenwerken dan normaal het geval is, maar doet dit bij forse hoeveelheden zo overweldigend, dat de ervaringen achteraf moeilijk zijn te reproduceren in tekst. Psilocybine heeft het grote voordeel dat het de focus en de stemming versterkt, intensiveert en verdiept waarin je je op dat moment bevindt. Een specifieke emotie, affiniteit of gedachte kan abnormaal worden uitgediept. In het verlengde hiervan zijn geweldige ervaringen mogelijk op het vlak van invocatie, dus het jezelf open stellen voor een daemon of ander wezen, om de bovennatuurlijk aard ervan te ondergaan. Dit is echter een onderneming waarbij je, wat er ook gebeurt, in je atman-bewustzijn moet kunnen blijven. Je ondergaat dus de bezetenheid intens, maar blijft als een paardenmenner nog altijd de baas over de teugels, zodat je niet het verstand verliest. Kun je dat niet dan kunnen paddo's gevaarlijk zijn en ik zou ze niet voor jonge mensen of labiele geesten aanraden. Enkele soorten psilocybine-paddo's zijn het *kaalkopje* (groeit in Nederland en België in weilanden), de *Golden Teacher* en *Mazatapec*. Het voordeligst zijn kweeksets. Dit zijn bakken waar je alleen water aan hoeft toe te voegen.

De volgende zaken zijn bij paddo's van belang:
- Oogst de paddo's als de hoed van de paddenstoel net uit de vliezen knapt! Het gehalte psilocybine is dan het hoogst.
- Voor het bewaren, droog je ze natuurlijk tot de steeltjes breekbaar zijn. Je kunt ze dan ook tot poeder vermalen.
- Eet de dag dat je ze gebruikt geen kaas of andere vette dingen en eet niet te zwaar. Eet ook niet in de 2,5 uur voordat je ze gebruikt.
- Bij een *bad trip* of paniek kun je wat vitamine C nemen (bijv. een paar bruistabletten) en wat druivensuiker. Het effect neemt dan snel af.
- De hoeveelheid verschilt per persoon. Normaliter is 10 tot 15 gram verse paddo's of 2 tot 3 gram gedroogde redelijk voor een trip van enkele uren, maar een en ander hangt af van de sterkte van de paddo's. Grote hoeveelheden worden alleen onder begeleiding genomen om een soort ayahuasca-effect te krijgen.
- Psilocybine-paddenstoelen moet je niet verhitten en niet drogen in de oven boven de 30°. Droog ze bij voorkeur op een droogzolder of andere droge plek in de schaduw.
- Zwarte koffie, direct na inneming van de paddo's, versnelt het intreden van de werking ongeveer met een half uur. Normaliter kan het een uur duren voor de effecten merkbaar worden.
- Syrische wijnruit is een zogeheten monoamino-oxidaseremmer (MAO-remmer) die de werking van paddo's verhoogt en was mogelijk een middel dat belangrijk was bij de bereiding van soma in de Vedische cultuur. Syrische wijnruit staat ook bekend als *esfand* en *harmal*. In Turkije worden delen van de plant samengebonden en opgehangen in huizen en voertuigen om te beschermen tegen 'het kwade oog'. In Iran wordt het als wierook gebruikt, om zowel de lucht in de omgeving als de geest te zuiveren. Het is mogelijk om de zaden puur te eten, door ze goed fijn te malen met je kiezen. Zorg ervoor dat de zaden gedurende 2 minuten veel in aanraking komen met je speeksel en slik de zaden dan door. Een andere manier is de zaden te vijzelen en het

poeder in gelatinecapsules te doen. Voor het potentiëren van een paddodo-sering kun je 3 gram zaden 15 tot 60 minuten voor de paddo's innemen. Als je meer dan 3 gram neemt, resulteert dat doorgaans in meer fysiek ongemak en geen sterker effect. Syrische wijnruit maakt paddenstoelen 1,5 tot 2 keer zo sterk en voegt ook 1 tot 3 uur toe aan de lengte van de ervaring. Je hebt dus minder paddo's nodig.

Mandragora ☠

De madragora of alruin *(Mandragora Officinarum)* is een overblijvend kruid uit de nachtschadefamilie *(Solanaceae).* De soortaanduiding officinarum bete-kent dat de plant tijdens haar naamgeving op lijsten van planten met genees-krachtige eigenschappen voorkwam. Mandragora is een giftige plant en het ondeskundig gebruik ervan is zeer gevaarlijk en kan coma en dood tot gevolg hebben! De mandragora werd vanouds gebruikt als afrodisiacum vanwege de pijnstillende en narcotiserende werking. In de Oudheid werd mandragora frequent gebruikt en stond bekend als de plant die de bacchantes en meneaden in hun Dionysische seksroes en razernij bracht. Het is bekend dat de Diony-sische cultus niet alleen wijn gebruikte, maar een hallucinogeen brouwsel en dat de maenaden naar verluidt rode ogen hadden met verwijde pupillen door de tropanen in mandragora en verwante planten. Andere psychotropen zijn ook gesuggereerd. Sinds de Oudheid is de plant altijd binnen de heksentra-ditie gebleven. De enige veilige manier om ermee te experimenteren, volgens een beschrijving van de Duitse magiër H.E. Douval, is om er tinctuur van te maken. Je kunt dan voorzichtig vanaf 1 of 2 druppels tinctuur de hoeveelheid per experimentele sessie met een druppel opvoeren, tot je iets merkt van de effecten. Zo kun je er nooit teveel van krijgen. Mensen met hartritmestoornis-sen moeten er overigens zeer beslist vanaf blijven.

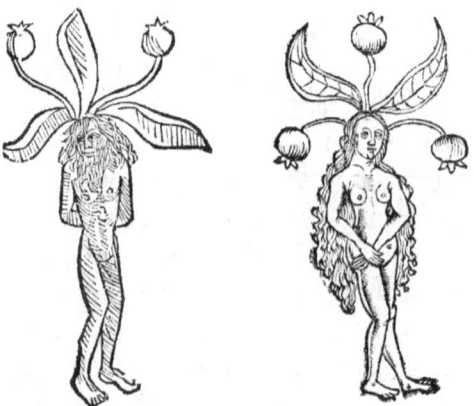

Mannelijke en vrouwelijke mandragora uit de 'Hortus Sanitatis' (1491).

Anita muscaria (vliegenzwam) ☠

Allereerst een waarschuwing: Er bestaan meerdere soorten van de vliegenzwam en deze paragraaf gaat over de Amanita muscaris, die niet mag worden verward met de gevaarlijke tot dodelijke Amanita phalloides, Amanita ocreata, Amanita virosa en Amanita verna. Wat niet wil zeggen dat je ook van de muscaria niet ziek kunt worden bij te hoge of sterke dosis.

Vliegenzwam wordt altijd direct in de natuur geplukt. Amanita-kweek in een laboratoriumomgeving was tot nu toe namelijk onmogelijk, vanwege de symbiotische-relatie die deze paddenstoel heeft met zijn gastheerbomen, meestal berk of beuk. De vliegenzwam is een in sjamanistische kring veel gebruikt psychedelisch middel, vooral in Kamschatka, Oost-Siberië. Terence McKenna heeft er geen al te hoge dunk van en er zelf meerdere malen mee geëxperimenteerd met onbevredigend resultaat. Eerder schreef ik in dit boek over een telefoongesprek met uitgever Franz Hartman en zijn verslag van een vriend die (onder directe begeleiding van een arts) met in melk gekookte vliegenzwam een zeer interessante ervaring opdeed, vergelijkbaar met de sabbatvlucht. Twee uitersten dus. McKenna onderschrijft bij het Amanita muscaria-effect op psychedelisch vlak dat dit per paddenstoel zeer kan verschillen, omdat dit van de grond afhankelijk is waarin deze groeit, van het jaargetijde en de ouderdom van de paddenstoel. In Kamchatka consumeren de Koryaks 1 tot 3 gedroogde paddenstoelen. Ze geloofden dat de kleinere paddenstoelen met een grote hoeveelheid kleine witte wratten, actiever waren dan de lichtrode en minder gevlekte. Onder de Koryaks kauwden de vrouwen de gedroogde zwam en rolden het pulpmateriaal in kleine worstjes die door de mannen werden doorgeslikt. Het is onduidelijk of de vrouwen daarbij een psychedelische reactie hadden. De Siberiërs ontdekten dat het actieve bestanddeel ook werd uitgescheiden in de urine en opnieuw door het lichaam kon worden opgenomen. Zodra de Koryak merkte dat zijn ervaring voorbij was, dronk hij zijn eigen urine die hij daarvoor had bewaard. Dezelfde paddenstoelen kunnen zo één persoon meerdere ervaringen geven. Na verschillende passages was de urine niet meer in staat het gewenste effect te bereiken. Ook dronk men de urine van rendieren die de paddenstoel hadden gegeten.

Een belangrijk aspect van een Amanita muscaria-preparaat is het drogen en/of verwarmen van de paddenstoel. Wat deze twee processen doen, is het door decarboxylatie minder krachtige ibotenzuur, omzetten in het sterk psychoactieve muscimol. Als dit niet wordt gedaan zijn de resultaten erg minimaal, of maakt de paddenstoel dat je je niet lekker voelt. Deskundigen adviseren een starthoeveelheid van 5 gram. De effecten kunnen zich na een half uur voordoen en pieken na een uur of twee. Er bestaat verder een vermoeden, dat door de

Siberiërs wordt gedeeld, dat de Amanita muscaria in het begin van het seizoen krachtiger en minder toxisch is dan later in de herfst. De effecten van de Amanita muscaria kunnen variëren, van misselijkheid, zweten en speekselvloed, (geproduceerd door een hoog niveau van muscarine), tot de meer gewenste effecten van euforie, verhoogde stemming, auditieve en visuele hallucinaties en toegenomen kracht en uithoudingsvermogen (geproduceerd door de muscimol). Verder geldt voor deze paddenstoel, net als voor de psilocybinesoorten, dat deze de stemming en focus waarin je je bevindt, tijdens gebruikt versterkt/ intensiveert, positief of negatief.

Ergot (moederkoorn) en vliegzalven ☠

Het bekendste clichébeeld van een heks is die van een vrouw met een zwarte punthoed die op een bezemsteel door de lucht vliegt. Zoals bij alle mythen die de mens kent, zit ook achter deze een element van waarheid. Heksen vlogen natuurlijk niet echt op een bezem, maar ze bereden ze wel en om een reden die niet minder interessant is. De punthoed was oorspronkelijk een mild strafmiddel, binnen de traditie van de heksenvervolgingen. Tot "heks" gestigmatiseerde vrouwen werden rond 1500 in Engeland – en later ook in Spanje – gedwongen tot het dragen van een conusvormig hoofddeksel. Dit symboliseerde de vorm van een kerktorenspits en was een laatste poging "de aandacht van God" te trekken voor de heks, zodat ze zich zou bekeren en "verlost" kon worden.

In de tijd voorafgaand aan de heksenprocessen, vormden van roggemeel gebakken broodsoorten in Europa het hoofdvoedsel. Voor kleine gemeenschappen waar het brood dagelijks vers werd gebakken gaf dit geen problemen, maar toen Europa begon te urbaniseren nam het transport van bakker naar verkoper vaak veel tijd in beslag, zodat er alkaloïde gifstoffen uit ergot, een familie kleine zwammen of schimmels van het geslacht Claviceps, in het brood terecht kwamen. Meestal ging het daarbij om de Claviceps purpurea of moederkoorn. Moederkoorn is een schimmel uit de klasse van de *Sordariomycetes,* die op de aren van granen zoals rogge en tarwe en andere grassen, als kropaar groeit. De schimmel groeit zelden op gerst en haver. De Nederlandse en Duitse benaming *(Mutterkorn)* is afgeleid van het gebruik door vroedvrouwen om met behulp van deze schimmel weeën op gang te brengen. Interessant te vermelden is dat de Frankfurter arts Adam Lonitzer het gebruik van moederkoorn voor dit doel al in 1582 beschrijft. Moederkoorn produceert giftige ergotalkaloïden, zoals ergotamine, die kunnen leiden tot ernstige fysieke klachten en waarbij hallucinaties kunnen optreden. Voor een volwassen persoon kan 5 tot 10 gram moederkoorn dodelijk zijn, hoewel er bij veel lichtere doseringen ook doden zijn gevallen.

Een strega vliegend op een fallus. Dit is de oudste afbeelding van een vliegende heks,
gedateerd tussen 1340 - 1345 uit Italië.

Vooral in de Middeleeuwen kwamen vaak vergiftigingen voor met besmet
meel die soms epidemische proporties aannamen, leidend tot uitroeiing van
hele dorpen of steden. De alkaloïden leidden ook tot darmkrampen, lede-
maatverlies, koudvuur en ergotisme, ook wel Sint-Antoniusvuur, brandende
ziekte of kriebelziekte genoemd. In 1676 werd een verband gevonden tussen
de schimmel en de kwalijke effecten. Het laatst bekende geval in Europa heeft
zich waarschijnlijk in 1951 voorgedaan in Pont Saint-Esprit in Frankrijk, met
driehonderd slachtoffers. De Amerikaanse journalist H.P. Albarelli Jr. beweert
echter dat het hier een bewuste vergiftiging met LSD betrof door de CIA. In
1977 werden bij hongersnood in Ethiopië, besmette grassen gegeten met eveneens veel vergiftigingen als gevolg. In de natuurgeneeskunde werd ergot, naast
het opwekken van weeën, gebruikt om bloedingen na een bevalling te stelpen
doordat ergot de baarmoeder laat samentrekken. Ook tegen migraine werd het
ingezet. Ergotvergiftigingen zijn mede de oorzaak van de opmars van tarwe-
brood geweest, omdat tarwe veel minder vatbaar voor de schimmel is.

In kleine hoeveelheden is ergot een krachtige hallucinogeen. Sterker nog,
LSD, een van de meest krachtige synthetische hallucinogenen, werd uitgevonden in 1938 door de Zwitserse chemicus Albert Hoffman, nadat deze langdurig
research deed naar de chemische samenstelling van ergot. Het gebruik van ergot
als trip- of heksenmiddel werd zo populair in de Middeleeuwen en Renaissance,
dat het zelfs opduikt in de stukken van Shakespeare. Kleinere hoeveelheden
ergot worden goed opgenomen via de zachte plooien van de vagina en de foute
bijwerkingen zijn dan minimaal ten opzichte van het hallucinogene effect.

De ergot werd via een bezemsteel in de schaamlippen en vulva gewreven, wat behalve sterke tripeffecten, soms tot heftige aanhoudende orgasmen leidde. De oudste vermelding van een heks op een bezem *(besom)* dateert uit 1453 uit een bekentenis van de, overigens mannelijke heks, Guillome Edelin. Vliegzalven worden voor het eerst beschreven in de Oudheid door Apuleius en later door kabbalist Abraham von Worms (eind 14e – begin 15e eeuw). Het eerste recept wordt pas in 1456 opgetekend door de Beierse arts Johannes in zijn werk *Das Puch aller verpoten Kunst, Ungelaubens und der Zaubrey.*

Ergot was duidelijk een alternatief voor de klassieke "vliegzalf", een ander tripmiddel dat veel werd gebruikt. Heksenbrouwsel-autoriteit Enrico Malizia beschrijft ergot in *Ricetterio delle Streghe* (het *Heksenreceptenboek*) in recepten als middel tegen heftige menstruele bloedingen. Verder noemt hij het in een recept dat moederkoren combineert met 7 andere kruiden om een *"verlegen maagd in een schaamteloze danseres te veranderen"*. Melk noemt hij als tegengif tegen moederkorenvergiftiging. De klassieke vliegzalven bestonden meestal uit een aantal vaste ingrediënten met diverse variaties. Vliegzalf en sabbatzalf waren meestal een en dezelfde, al vinden we in de geschiedenis ook onderscheid in de receptuur. Een vliegzalfrecept bestond bijvoorbeeld uit: Lollium annuum, Atropa belladonna, Hyoscyamus niger, Cicuta venosa, Papaver somniferum, Mandragora officinarum en Nypphaea alba. Een recept voor deelname aan de heksensabbat bestond uit Lolium annuum, Hyoscyamus niger, Cicuta venosa, Papaver somniferum, Lactuca selvatica, Portulaca en Atropa belladonna. Experimenteren hiermee raad ik sterk af, omdat het combinaties van zeer giftige planten betreft!

Het gebruik van babyvet in vliegzalven is een verzinsel van de kerk om heksen te demoniseren, waar geen enkel historisch bewijs voor is. De vliegervaringen van heksen waren dus via kruiden of schimmels opgewekte trips, vaak gepaard gaand met uittredingservaringen, dus van een sjamanistisch karakter met vaak een sterk seksuele ondertoon. Fascinerend is de overeenkomst in de ervaringen die heksen opdeden tijdens hun trips. De natuurwezens die daarbij worden gezien worden ook in de 20e en 21e eeuw nog steeds waargenomen en een enkeling die een experiment ermee overleefde,* beschrijft eenzelfde soort sabbat of vliegervaring als diens Middeleeuwse voorgangers.

---

* Will-Erich Peuckert, auteur van het meesterwerk *Geheimkulte,* overleed hier bijvoorbeeld aan.

'Vier heksen', Albrecht Durer 1497

IX. TRAINING

• Energetische voorbereiding • Energetische theorie • 1-Minuut voetreflex zelfmassage
• De vier meridiaandrukpunten • Zelfexorcisme-chakraoefening van Igor Saveljev
• Zonnestorm • De gouden licht – blauw schild oefening • Wu Chi • Yi Jin Jing –
Changhai stijl 1930 • 50 kniebuigingen (vrije squat) • Het samentrekken van het
perineum • Vampier-oefening om uitputting door straling te voorkomen • Training van
verbeeldingskracht • Training van focus (gedachtenstilte) • Droombewustzijn •

Zoals al eerder aangegeven in dit boek: *voor een succesvolle magische actie
is een overschot aan energie noodzakelijk.* Energetische voorbereiding is
bij magische operaties van een substantieel belang. Dit heeft te maken met het
gegeven dat vanuit een alchemistisch perspectief het hele universum en alles
daarin, inclusief wijzelf, uit energie en modificaties van energie bestaat.

ENERGETISCHE VOORBEREIDING

De doorsnee mens op een doorsnee dag, gaat voor het overgrote deel op in
de energie van de omgeving en wordt hier sterk door gedomineerd. Bij een
magische handeling geef je een commando dat energie in een bepaalde richting stuurt met een bepaalde kracht. Die kracht moet je ergens vandaan halen
en op het moment van het magische commando, haal je deze enkel uit jezelf.
Indien je energieniveau op dat moment enkel resoneert met de grote ener-
gie-oceaan die ons omringt, heeft je commando weinig tot geen effect. Dit is
de simpele en enige reden, waarom je in zoveel oude grimoires redelijk strenge
instructies tegenkomt qua eten en seksuele activiteit in de voorbereidende fase.
Vaak wordt drie weken of minimaal drie dagen seksuele geheelonthouding
aangeraden, omdat bij een orgasme zeer veel energie verloren gaat. Binnen
het westerse occultisme vind je daarom tot aan de dag vandaag allerlei tips en
nieuwe methodes, om in de voorbereiding op een magische operatie dit zo
belangrijke overschot aan energie op te bouwen.

Ik heb veel van deze methodes getest en geen enkele kwam daarbij ook maar
enigszins in de buurt bij de impact van de methodes die ik nu zelf toepas vanuit
Shaolin, de inner gong-fu traditie en de acupressuur. De lezers van dit boek, die
bij mij de workshop *Psycho-Energetisch Zelfmanagement* (PEZ) hebben gevolgd,
zijn al vertrouwd met de belangrijkste oefeningen hiervan. Voor de lezer die
deze niet kent, zijn ze hierna beschreven en aangepast aan het gebruik voor
magische doeleinden, aangevuld met extra oefeningen.

'Katten bewaken een zieke heks', Jane Blackburn 1855

Wanneer ik bij deze oefeningen disciplinaire aanwijzingen geef, is het voor de doeleinden van deze magiestudie zeer aan te bevelen ze ook te volgen. Discipline is iets dat vrijwel niemand meer lijkt te kunnen opbrengen, maar zonder deze discipline werken veel praktisch magische methodes die in dit boek gegeven worden nauwelijks, of matig, of niet. Magie is nu eenmaal een bezigheid waarbij ongeveer alles draait om moed, zelfintegriteit (motivatie), wilskracht, focus, verbeelding en ENERGIE!

ENERGETISCHE THEORIE

De taoïsten delen Qi op in drie hoofdvormen: *Sjen, Qi* en *Jing*. Deze worden ook wel de Drie Bloemen genoemd. Als deze drie Qi-vormen in dynamische harmonie verkeren voeden ze elkaar synergetisch. Alle drie vormen van Qi zijn *deuren* of *poorten* waarmee de resterende twee vormen mede gevoed kunnen worden. Zo heeft gezonde Qi (Sheng Qi) een positieve impact op Jing en Shen. Shen (enthousiasme) heeft positieve impact op Qi en Jing en tot slot heeft Jing een voedende invloed op Qi en Sjen. Omdat via de Jing het makkelijkst en snelst resultaten kunnen worden geboekt is *PEZ* sterk op Jing georiënteerd. Door lichamelijk/energetisch te veranderen (middels de oefeningen) verandert ook je mindset en je relatie tot omgevings-qi.

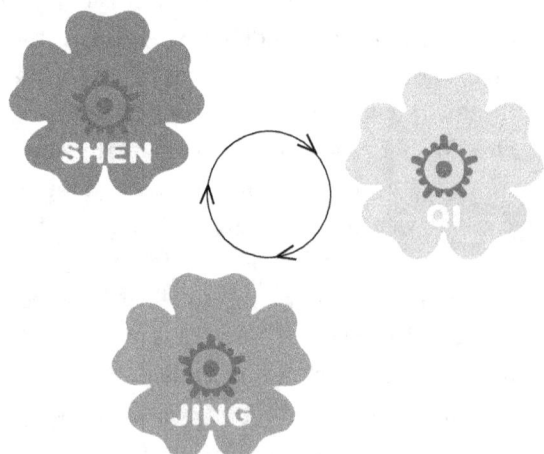

SHEN – enthousiasme, geestelijke energie
QI – Qi uit de omgeving, die met de longen wordt opgenomen. Is deze vitaal dan spreken we van Sheng Qi; is deze schadelijk dan spreken we van Shar Qi (deze laatste drukt zich o.a. uit in sick building syndrome).
JING – seksueel-fysieke Qi. Deze Qi krijgen we bij de geboorte mee van onze voorouders en neemt in de loop van het leven af (het eigenlijke verouderingsproces).

1-MINUUT VOETREFLEX ZELFMASSAGE

Energie, qi-doorstroom, libidoverhoging, tegen vermoeidheid

Omdat alle organen en delen van je lichaam een correspondentie hebben in de voetreflexzones, is de 1 minuut voetreflex zelfmassage een uitstekende manier om bij te dragen aan de algehele conditie van je energielichaam en corresponderende fysiek. De energie van alle organen van je lichaam wordt hiermee gestimuleerd vrij te stromen.

Zorg dat je droge schone voeten hebt. Maak een vuist en wrijf een minuut lang met de knokkels die je eerste met het tweede vingerkootje verbinden over je voetzool en besteed veel aandacht aan de binnenkant voet waar de rugreflexzones zitten. We houden deze oefening simpel en compleet door gewoon de hele voet, en dus het hele lichaam met alle organen, een korte stevige massage te geven. Na een minuut doe je de andere voet. Het maakt niet uit of je links of rechts begint.

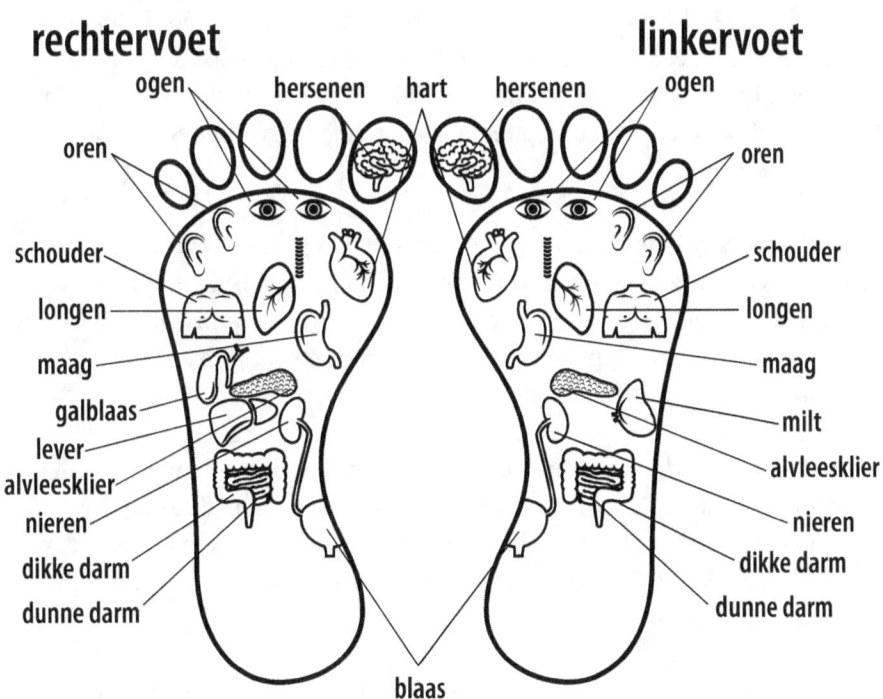

DE VIER MERIDIAANDRUKPUNTEN
Energie, qi-doorstroom, libidoverhoging, tegen vermoeidheid
Omdat met enkele onderstaande oefeningen veel energie kan worden geladen,
is het belangrijk dat deze ook goed stroomt en er geen ophopingen ontstaan.
Hiervoor zijn vier drukpunten uit de acupunctuur/acupressuur essentieel.
Deze routine kost weinig tijd en is eenvoudig twee maal daags toe te passen.

Je begint met het 50 maal drukken op het acupressuurpunt **Yongkuan (K-1 /
Ni-1)**. Druk niet te hard en niet te zacht. Je drukt te hard wanneer de locatie na
een paar keer pijnlijk aanvoelt. Dit punt wordt de *Opborrelende Bron* genoemd
en vormt het begin van de niermeridiaan. Onze nieren hebben enorm te lijden
onder stress, negativiteit en opgekropte emoties. Tegelijk speelt de nierenergie
een cruciale rol bij het in stand houden van onze vitaliteit en ons libido *(jing
qi-voltage).* Bij het drukken op de reeks punten genoemd in deze paragraaf,
druk je ongeveer 1 seconde op het punt en laat je 1 seconde los, tot je bij het
voorgeschreven aantal bent. Yongkuan bevindt zich in de voetzool ongeveer
in het midden wat betreft de breedte en in de lengte op een derde afstand van
de grote teen en op twee derde van de achterkant van de hiel. Yongkuan (K-1/
Ni-1) wordt in de Dim Mak ook als laatste redmiddel gebruikt bij een hart-
aanval of dreigende bewusteloosheid. De punten *Zusanli Ma-36, Hegu Di-4* en
Neiguan Pc-6 zijn een drie-eenheid en door qi-gong specialist Master Chang
zeer recent in het westen geïntroduceerd. Met deze drie punten houd je al je
dertien meridianen open en stagneer je bovendien het verouderings-/aftake-
lingsproces enorm.

Zusanli Ma-36 vind je door aan de buitenkant van je knie, waar je een kuil
voelt door vier vingers naast elkaar te plaatsten met je wijsvinger precies op
het stuk bot dat de onderrand van de kuil vormt. Waar je pink uitkomt bevindt
zich Zusanli, niet direct op het scheenbeen, maar iets (ongeveer 1 cm) daar
vanaf op de spier buitenzijde scheen.

Hegu Di-4 vind je door je duim en wijsvinger te spreiden en dan de binnenkant van je andere duim precies met het lijntje tussen de beide kootjes van die
duim op de huidplooi tussen de gespreide duim en wijsvinger van de andere
hand te leggen. Waar als je de duim kantelt het topje uitkomt bevindt zich op
de andere hand Hegu.

Neiguan Pc-6 vind je als je vanaf het lijntje dat je pols van je hand onderscheidt drie vingers naast elkaar legt. Het bevindt zich dan precies tussen de
twee pezen in het midden van je pols en direct onder (iets naast) de top van de
derde vinger vanaf dit lijntje.

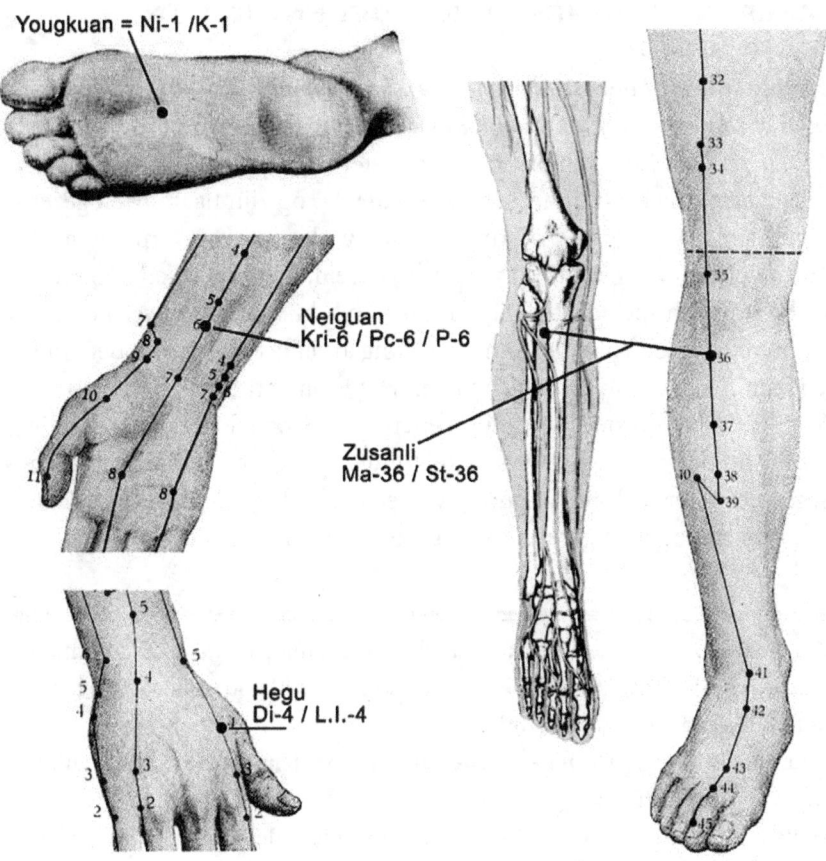

1.	Yougkuan	= Ni-1 /K-1	(Opborrelende Bron)	50 x
2.	Zusanli	= Ma-36 / St-36	(Punt van de Geaardheid)	20 x
3.	Hegu	= Di-4 / L.l.-4	(Punt van de Eigenwaarde)	20 x
4.	Neiguan	= Kri-6 / Pc-6 / P-6	(Punt van de eigen Levenskracht)	20 x
Je drukt ongeveer 1 seconde op het punt en laat na 1 seconde los, tot je bij het voorgeschreven aantal bent. Zowel links als rechts uitvoeren.				

Belangrijk!

Bij deze oefeningset worden alle vier acupressuurpunten zowel aan de rechter als linkerzijde van het lichaam bedrukt. In totaal druk je dus 8 keer. Desondanks kost het je niet meer dan 6 minuten per dag. 's Morgens 3 en 's avonds voor het naar bed gaan 3. En houd deze simpele routine er in, zonder in te zakken en een beurt over te slaan.

De zelfexorcisme-chakraoefening van Igor Saveljev

Uitdrijving entiteit / parasitaire energie, chakra-balans, qi-doorstroom, opheffen chronische vermoeidheid, aura-healing, tegen overgevoeligheid

Igor Saveljev is een Russisch orthodoxe priester met veel kennis van het energielichaam, die in Rusland een score van 99% op zijn naam heeft gezet bij de genezing van chronisch vermoeidheidssyndroom. Hij wordt verguist door de reguliere wetenschap en medische wereld, maar intussen komen veel Russische medisch specialisten bij Igor om van hun chronische vermoeidheid af te komen. Deze oefening is even eenvoudig als effectief, mits de oefening consequent 21 dagen wordt volgehouden. Het is bij entiteitproblemen of een hex (een hex is bijvoorbeeld negatieve energie van een jaloers iemand op je gericht) een van de beste zelfexorcisme methode ooit ontwikkeld en getest en is ook tegen een energiedrain als gevolg van een deeksha in te zetten. De chakras worden gebalanceerd en gereset tot ze gezond en volledig functioneren.

1. Ga rechtop zitten in een stoel, de handen ontspannen op de dijen rustend.
2. Focus je op je *wortelchakra* (eerste chakra) als een kleine rode bal aan het uiteinde van je heiligbeen (stuitje).
3. Laat in je verbeelding uit deze rode bal een rood licht je hele lichaam vullen van voeten tot kruin.
4. Kijk in je intuïtieve verbeelding of je ergens in je rode lichaam dingen ziet die daar niet horen als zwarte vlekken, bloedzuigerachtige vormen, pinnen, rasters etc., stoot deze dan uit je lichaam en verbrand ze.
5. Focus je op je *sacraal chakra* (tweede chakra, een punt voor je ruggengraat ter hoogte van de bovengrens schaamhaar) en verbeeld dit als een oranje bol van waaruit een oranje licht het rode licht vervangt en je hele lichaam vult met oranje. Net als de vorige keer kijk je of je iets in dat oranje lichaam ziet wat er niet hoort. Alles moet egaal oranje zijn. Alles wat dat niet is, stoot je weer uit en verbrand je in je verbeelding.
6. Exact dezelfde procedure doe je voor je *solar plexus* (derde chakra) met de kleur geel, voor je *hartchakra* (vierde chakra) met de kleur groen, voor je *keelchakra* (vijfde chakra) met de kleur hemelsblauw, voor je *voorhoofdchakra* (zesde chakra) met de kleur indigo (diep donker blauw), daarna de kleur grijs voor hetzelfde chakra, en tot slot voor je *kruinchakra* (zevende chakra) met violet of goud.
7. Ga nu vanaf de kruinchakra in omgekeerde volgorde terug, herhaal de hele procedure van kleur visualiseren, speuren naar parasitaire niet eigen elementen – verbrand ze indien er nog iets zit – totdat je weer bij het wortelchakra bent aangeland en voor dit laatste chakra de procedure uitvoert.

Deze dubbele routine van omhoog en dan weer omlaag, is essentieel om aan het eind weer te aarden en stevig geworteld te zijn. De oefening doe je elke dag ongeveer om dezelfde tijd. De oefening mag ook 2 keer per dag worden gedaan. 's Morgens en 's avonds is dan het handigst qua planning en effect. Deze oefening kan helderziende vermogens versterken of stimuleren vanwege de krachtige verbeelding die wordt vereist in relatie met chakra-stimulering.

Extra: klanken van de chakras om te uiten tijdens deze oefening:

CHAKRA	KLANK	KLEUR
1. wortel	LAM of LANG	diep rood
2. sacraal	VAM of VANG	oranje
3. solar plexus	RAM of RANG	geel
4. hart	YAM of YANG	groen
5. keel	HAM, HANG of CHANG	hemelsblauw
6. derde oog	AUNG of HAM-SAH	indigo / grijzig indigo
7. kruin	OHM, AUM of stilte	violet

ZONNESTORM

Uitdrijving entiteit / parasitaire energie / verslavingstrigger, opheffen chronische vermoeidheid, tegen depressie, angst of woedecomplexen, PTS

Deze oefening is door mij ontwikkeld om specifiek het astraal residu c.q. de astrale entiteit *(larve)* te vernietigen, die overblijft na zwaar trauma en steeds opnieuw de herinnering triggert. De oefening snijdt de *aka-koorden* door, die je energielichaam verbinden met een astrale parasiet, en vernietigt deze wanneer je de oefening ca. een week tot tien dagen volhoudt. Deze oefening kan zeer bevrijdend werken, ook voor verslaving en dwanggedrag. De oefening is sterk verwant aan gelijksoortige oefeningen die door de Kahuna's in Hawaii werden gebruikt, en gebruikt identificatie met pure Zonne-energie.

- Sta, zit of lig *(je kunt dit zelfs tijdens het lopen doen of op de fiets, wanneer nodig)* en verbeeld het felle witgouden licht van de Zon tijdens 12:00 uur 's middags als een bol in je buik. Laat dit licht snel uitdijen tot een aurabol om je lichaam, die zeker een meter uitsteekt.
- Simultaan verbeeld je je eigen angst, tic, dwanggedachte, dwanghandeling, trauma, woede of ongewenste eigenschap, als een klein zwart wezentje dat je verdampt in je felle licht.
- Dit proces moet worden uitgevoerd ZONDER POSITIEVE of NEGATIEVE EMOTIE! Wat je doet is jezelf identificeren met onaantastbare Zonne-energie in de meest verdichte staat. De Zon *straalt* enkel. Zodra je emoties bij dit proces betrekt schep je een contrakracht, die je tegen gaat werken en ga je een gevecht aan met datgene wat je juist wilt loslaten en uitstoten.
- Zodra het wezentje in je verbeelding verdampt of verschroeit is en opgelost, verbeeld je een 3 meter dikke heldere diepblauwe auraschil om je gouden aurabal heen.

Deze oefening doe je niet volgens een vast patroon, maar letterlijk iedere keer wanneer je trauma, angst, woede etc. weer in je systeem zit en zich laat gelden. Probeer als een automaat te reageren hierop en doe onmiddellijk deze oefening. Meestal is de vierde dag het zwaarst, daarna verzwakken de aanvallen, maar blijf steeds de hele oefening doen tot na ca. een week tot tien dagen de symptomen verdwenen zijn. De eerste dagen kan het zijn dat je de oefening tientallen keren moet doen, afhankelijk van de ernst van het trauma of de PTTS.

DE GOUDEN LICHT – BLAUW SCHILD OEFENING

Snel energie aanvullen, aurabescherming, afweer of uitstoot negativiteit

Voor de dagelijkse routine – en essentieel voor hoogsensitieven en mensen die werken in situaties waar ze extra risico lopen (ziekenhuizen, psychiatrie, gevangenis etc.) – ontwikkelde ik deze onderstaande oefening op basis van een tantrische visualisatie en het Kahuna-concept van Mana dat orgon en water in essentie als één beschouwt.

1. Verbeeld een ongeveer vier meter brede kolom *rood* vuur die uit de aarde stijgt en een even brede kolom *groen* vuur die uit de hemel komt, en de rode vuurkolom raakt in een vlak waarin zich een helder vloeibaar gouden of messingkleurig licht vormt, totdat een bol ter grootte van een olifant voor je zweeft.

2. Je verbeeldt nu hoe zich uit de energiebol een slurf of buis vormt, die zich aan je Dan Tien of Hara-punt hecht, dus zo'n 4 cm onder je navel. Je verbeeldt – terwijl je de buikspieren aantrekt – dat je de energie uit de bol via de slurf in je buik zuigt en opneemt in je lichaam.

3. Probeer het gevoel te verbeelden dat je letterlijk zuigt met je buik en de energiebol in je trekt, waarbij je eerst je voeten, enkels en benen vult, daarna je heupgedeelte, bovenlichaam, armen en als laatste je hoofd inclusief je haar. Probeer het jezelf vullen met de lichtenergie uit de bol gevoelsmatig voor te stellen, zoals een toestand waarbij je hele lichaam hol is en vol lauwwarm water loopt en probeer een druk in je voeten en vingertoppen te voelen bij het vullen.

4. De bol is nu voor twee derde leeg en geslonken. Zuig ook de laatste hoeveelheid van de bol in je op en stel je voor dat je daarbij vol raakt, zodat de laatste energie via je poriën naar buiten stroomt, waarmee je een dikke heldere witgouden laag energie om je heen vormt, gevolgd door een ongeveer een à drie meter dikke aura van diep intens blauw licht, zodat je helemaal omsloten bent. Je hebt de energiebol nu volledig geabsorbeerd.

Deze energie-tank-oefening annex een schildtechniek, gaat op den duur steeds makkelijker, tot je hem in een minuut kunt doen. Drie keer per dag kan wonderen doen voor je energiehuishouding en psychische stabiliteit.

Tip:

In geval van een psycho-energetische aanval of jaloezie naar jou als persoon, kun je om het blauwe auraschild nog een laag verbeelden, waarin allerlei kleuren steeds door elkaar heen vloeien, als olie dat op een waterplas ligt.

WU CHI

Uitdrijving entiteit / parasitaire energie, opheffen chronische vermoeidheid, opbouw kracht, yin-yang-balans herstel, concentratie, tegen overgevoeligheid
Wu Chi betekent staan als een boom en het is ook alles wat je doet met deze oefening. Wu Chi is een basisoefening van het Chinese Zong Dam (vechtsport annex qi-qong mix). De oefening harmonieert de yin-yang-balans zeer krachtig. (Niet doen bij bloeddruk-, of hartproblemen.)

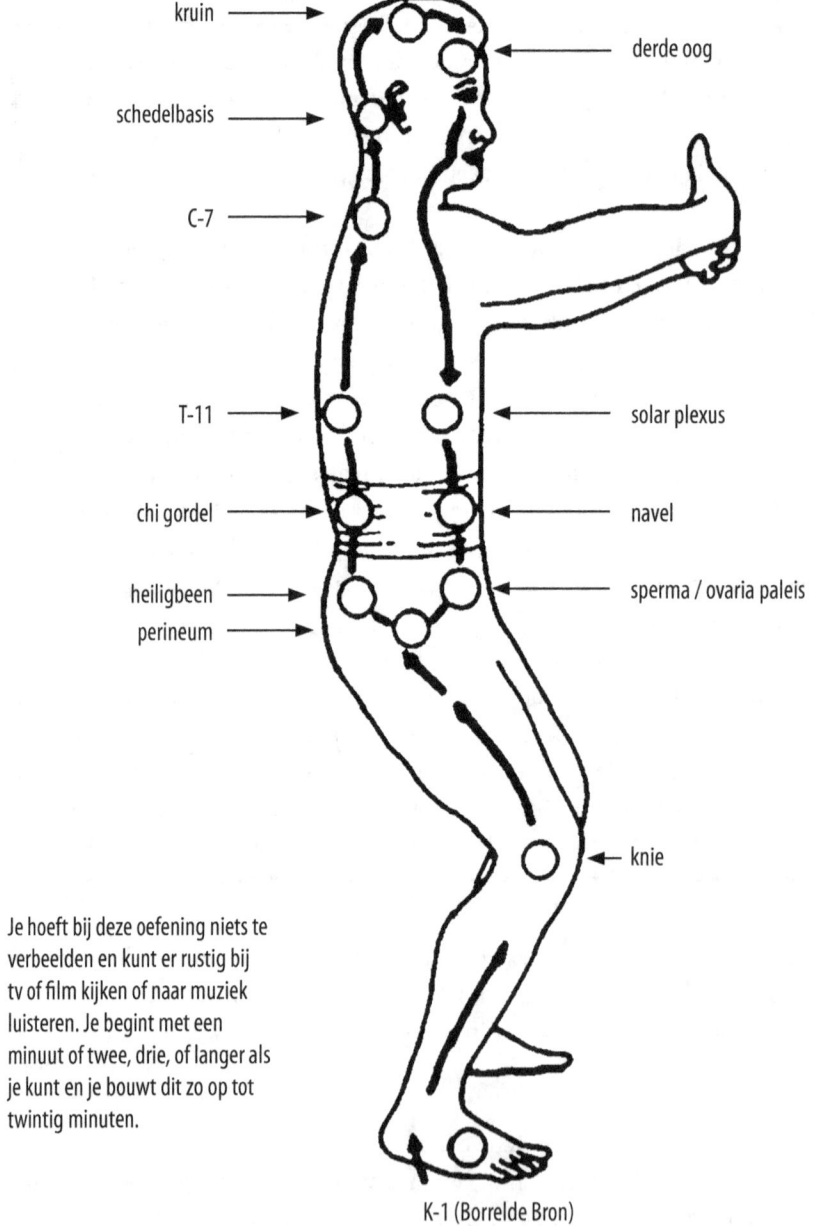

kruin

derde oog

schedelbasis

C-7

T-11

solar plexus

chi gordel

navel

heiligbeen

sperma / ovaria paleis

perineum

knie

Je hoeft bij deze oefening niets te verbeelden en kunt er rustig bij tv of film kijken of naar muziek luisteren. Je begint met een minuut of twee, drie, of langer als je kunt en je bouwt dit zo op tot twintig minuten.

K-1 (Borrelde Bron)

Wu Chi maakt zeer krachtig, versterkt het energieveld, kan ontstekingen bestrijden en kan met zo'n dwang niet-eigen parasitaire energie uitwerpen, dat je een atmosferische knal kunt horen. Dit is normaal en niet iets om bang van te worden. Heel bijzonder bij deze oefening is dat je, na wat routine, de chi of qi letterlijk tussen je vingertoppen voelt drukken.

- Sta rechtop, benen iets uit elkaar op heupbreedte, armen langs de zij, knieën iets gebogen, maar zonder dat de punt van je knieën voorbij je tenen uitsteekt.
- De voeten moeten ongeveer schouderbreedte uit elkaar staan en recht naar voren of licht naar binnen gedraaid.
- Het schaambeen druk je een beetje naar voren, waardoor de *coccyx* (punt staartbeen) en het *sacrum* (bovendeel heiligbeen) in lijn kunnen komen. Deze uitlijning zorgt voor een soepele stroom van qi in het *Du-kanaal* (meridiaan midden over de rug) tot aan de hersenen en naar het *Ren-kanaal* (meridiaan midden over de voorkant van je lichaam). Dit circuit is de microcosmische baan, de onlosmakelijke verbinding van de Ren en Du kanalen.
- De kin neigt een beetje naar de borst. Houd de kruin recht, alsof iemand aan je haar trekt. Hiermee wordt de natuurlijke stroom van qi op het Du-kanaal en in de hersenen versterkt.
- Wrijf nu in je handen, spreid de vingertoppen iets en beweeg ze volmaakt synchroon uit elkaar tot er tussen de vingertoppen van beide handen ca 30 cm afstand zit. Houd ze in deze stand roerloos voor je buik, net niet er tegenaan en blijf in deze houding 20 minuten staan.
- De borst is ontspannen en een beetje gebogen, dit veroorzaakt een flauwe naar buiten gerichte kromming in de wervelkolom. Wanneer de armen en het schaambeen juist zijn uitgelijnd, zal de wervelkolom automatisch in deze stand komen, waarbij de bovenste wervels een beetje naar buiten staan.
- De polsen zijn ter hoogte van je schouders *(klassiek)* of je navel *(Zong dam-wu chi)*.
- De ellebogen kunnen lager zijn dan de polsen en schouders in de klassieke stand.
- De schouders moeten ontspannen zijn.
- De vingers moeten naar elkaar gericht zijn, waardoor de stroom van qi van de ene kant naar de andere kan.

YI JIN JING – CHANGHAI STIJL 1930

Energie, qi-doorstroom, libidoverhoging, tegen vermoeidheid, tegen over-gevoeligheid, geeft toename kracht en seksueel uithoudingsvermogen, tegen grieperig gevoel na ejaculatie bij mannen.

Yi Jin Jing is een zogeheten harde Shaolin gong-fu training voor innerlijke versterking. Deze oefening laadt snel grote hoeveelheden qi in het lichaam, in de gewrichten, pezen en het beenmerg, versterkt de aura en zet de qi om in pure seksueel fysieke levensenergie (orgon, jing-qi). De aura wordt er door gedicht, lekken in je energieveld worden opgevuld. Yi Jin Jing is een discipline die in de martial arts 45 tot 100 dagen dagelijks wordt volgehouden, maar geeft na enkele dagen al resultaat. De qi wordt enkel via de handen en armen uit de lucht onttrokken.

Yi Jin Jing is gemakkelijk maar vergt even wat spiergewenning en spierpijn in het begin. Het is een sterke verjongingsoefening, verhoogt de libido enorm en maakt sterk. Yi Jin Jing doe je dagelijks 5 tot 7 keer en voor een magische operatie voer je de routine op tot 2 sessies van 5, 's morgens 1 en 's avonds 1.

- In alle 12 posities staan je voeten in dezelfde stand.
- Stand 1: doe je met horizontaal gestrekte handen met de vingers tegen elkaar. Je buigt je handen 49 keer licht en vanuit de pols naar boven (alsof je vingertoppen omhoog willen), maar houd je armen daarbij roerloos. Het getal 49 is het drakengetal en resoneert met de hoogste potentie yang-energie.
- Stand 2: knijp 49 keer je vuist dicht *met je duimen er uit* en naar je heupen wijzend
- Stand 3 t/m 11: Knijp bij elke oefening 49 keer je vuist dicht maar vanaf nu *met je duimen in je vuisten.*
- Voor stand 2 t/m 11 geldt dat je de handen niet ver opent, slechts een beetje om dan ze dan weer tot vuist te knijpen.
- Na stand 11 adem je eerst 3 keer diep in en uit. Daarna kom je met je hakken van de vloer, terwijl je armen langzaam omhoog gaan tot in horizontale stand, waarbij je verbeeldt dat je een zware betonnen balk optilt die op je armen rust. Dit doe je 3 keer.
- Tot slot zwaai je beide armen 3 keer met een ruk omhoog om de qi in je lichaam te slaan en schop je elk been 3 keer los, om de qi naar onderen te slaan.

Illustratie uit: Lian Gong Mi Jue door Jin Yi Ming en Guo Cui Ya, Shanghai 1930

Samen met Yi Jin Jing wordt seksuele geheelonthouding in acht genomen. Dit is zeker voor mannen heel essentieel. De periode van 45 tot 100 dagen blijkt bijna door niemand vol te houden. Echter een sessie van 10 dagen of twee weken doet al wonderen. Mannen die na de ejaculatie vaak zwak, sacherijnig zijn, of een grieperig gevoel krijgen van enkele dagen moeten Yi Jin Jing zeker proberen. Deze symptomen duiden op een gevaarlijk jing qi tekort, maar dit tekort kan worden hersteld met deze oefening. Hypothetisch zouden vrouwen deze oefening niet tijdens de menstruatie moeten doen, omdat dan de natuurlijke uitstoot van oude qi mogelijk wordt belemmerd. Yi Jin Jing kan hypersensitieve mensen genezen, doordat auralekken in de gewrichten worden gedicht en veel minder energie verloren gaat.

Tips: Drank en drugs gaan niet samen met deze oefening! Ook het dagelijkse biertje of wijntje niet. Seks is geen probleem, echter mannen dienen het ejaculeren te voorkomen en vrouwen dienen het clitoraal opgewekt orgasme uit te stellen. Er gaat dan namelijk zeer veel opgebouwde jing-qi verloren. Beter is het deze vormen van orgasme eerst te beperken tot om de twee weken.

50 KNIEBUIGINGEN (VRIJE SQUAT)
Energie, qi-doorstroom, activering Dan Tien, libidoverhoging, tegen vermoeidheid, groter uithoudingsvermogen, geeft yang-qi (optimisme)
Het maken van diepe kniebuigingen is onderdeel van diverse qi-gong-programma's en activeert sterk de positieve yang-energie en aarding. Het is bovendien de beste oefening die er is voor benen en billen en bevordert libido en anti-aging. Kniebuigingen activeren de *Dan Tien* en stimuleren de jing-qi opslag in de dijen, waar zich de jing-qi reserve bevindt. Doe elke ochtend 50 vrije diepe squats. (Niet doen bij een zwakke conditie.)

HET SAMENTREKKEN VAN HET PERINEUM
Het 50 keer aanspannen en loslaten van het perineum door de anusspier samen te knijpen en te ontspannen, is een must voor mannen boven de 45 in verband met het in conditie houden van de prostaatregio en het voorkomen van verzakking. Ook voor vrouwen is deze oefening heilzaam omdat het samentrekken en zo trainen van de anusspier, de reflexzones van het hele lichaam positief stimuleert. Zie hierover het werk van *Mantak Chia* voor meer details. Deze oefening kan onzichtbaar overal meerdere keren per dag gedaan worden. Je kunt deze oefening ondersteunen door de *duim en wijsvingertop van je linkerhand* en simultaan de *duim en ringvingertop van je rechterhand* tegen elkaar te drukken gedurende drie minuten.

VAMPIER-OEFENING OM UITPUTTING DOOR STRALING TE VOORKOMEN

Als je tegenwoordig het openbaar vervoer instapt, ontkom je niet aan een leger smartphone-zombies om je heen, die de straling – die door de free wifi toch al krankzinnig hoog is – nog ziekelijker opvoeren. Je hebt recht op onaantastbaarheid van je eigen lichaam en privésfeer. Niemand respecteert deze echter. Tijd dus voor een stukje zelfverdediging.

---

1. Verbeeld een roze wolk die iedereen om je heen met een stralend apparaat in de handen doordrenkt. (Deze energie breekt de weerstand.)
2. Verbeeld dat je een aka-koord als een holle witte slang uit je tweede chakra stuwt en met gesplitste uiteinden vasthecht aan alle chakra's van alle zombies om je heen.
3. Neem een houding aan waarbij je zowel tijdens het in- als uitademen je buikspieren zo aangespannen houdt, dat het voelt alsof je energie zuigt.
4. Trek nu de energie van iedereen, inclusief de elektriciteit van de apparaten, naar binnen waarbij je vlak voor je buik in de aka-koordslang een filter visualiseert van kleine kristallen.

Met deze oefening is het mogelijk om, in plaats van compleet gedraineerd met een druk in je hoofd op je bestemming aan te komen, zo fris als een hoentje uit de trein of metro te stappen. Mocht je er christelijke martelaarsideeën op na houden, dan is deze techniek niet geschikt voor je. Je gaat ervoor of je gaat er niet voor en bedenk, dit is een verdedigingsmiddel en geen agressiemiddel.

TRAINING VAN VERBEELDINGSKRACHT

Verbeeldingskracht met al je zintuigen is essentieel voor magie. Deze moet echter doorlopende getraind worden.

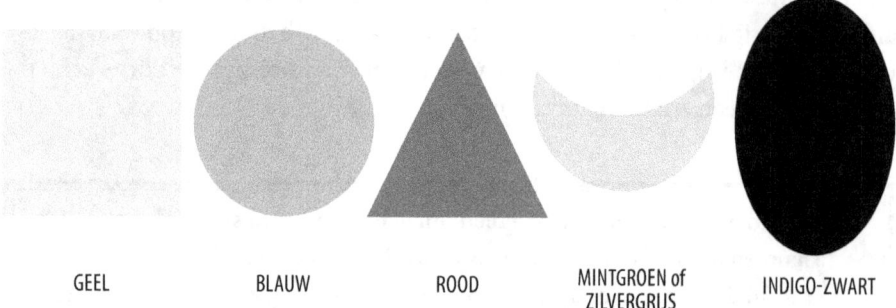

| GEEL | BLAUW | ROOD | MINTGROEN of ZILVERGRIJS | INDIGO-ZWART |

Een goede methode is de volgende:

1. Koop gekleurd papier en knip er tattwas uit (een geel vierkant voor Aarde, een rode driehoek voor Vuur, een mintgroene halve Maan voor Water, een blauwe schijf voor Lucht en een zwarte of indigoblauwe eivorm voor Akasha).
2. Leg een tattwa voor je op een tafel en concentreer je er op. Sluit nu je ogen en probeer de tattwa voor je te zien. Oefen dit tot het moeiteloos gaat en je de tattwa scherp kunt zien.
3. Doe dezelfde handeling, maar dan met open ogen en probeer de tattwa in de lucht voor je te zien.
4. Doe dit met alle 5 tattwas.
5. Wanneer dit moeiteloos gaat, maak de tattwa 3D. Dus maak bijvoorbeeld van het gele vierkant voor Aarde een gele kubus en zie deze scherp voor je.
6. Beweeg de kubus en zie hoe het licht verandert op de vlakken wanneer je hem ronddraait.
7. Verander de textuur, kleur, geur, smaak van de kubus naar believen en verbeeld alles scherp met al je zintuigen.
8. Doe dit met alle tattwas.
9. Doe deze oefening nu met de ogen open, tot je alles net zo scherp kunt verbeelden als met de ogen dicht.

Wanneer je dit niveau hebt gehaald kun je overgaan tot dezelfde oefening maar dan met willekeurige kleine voorwerpen.

Training van focus (gedachtestilte)

Focus kunnen houden is erg belangrijk bij magie. Om je een idee te geven hoe weinig controle en beschikking je werkelijk over je eigen gedachten hebt in je ongetrainde default-staat van alledaags bewustzijn, let er eens op hoeveel gedachten (en gevoelens) op één dag, geen gedachten of gevoelens zijn die je wilt hebben. Dit zijn dan ook niet jouw gedachten en gevoelens, maar meestal inbraakpogingen uit de astraal-emotionele en mentale dimensies. Magie gaat voor een groot deel over werkelijke zelfbeschikking! De volgende oefening helpt daarbij.

1. Neem plaats in een luie stoel of op bed en sluit je ogen.
2. Kalmeer je ademhaling, door bewust twee keer zo lang uit te ademen als in te ademen en gebruik daarbij buikademhaling.
3. Probeer nu alle gedachten en beelden die vanzelf opkomen simpelweg te observeren alsof je naar voorwerpen op een lopende band kijkt.
4. Zodra je je laat meesleuren, rem je dit af en probeer je je rol van observator weer op te pakken.
5. Als je dit moeiteloos kunt, focus dan op een gedachte of beeld en houdt dit vast, terwijl je alle interfererende andere beelden en gedachten die zich aandienen, probeert buiten te sluiten.
6. Als dit lukt en je een gedachte (of beeld, geur, geluid, gevoel) statisch kunt vasthouden zonder storing, zal alle storing wegvallen en voor leegte plaatsmaken.
7. De laatste focusoefening bestaat uit totale gedachtestilte. De leegte zelf is dan de focus, zonder dat je erop focust.

Droombewustzijn

Standaard bij de training van novices van occulte loges, hoort het bijhouden van een droomdagboek gedurende minimaal een jaar. Wanneer je dit doet zul je na enkele weken verbaasd zijn over de mate van toenemende droomher-innering, de grip op processen in je dromen en de aard van je dromen. Ook stimuleert dit lucide dromen.

Eerder in dit boek beschreef ik de schepping van een servitor. Het is interessant in deze strekking om te gaan experimenteren met een droomservitor, die je zo programmeert dat hij je in je droom een baken – bijv. een rood lampje – laat zien om je erop te attenderen dat je droomt, waardoor je dus waakbewustzijn binnen je droom kunt verkrijgen.

Wat baet keers off bril, als den Wl niet sien en

APPENDIX I.
LITERATUURGESCHIEDENIS

2e eeuw v.Chr. t/m 4e eeuw na Chr: Griekse Magische Papyri

De *Griekse Magische Papyri* zijn geschreven in hellenistische Egypte en hebben een religieus-magische inhoud. Ze dateren van de 2e eeuw v.Chr. tot en met de 4e eeuw na Chr. De papyri zijn van verschillende lengte en kwaliteit, en bevatten magische formules voor vervloekingen, liefdesmagie en andere zaken, hymnen en rituelen. Ze zijn een belangrijke bron van informatie over de godsdienstgeschiedenis in de late Oudheid. De magische formules in de *Griekse Magische Papyri* verwijzen vaak naar het gebruik van beeldjes of afbeeldingen en hiermee ligt er een sterk accent op sympathische magie. De beeldjes zijn gemaakt van verschillende materialen, meestal overeenkomend met het type spreuk. Dergelijke beeldjes zijn gevonden in het hele Middellandse Zeebekken, meestal op liminale locaties (plekken die onze wereld aan die van de goden of onderwereld linken) zoals graven, heiligdommen of watermassa's. Sommigen zijn ontdekt in loden kisten, waarop een vloek is geschreven.

Voor 50 na Chr.: Testament van Salomo

Dit geschrift verschijnt als allereerste grimoire. Het bevat de beschrijvingen van de-canaat-demonen van de zodiak. Er worden per zodiakteken steeds drie demonen beschreven in verband met ziektes die ze verwekken en de remedie om die kwade macht te pareren. In dit werk verschijnt voor het eerst ook het pentagram. Het *Testament van Salomo* is een joods pre-kabbalistisch geschrift. VAMzzz Publishing gaf een herziene heruitgave uit in 2015.

ca 200 na Chr.: Sepher Yetzirah en Hechalot-literatuur

De *Sepher Yetzirah (Boek der Vorming)* is het oudste kabbalistische boek, bekend van de beschrijving van de Etz HaChayim of kabbalistische Levensboom met 10 Sephiroth (Macrokosmische psychosferen) en 22 Paden (verbindingen tussen deze sferen) gebaseerd op de Hebreeuwse letters en hun toegeschreven betekenissen. Dit werk behoort tot de *Hechalot*-literatuur, een verzamelnaam voor de oudste jood-se, esoterische en mystieke literatuur, die ontstond in Palestina in de eerste eeuwen en werd bewerkt tot en met de 10e eeuw. De benaming hechalot is meervoud van hechal, 'paleis', omdat in de hechalot-literatuur beschrijvingen voorkomen van de hemelsferen en Gods troon. Het gaat daarbij om filosofische en religieuze bespie-gelingen en metafysische speculaties. De teksten gaan over exegese (tekstuitleg), visioenen, fysiognomie, astrologie of theoretische en praktische magie. De meeste bewaarde manuscripten dateren uit de 14e tot en met de 16e eeuw wat de studie naar de exacte datering van de oorspronkelijke teksten bemoeilijkt. Andere werken uit deze literatuurgroep zijn o.a.:

- Charba de-Moshe - *Het zwaard van Mozes*: over magie
- Havdala de-Rabbi Aqiva - *De havdala van rabbi Aqiva*: over magie
- Hechalot Rabbati - *De grote hechalot*
- Hechalot Zutarti - *De kleine hechalot*
- Ma'ase Merkava - *Het werk van de wagen*
- Massechet Hechalot - *Het traktaat van de hechalot*
- Merkava Rabba - *De grote wagen*: een aanvulling op het Bijbelboek Ezechiël, met een beschrijving van Ezechiëls visioen van de hemel en Gods troonwagen (merkava)
- Sefer ha-Razim - *Het boek van de mysteriën*: over magie
- Sefer Hechalot - *Het Hebreeuwse boek van Henoch*
- Re'uyot Yechez'el - *De visioenen van Ezechiël*: een exegetische tekst bij de Merkava Rabba
- Shi'ur Qoma - *De afmeting van de goddelijke gestalte*

4e eeuw na Chr.: De Kyranis

De *Kyranis* is een verzameling van oorspronkelijk Griekse natuurmagische en medische magische recepten. Dit werk werd later in het Arabisch verstaald en daarna in het Latijn. Het is een vierdelig werk en een moderne (complete) westerse vertaling is er enkel in het Duits. De *Kyranis* wordt zelden genoemd maar is als geschrift een belangrijke missing link tussen de oude Hellenistisch-Egyptische magie zoals vervat in allerlei losse fragmenten in de *Griekse Magische Papyri*. Hoewel de in vier delen vervatte Kyranis vooral natuurgeneeskundige of medisch magische recepten geeft op basis van stenen, vogels, planten, vissen en andere dieren als schorpioenen, wordt het werk tot de hermetische literatuur gerekend. We vinden er diverse psychosferische magische correspondenties, zoals die tussen de godin Aphrodite en een bepaalde vogelsoort. Ook ressorteren allerlei dingen uit de natuur onder een specifieke letter, die dus net als in de kabbala, behalve als letters/klanken ook als kosmische bouwstenen fungeren.

960 - 1258: De Picatrix

Astromagie, dus astrologisch gefundeerde magie, voert in Europa terug op de, van oorsprong Arabische, *Picatrix* of *Ghâyat al-Hakîm fi'l-sihr* (De Weg van de Wijze). Dit boek werd in 960 voltooid. Het Arabisch origineel werd op last van Alphonso X van Castilië tussen 1256 and 1258 in het Spaans vertaald en enkele jaren later volgde een Latijnse versie. De *Picatrix* had grote invloed op de Renaissance-magiërs Pietro d'Abano, Johannes Trithemius (1462–1516) en Agrippa von Nettesheim (1486–1535). Astromagie, die centraal staat in de *Picatrix* wordt momenteel weer overal herontdekt. Dat wil zeggen dat het juiste astrologische tijdstip als belangrijke factor terugkeert in magische handelingen of werken zoals het maken van talismans, sigilli e.d..

Voor 1038: Charva D'Moshe (Het Zwaard van Mozes)

Hebreeuws geschrift over engelenmagie dat de namen van bekende (Haniël) en vooral onbekende engelen bevat. Incompleet en hetgeen ervan bewaard is, is moeilijk leesbaar en beschadigd.

Voor 1300: Sefer Raziel HaMalakh

De *Sefer Raziel HaMalakh, (Het Boek van de engel Raziel),* is een middeleeuwse praktische kabbala-grimoire die in het Hebreeuws en het Aramees is geschreven. De *Liber Razielis Archangeli,* de 13e-eeuwse Latijnse vertaling werd geproduceerd onder Alfonso X en was bekend bij Johannes Trithemius en Agrippa von Nettesheim, die beide het werk als citaatbron gebruikten. De wortels van dit boek gaan terug tot de late Oudheid, maar de samensteller van de Middeleeuwse versie is waarschijnlijk Eleazer van Worms. Het boek leunt zwaar op *Sefer Yetzirah* en *Sefer ha-Razim.* De gedrukte versie van *Sefer Raziel* is verdeeld over vijf boeken. Het bevat een uitgebreide angelologie, het magisch gebruik van de dierenriem, gematria (kabbalistische letterformules), de namen van God, beschermende spreuken en een methode om magisch genezende amuletten te maken. Delen van dit werk komen later terug in het *Zesde en Zevende Boek van Mozes.*

Begin 13e eeuw: Liber Juratus Honorii

Ook bekend als *Liber Sacer* of *Liber Sacratus.* Een van de oudste en meest invloedrijke middeleeuwse grimoires, toegeschreven aan Honorius van Thebe, mogelijk Paus Honorius III (1148-1227). In dit werk komen we een paragraaf tegen met de namen van de planeet-engelen: Casziël, Satquiël, Samaël, Raphaël, Anaël, Michaël en Gabriel, die later zo'n cruciale rol spelen in wat de klassieke Europese magie mag worden genoemd. Van de Liber Juratus Honorii werd later een vervalsing afgeleid, getiteld *Le Grimoire du Pape Honorius* (ca 1800).

Voor 1315: het Heptameron

Pietro d'Abano, ook bekend als Petrus Patavinus of Paduanus (Abano, 1257 Padua, 1315) was een Italiaanse arts, filosoof en astroloog. Hij studeerde geneeskunde en filosofie in Padua en verbleef enige tijd te Constantinopel en te Parijs. Van 1306 af doceerde hij te Padua geneeskunde en natuurfilosofie. Het *Heptameron* wordt aan hem toegeschreven en is een cruciale tekst in de ontwikkeling van de latere magie in Europa. Een uitstekende praktische verhandeling hierover is gepubliceerd door Joseph C. Lisiewski Ph.D.. als *Ceremonial Magic & The Power of Evocation* (2004). Dit is nog steeds een van de meest krachtige magische werken voor rituele engelenmagie. De term Heptaméron (Zeven dagen) komt van het Griekse ἑπτά – zeven en ἡμέρα – dag), en slaat op de in de 13e eeuw al bestaande magische traditie, die de zeven oude planeetintelligenties koppelt aan de zeven dagen van de week. De evocaties van een planeetintelligentie werken daarbij via de koppelingen Zon-zondag; Maan-maandag; Mars-dinsdag; Mercurius-woensdag; Jupiter-donderdag; Venus-vrijdag; Saturnus-zaterdag, waarbij de Hebreeuwse benaming voor Saturnus, Shabbatai (rust of beëindiging), duidelijk aan de sabbat is gekoppeld. De volledige titel van het werk *Eptameron, seu Elementa Magica* is *Zeven dagen of de Elementen der Magie*.

1326: Super illius specula

Een brief opgesteld door Johannes XXII, geboren als Jacques Duèze (ook gespeld als Jacobus Arnoldi Deuza, of d'Osa of d'Euze) (Cahors, ca. 1249 - Avignon, 4 december 1334). In deze brief kaart de Paus magische handelingen aan en de verering van demonen (waarschijnlijk landbouw/vruchtbaarheids-daemones of oude goden), welke vanaf dat moment zullen worden bestraft met ex-communicatie. De ironie wil dat Johannes XXII één van de weinige pausen was, die ooit zelf van ketterij werden beschuldigd.

14e of 15e eeuw: Mafteah Shelomoh

Er zijn zeer veel uiteenlopende versies van de *Mafteah Shelomoh*, beter bekend als de *Grote Sleutel van Salomo*. De sigilli in de eerste Hebreeuwse varianten verschillen enorm van die van de latere versies die in de eeuwen daarna verschijnen, waarbij de laatste werd gepubliceerd door S.L. MacGregor Mathers en Aleister Crowley.

Begin 15e eeuw: Het boek van Abramelin

Zeer complete en bijzondere middeleeuwse grimoire, die daemonische wezens onderwerpt aan engelen en zo magische doelen leert te realiseren. Door manuscript-vertaler MacGregor Mathers toegeschreven aan de jood Abraham van Worms (ca.1362–ca.1458). De Duitsers Georg Dehn en Steven Guth, maakten een nieuwe vertaling, gebaseerd op oudere, meer complete manuscripten, dan het manuscript dat door MacGregor Mathers werd gebruikt. Dehn vermoedt Rabbi Moelin Yaakov ben Mosjeh; ca. 1365–1427) als auteur. Abramelin was een Egyptische magiër, die leefde in de oase Araki. Dit werk lijkt een vreemde eend in de bijt en onduidelijk is de invloed van het werk op de laat-Middeleeuwse- en Renaissance-magie. Het had grote invloed op de twintigste-eeuwse Golden Dawn en Aleister Crowley.

1440: Het eerste deel van de Hygomanteia van Salomo

De *Hygromanteia*, abusievelijk als een werk van enkel waterdivinatie opgevat, is een verzameling van 12 Griekse teksten die tussen de 15^e en 18^e eeuw werden geschreven door veelal Griekse monniken en recentelijk door Ioannis Marathakis werden vertaald in het Engels. Een van de manuscripten bevat de betekenissen van de uren van de dagen in de week gebaseerd op de 5^e eeuwse Egyptische astroloog Hephaestion van Thebe. Ook bevatten de teksten delen van het zeer oude *Testament van Salomo*. De oudste teksten van de *Hygromanteia* worden nu gezien als basis voor de latere *Grote Sleutel van Salomo* en de beroemde *Grimorium Verum*. Hiermee wordt dit werk nu als "Godfather" van veel latere grimoires beschouwd.

1458: Flagellum haereticorum fascinariorum

Nicholas Jacquier (gestorven in 1472 in Lille) was een Franse dominicaan en inquisiteur die bekend werd als demonoloog en voorstander van heksenjacht. Jacquier voerde in zijn boek *Flagellum haereticorum fascinariorum (Een gesel voor ketterse heksen)* aan dat hekserij een ketterij is en als zodanig was de vervolging van heksen gerechtvaardigd. Jacquier vat hekserij vooral op in termen van een ketterse cultus: voor hem is het de "afschuwelijke sekte en ketterij van tovenaars", waarin demonen, niet heksen, de hoofdrol spelen. Hij ontkende ook dat de *Canon Episcopi,* die was ingeroepen om de beweringen van heksen aan bovennatuurlijke prestaties, waaronder nachtvluchten, te ondermijnen, relevant was in het debat over de vermeende krachten van heksen. Het boek werd voor het eerst gedrukt in 1581 samen met een herdruk van Thomas Erastus' *Repetitio disputatio de lamiis seu strigibus.*

1475: Formicarius

De *Formicarius,* geschreven door Johannes Nider 1436-1438 tijdens de Raad van Bazel en voor het eerst gedrukt in 1475, is het tweede boek dat ooit is gedrukt om hekserij te bespreken (het eerste boek is *Fortalitium Fidei,* geschreven tussen 1558 en in zijn eerste versie gepubliceerd in 1564). Nider behandelde specifiek hekserij in het vijfde deel van het boek. In tegenstelling tot zijn opvolgers, benadrukte hij niet het concept van de heksenabbat en stond hij sceptisch tegenover de bewering dat heksen 's nachts konden vliegen. Nider schreef dit werk niet om heksenvervolgingen te onderbouwen zoals de *Malleus Maleficarum* en dergelijke boeken.

1484: Summis desiderantes affectibus

Summis desiderantes affectibus (Omdat we ten zeerste verlangen), soms afgekort tot *Summis desiderantes,* was een pauselijke bul betreffende hekserij uitgegeven door paus Innocentius VIII op 5 december 1484, op aandringen van Heinrich Kramer. Hierin gaf hij goedkeuring aan strenge maatregelen tegen personen die beschuldigd werden van magie en hekserij. De bul richtte zich aanvankelijk vooral op de Duitse situatie. Deze bul was voor Innocentius VIII een noodzaak, omdat Inquisiteurs hem hadden gerapporteerd dat zij veel weerstand ondervonden in de vervolging van de heksen en magiërs. Zowel de lokale clerus als de wereldlijke leiders in Duitsland verzetten zich hevig tegen deze vervolgingspraktijken van de Inquisitie.

1487: Malleus Maleficarum

Malleus betekent "hamer" en malefica "boosdoeneres" (maleficarum = "van de boosdoeneressen"). Maleficium (letterlijk: kwade daad) stond toen voor de opzettelijk kwaadaardige activiteit van heksen en tovenaars, zoals het laten mislukken van oogsten en het doden van vee. Malleus kan staan voor een voorwerp waarmee men spijkers of pinnen kan slaan, maar ook voor een voorwerp waarmee men een slachtoffer bewusteloos sloeg voordat het de doodsklap kreeg. De *Malleus Maleficarum* is een 15e-eeuws handboek voor de heksenjacht dat gedetailleerd uitlegt hoe heksen ondervraagd moeten worden en welke foltermethoden het meest effectief zijn. Het is geschreven in 1485-1486 door Heinrich Kramer (ook: Henricus Institoris), een Dominicaanse inquisiteur. Kramer voegde aan zijn naam die van Jacob Sprenger toe als auteur, waarbij historici nu twijfelen of deze überhaupt iets met het boek te maken had. Het boek werd voor het eerst in 1487 in de Duitse stad Speyer gepubliceerd en werd snel een sinister succes in Europa met uitgaven in meerdere talen. Direct na de Bijbel was het een gedurende twee eeuwen na de eerste publicatie een bestseller en was het werk verantwoordelijk voor de marteling en gruweldood van mogelijk 300.000, meest vrouwelijke, slachtoffers.

1489: De Lamiis et Pythonicis Mulieribus

Ulrich Molitor (ook Molitoris) (geboren in 1442, overleden vóór 23 december 1507) was een rechtsgeleerde. Hij schreef een vroege verhandeling over hekserij, *De Lamiis et Pythonicis Mulieribus (Over Heksen en Waarzeggende Vrouwen)*, toen hij doctor in de rechten was en professor aan de universiteit van Constance. Het werk is geschreven in de vorm van een dialoog. Molitor was een van de sceptische of 'gematigde' schrijvers betreffende de hekserij in zijn tijd. Hoewel Molitor de doodstraf voor ketters en beoefenaars van hekserij steunde, meende hij, vanuit, een voor zijn tijd gematigd standpunt, dat de sabbatten een door de duivel veroorzaakte illusie waren en geen realiteit. Hij schreef het werk *De Lamiis et Pythonicis Mulieribus* om de twijfels van de aartshertog Sigismund van Oostenrijk over het onderwerp weg te nemen. Sigismund had over hekserij gehoord van de Dominicaanse inquisiteurs, Jacob Sprenger en Heinrich Kramer, die naar Tirol waren afgereisd om 'hekserij uit te roeien', maar hij was niet overtuigd van hun beweringen. Sigismund merkte op dat mensen uit angst voor straffen alles beweerden wat maar in strijd was met de feiten en had geen hoge dunk van "bewijs"dat was verkregen onder foltering.

1499: Stenographia

Het belangrijkste magische werk van 5 werken van de magiër Johannes Trithemius (1462-1516), de mentor van Agrippa von Nettesheim en Paracelsus. Een uitgebreide technische verhandeling over engelenmagie die veel overeenkomsten vertoont met de *Theurgia-Goëtia*.

1533: De occulta philosophia libri tres

De occulta philosophia libri tres (Drie boeken over occulte filosofie) uit 1533 van Heinrich Cornelius Agrippa von Nettesheim (1486 - 1535) was een van de belangrijkste boeken voor de westerse magische traditie in de eeuwen daarna. Francis Barret die met zijn boek *The Magus or Celestial Intelligencer* de magie een enorme boost gaf begin 19e eeuw baseerde dit boek voor het leeuwendeel op Agrippa's werk. Agrippa von Nettesheim was een Duits magiër, occultist, soldaat, arts, astroloog en alchemist. Daarnaast wordt hij gezien als een vroeg feminist. Agrippa's achternaam en bijnaam zijn afgeleid van zijn geboorteplaats (Keulen was vroeger Colonia Agrippina) en de oorsprong van zijn familie (Nettesheim, een dorp in de buurt van Keulen). Zijn beroemde drie boeken over occulte filosofie werden later aangevuld met een vierde boek, waarvan twijfelachtig is of het door Agrippa zelf is geschreven. Via Agrippa werd de engelenmagie via magische vierkanten en sindsdien niet gewijzigde sigilli van een soort ruggengraat voorzien, die zelfs door de 20e-eeuwse *Golden Dawn* letterlijk werd overgenomen en nog steeds in zwang is.

Voor 1541: Faustiaanse Grimoires

Johann/Georg Faust(us) leefde tussen 1466 (of 1490) en 1540 (of 1541). Binnen dit hoofdstuk dat een beknopte geschiedenis van de magische literatuur in het westen laat zien is hij de meest lastige figuur. En dat geldt ook voor werk dat aan hem wordt toegeschreven, waarvan *Doctor Faustens dreyfacher Höllenzwang* (Rome 1501, heruitgave 1885) het meest bekend is. Faust zelf is al lastig te traceren. Historische bronnen maken melding van een Doctor Jörg Faustus von Haidlberg en Georgius Faustus Helmstet(ensis). Als zijn meest waarschijnlijke geboorteplaats is Knittlingen favoriet, waar een museum aan Faust gewijd is. Johannes Trithemius waarschuwt Johannes Virdung in een brief, gedateerd op 20 Augustus 1507 voor een zekere Georgius Sabellicus, een bedrieger, die zichzelf ook Faustus junior, fons necromanticorum, astrologus, magus secundus etc.noemt. Volgens Trithemius schepte de man op dezelfde wonderen als Christus te kunnen verrichten terwijl hij sodomie met zijn studenten bedreef. Conrad Mutianus Rufus doet in 1513 verslag van een chiromanticus (handleeskundige) genaamd Georgius Faustus, Helmitheus Heidelbergensis (Georg Faust, de halfgod uit Heidelberg), die hij hoort opscheppen over zijn wonderlijke daden in een herberg in Erfurt. Op 23 February 1520, komen we Faust tegen in Bamberg, waar hij de horoscoop maakt voor de bisschop van die stad, voor het bedrag van 10 gulden. Op verdenking een "nigromant" (demonen-magiër) te zijn en een sodomiet, werd ene Doctor Faustus" in 1532, door de loco-burgemeester van Nürnberg de toegang tot de stad ontzegt *("Doctor Faustus, dem großen Sodomiten und Nigromantico in furt glait ablainen"),* nadat hij eerder in 1528 was verbannen uit Ingolstad. Latere verslagen schetsen een veel positiever beeld van Dr. Faust. De Tübinger professor Joachim Camerarius erkent in 1536 Faust als een respectabel astroloog en de arts Philipp Begardi von Worms prijst in 1539 zijn medische kennis. In 1540 of 41 kwam Faust in het Hotel zum Löwen in Staufen, Breisgau bij een explosie om het leven tijdens een alchemistisch experiment. Dit werd door zijn tegenstanders en veroordelers uit de hoek van de kerk uitgelegd, als dat de Duivel hem persoonlijk gehaald zou hebben.

En hiermee werd de Faust-mythe geboren, die het nu zo moeilijk maakt het leven van de echte Faust te reconstrueren en idem dito de authenticiteit van Faustiaanse grimoires vast te stellen. In ieder geval is er een grote nalatenschap en behoren sommige 19e eeuwse heruitgaven tot de mooiste magische werken ooit gedrukt. Wat de inhoud betreft, dus als instructies voor magische evocaties, hebben Faustiaanse werken een slechte naam, als zijnde gevaarlijk of demonisch. Maar alle onderbouwing met cases ontbreekt vooralsnog. Voordat Faust wereldberoemd en berucht wordt via het werk van Goethe verschijnen er maar liefst 6 werken over hem, die zijn leven tot legende maken. Dit zijn:

• 1587 - Johann Spies: *Historia von D. Johann Fausten*
• 1593 - *Das Wagnerbuch*
• 1599 - *Das Widmann'sche Faustbuch*
• 1604 - T*he Tragical History of the Life and Death of Doctor Faustus* (1604)
• 1674 - *Das Pfitzer'sche Faustbuch*
• 1725 - *Faustbuch des Christlich Meynenden*

Werken die aan Faust zelf of postuum in al of niet bewerkte versie aan hem wordt toegeschreven zijn:
• 1501 - *Doctor Faustens dreyfacher Höllenzwang*
• 1501 - *Geister-Commando* (Tabellae Rabellinae Geister Commando id est Magiae Albae et Nigrae Citatio Generalis)
• 1501 - *D.Faustus vierfacher Höllen-Zwang*
• 1505 - *Doctoris Johannis Fausti Cabalae Nigrae*
• 1510 - *The black stair of Doctor John Faust*
• 1520 - *Fausts dreifacher Höllenzwang* (D.Faustus Magus Maximus Kundlingensis Original Dreyfacher Höllenzwang id est Die Ägyptische Schwarzkunst)
• 1524 - *Johannis Fausti Manual Höllenzwang*
• 1527 - *Praxis Magia Faustiana*
• 1540 - *Fausti Höllenzwang oder Mirakul-Kunst und Wunder-Buch*
• 1609 - *Dr. Fausts großer und gewaltiger Höllenzwang*
• 1612 - *Magia Naturalis et Innaturalis,* oder dreifacher Höllenzwang, letztes Testament und Siegelkunst
• 1669? - *Dr. Johann Faustens Miracul-Kunst- und Wunder-Buch* oder der schwarze Rabe auch der Dreifache Höllenzwang genannt
• ongedateerd, 16ᵉ eeuw - *D.I.Fausti Schwartzer Rabe*
• 1692 *Doctor Faust's großer und gewaltiger Meergeist,* worinn Lucifer und drey Meergeister um Schätze aus den Gewässern zu holen, beschworen werden
• (?) *Dr. Johann Faustens MiraculKunst- und* Wunder-Buch oder der schwarze Rabe auch der Dreifache Höllenzwang genannt

1563: *De Praestigiis Daemonum, et Incantatiponibus Ac Veneficiis, libri V*

Johannes Wier (1515 – 1588), ook Weyer of Wierus, was een Nederlands arts die als één van de eersten protesteerde tegen de heksenvervolgingen. Hij was een leerling van Agrippa von Nettesheim en geldt als een grondlegger van de psychiatrie en mensenrechten. Hij publiceerde o.a. over zeldzame ziektes, bezeten vrouwenkloosters, seksueel misbruik en Faust. Wier zag de heksenprocessen als het werk van Satan en een blamage op het Christendom. De duivel verblindde de beulen, de rechters en de bestuurders. Wier's oordeel over "heksen" uitte hij naar de rechterlijke macht met de woorden: *"Heksen zijn oude vrouwspersonen, meestal van gebrekkige conditie en bejaarde leeftijd, niet geheel bij zinnen, bedrijvige ellendige stumpers, in wier fantasie en verbeelding, als zij met melancholie beladen of moedeloos zijn, de duivel als zeer subtiele geest binnensluipt en zich verstopt. Hij beeldt hen door zijn verblinding en voorspiegelingen allerlei ongeluk, schade en verderf, die andere mensen zouden hebben getroffen, zo sterk in, dat zij geloven dat zij het gedaan hebben, terwijl zij aan deze dingen geheel onschuldig zijn. De heksen hebben hun verstand verloren door hun hoge leeftijd, door wanhoop en ellende, door het gebrek van hun fantasie, door de zalven die hen razend maken en door de inwerking van de duivel. Zozeer dat zij bekennen wat zij onmogelijk konden doen. Zo storten zij zich uit vrije wil in de dood, wat iemand met gezond verstand, hoe onstandvastig van geest hij ook is, nooit zou doen, want van alle verschrikkingen is het ergste de dood. De dood wensen is iets voor krankzinnigen, dwazen en kinderen."* Dit standpunt werd hem niet door iedereen in dank afgenomen en leidde er meerdere malen toe dat hij er zelf van beschuldigd werd een ketter, tovenaar, een duivelsknecht of een heksenmeester te zijn.

Toen in 1562 de heksenvervolgingen opnieuw oplaaiden, trok Wier zich terug op het slot Hambach, bij Gullik en bestudeerde de medische en juridische kant van het verschijnsel hekserij. Wier las van Jason van Praet een boek over hersenziektes *De cerebri morbis* uit 1549. Van Georg Bauer of Georgius Agricola leerde hij ondergrondse kaboutergeesten (Elementalen) kennen die het gemunt hadden op mijnwerkers. Van de filosoof en medicus Pietro Pomponazzi las hij een werk over de oorzaken van wonderlijke natuurverschijnselen en leerde dat inbeelding, geestelijke stoornissen of bedrog aan de basis kunnen liggen van ziektes. Via Olaus Magnus' *Historia de gentibus septentrionalibus* uit 1554 maakte hij kennis met zwervende weerwolven die wijnkelders openbraken en zich bezopen. Een jaar later mondde zijn studie uit in *De Praestigiis Daemonum, et Incantatiponibus Ac Veneficiis, libri V (De Vijf boeken over de Bedriegerijen van de Duivel en Betoveringen en Vergiftigingen).* Met dit vijfdelige boek nam hij de *Malleus Maleficarum* driekwart eeuw na zijn verschijnen onder vuur. In november 1563 was het boek uitverkocht. Een tweede druk verscheen in 1564 en het werd vertaald in het Duits en Frans. Latijnse, steeds weer bijgeschaafde uitgaven volgden in 1564, 1565, 1568, 1577 en 1583. Het boek maakte Wier beroemd, maar tegen de achtergrond van de strijd tussen katholieken en protestanten werd het werk tot twee keer toe verboden.

Toen in 1577 de katholieken iets minder in zijn nek hijgden publiceerde Wier een viertal eerder geschreven werken, waarvan binnen occulte strekking *De Lamiis Liber* of het *Boek over de Heksen* en *Pseudomonarchia Daemonum* of *De schijnheerschappij der Demonen* het meest belangrijk zijn. Dit laatste werk heeft een zeer grote overlap met de *Ars Goëtia*.

1564 - 1583: Monas Hieroglyphica en andere werken van John Dee

John Dee (1527 – 1608 of 1609) was een Engels humanist, filosoof, wiskundige, geo-graaf, astroloog en adviseur van koningin Elizabeth I. Tevens wijdde hij zijn leven aan alchemie, magie en hermetische filosofie. De laatste dertig jaar van zijn leven besteedde Dee veel tijd en moeite aan pogingen om in contact te komen met engelen om de universele taal van de schepping te leren en de "pre-apocalyptische eenheid van de mensheid" tot stand te brengen. Als student van het Renaissance-neopla-tonisme van Marsilio Ficino, maakte Dee geen onderscheid tussen zijn wiskundig onderzoek en zijn onderzoek naar hermetische magie, het oproepen van engelen en waarzeggerij. In plaats daarvan beschouwde hij al zijn activiteiten als verschillende facetten van dezelfde zoektocht: de zoektocht naar een transcendent begrip van de goddelijke vormen die ten grondslag liggen aan de zichtbare wereld, die Dee 'zuivere waarheden' noemde. Zijn bekendste werken zijn de *Monas Hieroglyphica* uit 1564 en *Mysteriorum Libri Quinque (Five Books of Mystery)* uit 1581-1583 en de *De Heptar-chia Mystica* uit 1582-82. John Dee's werk acht ik persoonlijk grotendeels waarde-loos, al spreekt hij zeer tot de verbeelding. Hij leed aan christelijke godsdienstwaan-zin en zijn zogenaamde boodschappen van engelen zijn niets anders dan een soort hysterisch pseudo-magische en gepolitiseerde onzin conform de actualiteit van zijn eigen tijd. Desondanks had hij veel invloed op latere magiërs, waaronder Aleister Crowley, en heeft hij dat nog steeds. De *Monas Hieroglyphica* is een meer interessant werk dat bewonderd werd door Dr. Thomas Rudd.

1575: Arbatel de Magia Veturum

De Arbatel verschijnt voor het eerst in Basel, Zwitserland. Arbatel is een verbaste-ring van het Hebreeuwse ARBOThIM + EL (Viervoud van God, waarbij viervoud slaat op de tetragrammaton of vierletterige naam YHWH, het demiurgisch aspect van God). Magia Veturum, betekent de Oude Magie. In de Arbatel komen onder meer de Olympische geesten voor. In 1655 werd het boek in het Engels vertaald door Robert Turner.

1584: Lemegeton (Clavicula Salomonis Regis)

De *Lemegeton* of *(Kleine) Sleutel van Koning Salomo* wordt als naam soms enkel aan de *Goëtia* gegeven, maar ook aan een verzameling van vijf grimoires, die volgens Joseph Peterson waarschijnlijk in 1584 voor het eerst onder deze noemer werden samengebracht. Onderstaande grimoires zijn dus allemaal geschreven voor 1584, (met uitzondering van latere versies van *Ars Paulina*).

- *Ars Goëtia (Kleine Sleutel van Salomo)*
- *Ars Theurgia-Goëtia*
- *Ars Paulina deel I en II (Theurgia)*
- *Ars Almadel (Theurgia)*
- *Ars Notoria*

De *Ars Goëtia* is samengesteld uit verschillende bronnen. Zonder zegels en als een lijst van 69 i.p.v. 72 daemones vinden we een groot deel van de tekst, of zelfstandig of als appendix bij Johannes Wier's *De Praestigiis Daemonum* uit 1563, waarbij Wier aangeeft een ouder werk getiteld *Liber officiorum spirituum, seu Liber dictus Empto Salomonis, de principibus & regibus deamonurum* als bron te hebben gebruikt. Peterson geeft aan dat de Hebreeuwse belettering op het bronzen vat dat in het werk wordt afgebeeld van Agrippa afkomstig lijkt terwijl de rituelen in de *Goëtia* moeten zijn afgeleid uit het *Heptameron* van Pietro d'Abano. Een belangrijk deel dateert aldus van voor 1310. Tritemius verwijst in zijn *Antipalus Maleficiorum* (1508) naar de *Claviculo* (Sleutel) als een sleutel gemaakt door d'Abado. Het 15e-eeuwse manuscript *Le Livre des Espiritz* toont een lijst van daemones waarvan 30 de *Goëtia* overlappen. In 1655-56 produceerde Dr. Thomas Rudd de *Liber Malorum Spirituum seu Goëtia*, een *Ars Goëtia*-versie waarbij alle 72 daemones worden geflankeerd door een engel uit de ShemHaMeforash, compleet met dubbel sigillum. In de 20e eeuw vertalen en bewerken S. L. MacGregor Mathers en Aleister Crowley het werk en geven het uit onder de titel: *The Book of the Goëtia of Solomon the King*, met diverse toevoegingen, die voorheen nooit in het werk voorkwamen. Deze versie werd zeer populair in de huidige magische scene.

De *Ars Theurgia Goëtia* is afgeleid van Trithemius' *Steganographia*, hoewel de zegels en de volgorde voor de geesten anders zijn als gevolg van een corrupte overdracht. Nieuwe rituelen werden toegevoegd, in sommige opzichten in strijd met vergelijkbare rituelen in de *Ars Goëtia* en *Ars Paulina*. De meeste van de beschreven geesten zijn verbonden aan de punten op een kompas.

De *Ars Paulina* is eveneens afgeleid van boek twee van Trithemius' *Steganographia* en delen van de *Heptameron*. Verder vinden we er elementen in uit *The Magical Calendar* van Robert Turner uit 1656, de vertaling van Paracelsus *Archidoxes der Magie*, en herhaalde vermeldingen van geweren en het jaar 1641 geven aan dat dit deel in de latere helft van de zeventiende eeuw werd geschreven. De *Ars Paulina* is verdeeld in twee boeken, de eerste behelst een beschrijving van vierentwintig engelen van de vierentwintig uren van de dag. Het tweede deel is meer afgeleid van het *Heptameron* en geeft een detaillering van de 360 geesten van de graden van de zodiak.

De *Ars Almadel* wordt genoemd door Trithemius en Wier, van wie de laatste een Arabische oorsprong toeschreef aan het werk. Dit boek heeft als volledige titel: *Liber Almadel seu totius cabalae perfectissima brevissima et infallabilis scientia tam speculativa quam practiqua*. Een kopie uit de 15e eeuw wordt beschreven door Robert Turner en Hebreeuwse exemplaren werden ontdekt in de 20e eeuw. De *Ars Almadel* instrueert de magiër een wastablet te maken, volgens een specifiek ontwerp, om contact te maken met engelen.

Ars Notoria, ook *Ars Nova* genoemd, is het oudste boek van de *Lemegeton* en werd voor het eerst in 1236 genoemd door Michael Scot (Michael Scotus, 1175 – c. 1232). Het werk werd dus eerder geschreven. De *Ars Notoria* bevat een reeks gebeden (gerelateerd aan die in de *Liber Juratus Honorii)* bedoeld om de magiër een fotografisch geheugen en het vermogen tot direct leren te verlenen.

1584: Discoverie of Witchcraft

Reginald Scot (vóór 1538 - 9 oktober 1599, ook Reginald Scott of Scotte) was een Engelse schrijver, parlementariër en arts. In *The Discoverie of Witchcraft* uit hij zich als tegenstander van de heksenvervolgingen in de 16e eeuw en de ideeën verspreid in de *Malleus Maleficarum*. Hij geloofde dat de beschuldiging van verdenking van hekserij irrationeel en onchristelijk was en hield de rooms-katholieke kerk daarvoor verantwoordelijk. Vrouwen, die ook toegaven heks te zijn, zonder hier door martelingen toe te zijn gedwongen, beschreef Scot als *"ongelukkige patiënten die lijden aan melancholie en zichzelf voor de gek houden."*

1577: The Book of Oberon

Het boek van Oberon is een moderne titel voor een grimoire geschreven in drie verschillende handschriften. Het is een boek samengesteld door praktiserende magiërs die uit grimoires kopieerden en hun spreuken en experimenten registreerden. Er wordt teruggegrepen op onder meer het *Heptameron, de Sepher Ratziel* en de *Arbatel.* De tekst is lang en inconsistent, wat logisch is voor een verzameling opgetekende experimenten en onderzoek, maar zeer rijk geïllustreerd. Het boek is verder opmerkelijk vanwege de opname van fairies zoals Oberon (bekend uit Shakespeare's *Midsummer Night's Dream)*. Het boek deelt illustraties met de grimoire *Du fait de guerre,* uit 1536. Het werk is recent nieuw uitgeven in een prachtige bewerking door Daniel Harm door Llwellyn onder de titel: *The Book of Oberon: A Sourcebook of Elizabethan Magic.*

1595: Daemonolatreiae libri tres

Beter bekend als *"Demonolatry"* is geschreven door Nicholas Rémy, een magistraat en heksenvervolger. Samen met de *Malleus Maleficarum*, wordt het algemeen beschouwd als een van de belangrijkste vroege werken over demonen en heksen. Het boek baseert zich deels op de heksenprocessen van een periode van vijftien jaar in het hertogdom Lotharingen, waarbij 900 mensen ter dood werden veroordeeld wegens "hekserij" en het legt een sterk accent op de wijze waarop demonen opereren. De *Daemonolatreiae libri tres* bevat citaten van een groot aantal auteurs, waaronder Johann Weyer, die wordt genoemd als een autoriteit.

Na 1600: Liber Almadel

Liber Almadel seu totius cabalae perfectissima brevissima et infallabilis Scientia tam speculative quam practica verscheen voor het eerst als een amalgaam van diverse oudere grimoires in een nieuw jasje. Het werk speelde een belangrijke rol bij de door seksdemonen bezeten nonnen van Loudun in de jaren voorafgaand (en na) 1634.

(Zie de VAMzzz Publishing uitgave *The History of the Devils of Loudun*, Amsterdam 2017.) Het van oorsprong Franse werk werd vertaald door S.L. MacGregor Mathers, maar in zijn tijd nooit uitgegeven. Het duurde tot 1980 voor de Engelse vertaling er voor het grote publiek was. Bijzonder aan dit werk is dat er significante kleur instructies bij de vele sigilli van wezens zijn gegeven.

1608: Compendium Maleficarum

Dit is een verzameling werken geschreven door Fra francesco Maria Guazzo, geheel in lijn met de *Malleus Maleficarum* en *Daemonolatreiae libri tres*, geschreven vanuit dezelfde zieke motivatie.

1655-1656: Liber Malorum Spirituum seu Goëtia

Thomas Rudd (1583?–1656) was een Engelse militair ingenieur, wiskundige en magiër. Zijn belangrijkste magische werken zijn de *Liber Malorum Spirituum seu Goetia* en de *Janua Magica Reserata (Sleutels tot de Poort van de Magie)* van eerdere datum. Rudd zette het communiceren met engelen van John Dee voort, maar op een traditionele manier, de lijn van de oude grimoires volgend waarbij hij echter de *Kleine Sleutel van Salomo* of *Goëtia* in een heruitgave linkte aan de 72 engelen van de ShemHaMephorash. De *Janua Magica Reserata* heeft sterke kabbalistische invloeden, maar beschrijft ook diverse natuurgeesten en demonen.

1680: De Daemonialitate et Incubis et Succubis

Ludovico Maria Sinistrari (1622 – 1701) was een Italiaanse Franciscaner priester en schrijver. Zijn boek is het eerste werk dat sec over het onderwerp incubi en succubi handelt en bevat zeer interessante verslagen over dit nog steeds actuele fenomeen. Een bewerkte en in het Engels vertaalde uitgave verscheen onder de titel *Incubi and Succubi or Demoniality – A Historical Study of Sexual Contacts with Demons* bij VAMzzz Publishing, 2017.

1734: Het Zesde en Zevende Boek van Mozes

Dit werk dat wortelt in de *Liber Razielis* is erg populair binnen de obeah, voodoo en houdou, de Amerikaanse folk magic en zelfs bij de Duitse en Zwitserse hekserij. Gerald Gardner bezat een exemplaar van het werk, dat voor het eerst verscheen in 1734 in Duitsland in een samenstelling door Peter Hammer. *Het Zesde en Zevende Boek van Mozes* heeft een reputatie van kwaadaardigheid en bevat ook delen afkomstig uit de Faustiaanse grimoires. Het aantal recepten om negatieve magie te bedrijven is echter ver in de minderheid. Veel van de inhoud leunt op de kabbala en het magisch gebruik van psalmen.

Ca 1750: Des Bischoffs Albrechts Geister-Beschwerungen

Dit is een dikke Duitse, Faustiaans aandoende grimoire, waarover verder weinig hoe en wats bekend zijn. Het bevindt zich in de Stadtbibliothek Leipzig en kan gratis worden gedownload. Er staan veel interessante sigilli in met namen van de wezens, die je er mee op kunt roepen, maar het handschrift is verder erg moeilijk te ontcijferen.

1801: *The Magus, or Celestial Intelligencer*

Terwijl de Romantiek en Gothic een belangrijk deel van de Engels bohemien in de greep hadden, verscheen er ineens een boek dat geen fictie was, maar grotendeels een amalgaan van verzamelde geschriften van Agrippa von Nettesheim en de *Heptameron*-vertaling van Robert Turner uit 1655, in het Engels. Het was geschreven door Francis Barrett en zou vanaf dan het meest invloedrijke en inspirerende boek worden voor de 19e en 20e-eeuwse Britse occultisten. Hoewel het werk niet bijster origineel was, is *The Magus, or Celestial Intelligencer* een onmisbare spil geweest bij de revival van occultisme in de hele westerse wereld, vanwege de grote invloed van de Britten daarop. Belangrijk is ook Barrett's nog steeds allom geldende kernvisie op magie: *'De magische kracht bevindt zich in de innerlijke mens. Een bepaald deel van de innerlijke mens verlangt naar het uiterlijke in alles. Wanneer iemand zich op de juiste manier instelt, kan de juiste verbinding tussen mens en object worden bereikt'.*
Barrett was een wonderlijke jongeman die zijn beroemde boek ergens al tussen zijn twintigste en dertigste levensjaar publiceerde.

1802: *Die Wolke über dem Heiligtum*

Karl von Eckhartshausen (1752-1803) was een katholieke Duitse mysticus. Hij studeerde burgerrecht en filosofie te Ingolstadt en schreef uitgebreid over esoterische onderwerpen. *Die Wolke über dem Heiligtum* is christelijke mystiek gehuld in hermetische code. Eckhartshausen was kort lid van de Beierse Illuminati, maar vertrok omdat, in zijn optiek, de Illuminati van Weishaupt verlichting zochten via de rede en niet via het spirituele. Eckhartshausen geloofde in het concept van een 'samenleving van de uitverkorenen' die al in het begin van de tijd bestond, 'de onzichtbare hemelse kerk'. Vertaald naar het Engels door Isabelle de Steiger, kreeg het boek een hoge status bij de leden van de *Golden Dawn*, met name bij Arthur Edward Waite. In 1889 las Aleister Crowley het boek, waarin Von Eckhartshausen vertelt over geheime genootschappen, en wat voor hem de aanleiding was zich bij de *Golden Dawn* aan te sluiten. De inhoud van het boek serveert een vals-ethische, christelijke miskleun en is magisch oninteressant. Het mag echter in deze rij niet ontbreken omdat het zo'n bepalende invloed uitoefende en indirect nog steeds uitoefent op dat deel van de huidige esoterische beweging, waar de frisse wind van de chaosmagie nog niet doorheen heeft kunnen waaien.

1817: *Grimorium Verum*

Een van de belangrijkste zwart-magische grimoires. Volgens de legende geschreven in 1517 door Alibeck de Egyptenaar en uit het Hebreeuws vertaald door de Dominicaanse jezuïet Plaingière. De eerste drukken verschijnen echter pas in de 18e eeuw in Frankrijk en Italië, waar onder meer de maffia er gecharmeerd van is. Het boek bevat een bijzonder ritueel waarbij een groene vlinder een rol speelt.

1821: *Le Dragon Rouge / Grand Grimoire*

De *Grand Grimoire* is een zwart-magische grimoire. Verschillende edities dateren het boek in 1521, 1522 of 1421, maar het is waarschijnlijk geschreven in 1821. Als schrijver wordt genoemd ene Antonio Venitiana del Rabina, die deze informatie uit de "originele geschriften van koning Salomo" zou hebben verzameld. Dit boek is ook bekend als *Le Dragon Rouge*. Het bevat instructies om Lucifer of Lucifuge Rofocale op te roepen, met als doel een pact met de Duivel te sluiten. Het werk is verdeeld in twee boeken. Het eerste boek bevat instructies voor het oproepen van een demon en voor de constructie van middelen waarmee de demon wordt bedwongen. Het tweede boek is onderverdeeld in de delen: het *Sanctum Regnum en Secrets, de L'Art Magique du Grand Grimoire* ("Geheimen, van de magische kunst van de Grand Grimoire"). De *Sanctum Regnum* bevat instructies voor het sluiten van een pact met de demon, zodat iemand de geest kan bevelen zonder het gereedschap dat vereist is in boek één, maar met een groter risico. *Secrets, de L'Art Magique du Grand Grimoire* bevat eenvoudigere spreuken en rituelen die men kan gebruiken nadat het ritueel in het eerste boek is uitgevoerd. Sommige edities bevatten een korte tekst tussen deze twee delen, die handelt over necromantie: *Le Secret Magique, où le Grand Art de pouvoir parler aux Morts* (*Het Magische Geheim of de Grote Kunst van het kunnen spreken met de Doden).*

1854: *Le Dogme et Rituel de la Haute Magie*

Éliphas Lévi (1810 - 1875) was het pseudoniem van Alphonse Louis Constant, een Frans filosoof, occultist, vrijmetselaar, kabbalist en rozenkruiser. Zijn belangrijkste en meer inspirerende werk is *Le Dogme et Rituel de la Haute Magie (Leer en Rituel der Hogere Magie)* uit 1854. Het is een overwegend verrukkelijk romantisch occult werk met zeer interessante passages. Levi was binnen het occultisme van de late 19e en 20e eeuw een belangrijke inspirator en katalysator. Uitgeverij Schors gaf een prachtige Nederlandse vertaling uit.

Vanaf 1859: *de werken van Wilhelm Mannhardt*

Johann Wilhelm Emmanuel Mannhardt werd geboren op 26 maart 1831 te Friedrichstadt, Schleswig -om de belangrijkste Duitse folklorist van de 19e eeuw te worden. Hoewel zelf een Mennoniet, is zijn nalatenschap van onschatbare waarde voor het inzicht in dat deel van spiritueel/magisch Europa, dat niet op het christendom leunt. Mannhardt was een belangrijke bron voor de auteur van het wereldberoemde werk *The Golden Bough,* Sir James George Frazer. Mannhardt's werk biedt een schat aan informatie over vruchtbaarheidsriten rond landbouwdaemones, de magische betekenis van bomen en gewassen en oude gebruiken die anders in de vergetelheid waren geraakt. Zo conserveerde hij de wortels van de Europese cultuur zoals die zich tot in de 20e eeuw bleven manifesteren, onder de latere uitrol van het christendom en modernisme. Hij stierf in Danzig op 25 December 1880.

- 1852 - (met Johann Wilhelm Wolf) *Beiträge zur deutschen Mythologie*
- 1858 - *Germanische Mythen. Forschungen*
- 1859 - *Ueber Vampirismus.* In: *Zeitschrift für deutsche Mythologie und Sittenkunde* Bd. 4
- 1860 - *Die Götter der deutschen und nordischen Völker.* Berlin 1860. 1. Teil (deel 2 verscheen nooit)
- 1864 - *Weihnachtsblüten in Sitte und Sage*
- 1865 - *Roggenwolf und Roggenhund.* Beitrag zur germanischen Sittenkunde
- 1875 - *Klytia.* Sammlung gemeinverständlicher wissenschaftlicher Vorträge Heft 239
- 1868 - *Die Korndämonen.* Beitrag zur germanischen Sittenkunde
- 1875-1877 - *Wald- und Feldkulte.* 2 Teile

1874: EULIS! - *The History of Love*

Een van de belangrijkste werken in de latere (Franstalige) bundel *Magia Sexualis* (1931) van Paschal Beverly Randolph (1825 – 1874). Het eerste belangrijke werk over seksmagie, waarbij de man en vrouw samen als gelijkwaardige partners via seksuele en zielsverbondenheid grote magische doelen kunnen verwezenlijken. Randolph stelde daarbij een reeks seksueel-magische handelingen identiek aan het gebed dat de grootste kracht heeft het doel te verwerkelijken. Het werk behandelt verder het begrip onsterfelijkheid. Het had een grote invloed op 20e-eeuwse magiers, waaronder Franz Bardon.

1874-1877: *La Magie chez les Chaldéens et les origines accadiennes*

François Lenormant (1837 – 1883) was een Franse assyrioloog and archeoloog, die het eerste standaardwerk schreef over de magie van de Chaldeeërs. De oude magie uit de Mesopotamische regio was een grote inspiratie voor de horrorauteur Lovecraft toen deze zijn omstreden *Necronomicon* schreef, een boek dat inmiddels een legende op zich is geworden en nog steeds veel waardering krijgt van moderne occultisten. Verder toonden Duitse occultisten, waaronder vooral Franz Sättler Mussalam veel interesse in deze meestal in spijkerschrift nagelaten fragmenten. *La magie chez les chaldéens et les origines accadiennes* uit 1874 werd al in 1877 in het Engels uitgegeven onder de titel *Chaldean Magic – It's Origin and Development.* VAMzzz Publishing gaf dit werk in herziene versie uit in 2015.

1877: *Isis Unveiled (Isis Ontsluierd)*

Helena Petrovna Blavatsky (1831 – 1891) was een occultiste, medium en auteur van Duits-Russische aristocratische afkomst. Zij schreef honderden artikelen en een aantal boeken, waarvan *Isis Ontsluierd* en *De Geheime Leer* de bekendste zijn. Het laatste boek werd het standaardwerk van de theosofische beweging, waarvan zij de grondlegger was. Blavatsky was tijdens haar leven de belangrijkste theoreticus van die beweging. Zij was medeoprichter van de Theosophical Society. Blavatsky beschreef theosofie als een synthese van wetenschap, religie en filosofie en stelde dat die gebaseerd was op een oude wijsheidsreligie, die de basis was van de huidige wereldreligies. De rassenleer die Blavatsky in haar theosofie introduceerde, werd later als inspiratie door de nazi's opgepikt.

- 1877 - *Isis Ontsluierd,* Een sleutel tot de mysteries van oude en moderne wetenschap en religie
- 1888 - *De Geheime Leer, De synthese van Wetenschap, Religie en Filosofie*
- 1889 - *De Stem van de Stilte*
- 1889 - *De Sleutel tot de Theosofie*

Vanaf 1887: L'Occultisme Contemporain en andere werken van Papus

Papus, pseudoniem van Gérard Anaclet Vincent Encausse, (A Coruña, 13 juli 1865 - Parijs, 25 oktober 1916) was een Spaans-Frans esotericus, martinist, rozenkruiser en vrijmetselaar met meer dan 160 boektitels op zijn naam. Zijn pseudoniem Papus is ontleend aan het *Nuctemeron* van Apollonius van Tyana. Werken van Papus werden uitgegeven in onder meer Frankrijk, België, Spanje, Brazilië, Rusland, Tsjecho-Slowakije, Verenigde Staten, Duitsland, Engeland en Italië, waarmee hij een van meest invloedrijke occulte schrijvers werd van de Fin de siècle periode. Naast zijn omvangrijke oeuvre stichtte en/of beheerde Papus 6 occulte tijdschriften. Enkele bekendere werken van hem zijn:

- 1887 - *L'Occultisme Contemporain*
- 1890 - *L'Occultisme*
- 1891 - *Traité méthodique de Science Occulte*
- 1892 - *La Science Des Mages*
- 1895 - *Le Diable et l'occultisme*
- 1898 - *Traite Méthodique De La Magie Pratique*
- 1903 - *La Kabbale*
- 1909 - *Le Tarot Divinataire*

1892: Etruscan Magic & Aradia Gospel of the Witches

Charles Godfrey Leland (1824-1903) was een belangrijke onderzoeker en conservator van onder meer het Noord-Italiaanse occulte volksgeloof en de restanten van de oude Etruskische religie binnen de Italiaanse hekserij of stregheria. Veel uniek materiaal tekende hij op door twee authentieke streghe, Maddalena en Marietta, uit twee oude Toscaanse heksenfamilies te interviewen. Leland blijkt nu van groot belang voor, niet alleen de geschiedenis van de hekserij, maar ook omdat hij de grote inspirator was van Gerald Gardner, de godfather van de 20e-eeuwse wicca en Doreen

Valiente, een van de meest bekende moderne heksen en wicca-auteurs. De boeken *Etruscan Roman remains in Popular Tradition* (in herziene uitgave verkrijgbaar bij VAMzzz Publishing onder de titel *Etruscan Magic and Occult Remedies,* Amsterdam 2015) en *Aradia - Gospel of the Witches* uit 1899 (Zie de herziene uitgave van VAMzzz Publishing uit 2015) behoren in deze strekking tot zijn belangrijkste werken. Leland schreef verder diverse boeken over Zigeuners, waaronder *Gipsy Sorcery and Fortune Telling* uit 1891.

De 20e en 21e eeuw

De magische wereld uit de Middeleeuwen en de Renaissance, die dankzij Francis Barrett, weer opleefde in de 19e eeuw, breidt zich nog steeds uit. De laatste ontwikkeling is dat veel bibliotheken oude werken inscannen en online zetten. Veel van die boeken zijn alleen leesbaar voor professionele restaurateurs. Zeer interessant zijn daarom de nieuwe uitgaven van oude grimoires door Joseph Peterson, Stephen Skinner & David Rankine en Ioannis Marathakis. In de vorige eeuw is een enorme hoeveelheid magische literatuur uitgegeven. Het is ondoenlijk om alles daarvan te behandelen. Het accent in dit boek ligt op de Europese magie; en zo ook deze beknopte geschiedenislijn. Vandaar dat ik hierna voor de 20e eeuw, gezien de beperkte ruimte, alleen enkele grotere namen kan tippen.

1887: Hermetic Order of the Golden Dawn

In Engeland wordt aan het eind van de 19e eeuw de *Hermetic Order of the Golden Dawn* opgericht een occulte orde, gewijd aan spirituele, filosofische en magische ontwikkeling. Hoewel de Orde haar grootste bloei kende in de jaren 1888 tot 1900, had zij veel invloed op het westers occultisme van de 20e eeuw. Onder haar leden bevonden zich bekende personen als William Butler Yeats, Aleister Crowley en Bram Stoker. De drie stichters van de Orde, Dr. William Robert Woodman, William Wynn Westcott en Samuel Liddell MacGregor Mathers waren allen vrijmetselaars en leden van het rozenkruisersgenootschap *Societas Rosicruciana in Anglia* (S.R.I.A.). Westcott, die ook lid van de *Theosophical Society* was, lijkt de initiator te zijn geweest voor de oprichting van de *Golden Dawn.* In tegenstelling tot de S.R.I.A. werden ook vrouwen tot de orde toegelaten. In 1887 claimde Dr. William Wynn Wescott een manuscript in handen te hebben gekregen dat een aantal rituelen bevatte van een groep die zich de 'Golden Dawn' noemde. Westcott ontcijferde de manuscripten en richtte samen met twee andere vrijmetselaars (Dr. William Robert Woodman en Samuel Liddell MacGregor Mathers) de eerste tempel van de *Hermetische Orde der Golden Dawn* op. Deze loge heette: *"Isis-Urania".* De *Golden Dawn* had succes; in 1899 waren er tussen de 200 en 300 leden. Dit was het begin van een magische school die van veel invloed is geweest op de huidige new-age-beweging. Samen met de theosofische beweging van Helena Blavatsky en de antroposofie van Rudolf Steiner waren de leringen van de *Golden Dawn* bepalend voor diverse esoterische stromingen van de 20e eeuw. Niet in de laatste plaats omdat Samuel Liddell MacGregor Mathers een zeer productief producent was van (vertaalde) occulte grimoires. Het systeem van de *Golden Dawn* is opgetekend door Israel Regardie (*The Golden Dawn,* uitgegeven door Llewellyn).

1875 - 1947: *Aleister Crowley en zijn werken*

Edward Alexander (Aleister) Crowley was een Britse magiër, esotericus, bergbeklimmer, drugsgebruiker en vooral een zeer productief schrijver en dichter. Hij was verder een invloedrijk lid van verschillende occulte organisaties, waaronder de *Golden Dawn* en de *Ordo Templi Orientis* (O.T.O.) *The Book of the Law* is Crowleys bekendste werk. Veel van wat hij produceerde aan magische instructieboeken is weinig zinvol en lijkt meer op moderne ultra-autonome kunst, zoals bijvoorbeeld Joseph Beuys die produceerde. Crowley was echter een goed medium met een zeer sterke psychosferische gevoeligheid, waarin de kracht ligt van die werken van hem welke een meer substantiële bijdrage aan de magie leveren. Bij Crowley kun je waardevolle informatie ontdekken als je door de smog van de externe beeldvorming rond zijn persoon kunt heen prikken, maar je moet een hoop kaf van koren scheiden. En voor dat laatste moet je al redelijk thuis zijn in de magie en occulte kennis. Hij was trouwens een niet onverdienstelijk dichter en had een opmerkelijk gevoel voor humor.

Kort overzicht overige kopstukken uit de 20e eeuw

Allan Leo

William Frederick Allan Leo (1860 - 1917) was een prominente Britse astroloog, auteur, uitgever, astrologische gegevensverzamelaar en theosoof. Hij wordt vaak "de vader van de moderne astrologie" genoemd. Zijn werk stimuleerde een heropleving van de astrologie in de westerse wereld na haar verval aan het einde van de 17e eeuw. Leo was een vrome theosoof en hij verwerkte veel van zijn religieuze concepten, zoals karma en reïncarnatie, in zijn astrologie. Hij gebruikte de vele internationale connecties van de *Theosophical Society* om zijn werk in Europa en Amerika te publiceren, te vertalen en te verspreiden.

Margaret Alice Murray

Margaret Alice Murray (1863 - 1963) was een Brits egyptoloog en antropoloog. Zij is vooral bekend geworden door haar werk *The Witch-Cult in Western Europe* (1921), waarmee haar naam onlosmakelijk werd verbonden met de heksencultus-hypothese, de theorie dat de heksenprocessen in het vroegmoderne Europa en Noord-Amerika een poging waren om een nog overlevende voorchristelijke, heidense religie uit te roeien die gewijd was aan een Gehoornde God. Hiermee had zij grote invloed op de ontwikkeling van de wicca. Murray is fel bekritiseerd door andere academici, omdat ze poneerde dat er een heksencultus bestond die door de eeuwen heen terugvoerde tot riten in de Oudheid. Haar theorie van een heksencultus die wordt doorgegeven (op welke manier dan ook) is officieel verworpen, maar in *hoofdstuk VIII Fascinum* kon je lezen waarom Murray's theorie wel degelijk plausibel is.

Gregor A. Gregorius

Gregor A. Gregorius was de auteursnaam van uitgever Eugen Grosche (1888 – 1964) was een Duitse occultist en uitgever/boekhandelaar/schrijver en oprichter en groot-meester van de Fraternitas Saturni Loge van 1926 tot 1964. Grosche moest vluchten voor zowel de nazi's als Stasi en vluchtte na de oorlog van Oost naar West Berlijn. Met de Fraternitas Saturni schiep Grosche een min of meer samenhangende synthe-se van de oude Schotse rite vrijmetselarij, luciferianisme, astrologie, crowleyanisme (thelema), seksueel-magische praktijken van de oude OTO, verschillende India-se yogasystemen en middeleeuwse en moderne systemen van alchemie en rituele magie. Uit de Fraternitas Saturni zijn meerdere belangrijkere schrijvers/occultisten voortgekomen als Walter Jantzik, Frater Daniel (Guido Wolter) e.a.. In de jaren 50 gaf hij het maandblad: *Blätter für angewandte okkulte Lebenskunst* uit. Andere pu-blicaties zijn:
- 1926-1927 - *Magische Briefe* (heruitg. 1980)
- 1926 - *Satanische Magie, Magischer Brief 7* (heruitg. 1983)
- 1928-1933 - *Saturn-Gnosis*
- 1954 - *Die magische Erweckung der Chakra* (heruitg. 2005)
- 1960 - *Exorial*
- *Pendelmagie* (postuum 1980)
- *Sympathiemagie* (postuum 1980)
- *Logenschulvorträge* (postuum 2006)
- *Geheimnisse der Sexualmagie* (postuum 2007)
- *Magische Einweihung* (postuum 2007)

Dion Fortune

Dion Fortune (geboren als Violet Mary Firth, 1890 - 1946) was een Britse occultist, christelijk kabbalist, ceremoniële magiër en schrijfster. Ze was medeoprichtster van de *Society of Inner Light,* een occulte organisatie die filosofieën uitdroeg, die volgens Fortune door geascendeerde meesters waren doorgegeven. Als productief schrijver produceerde ze een omvangrijk oeuvre aan occulte boeken en occulte romans. For-tune was in de eerste instantie een leerling van de occultist Theodore Moriarty en ze was de grote inspirator van de occulte schrijver Gareth Knight. Tot haar belangrijk-ste werken behoren:
- 1922 - *The Machinery of the Mind*
- 1922 - *The Secrets of Dr. Taverner*
- 1924 - *The Esoteric Philosophy of Love and Marriage*
- 1927 - *The Demon Lover*

- 1928 - *The Esoteric Orders and Their Work*
- 1929 - *Sane Occultism*
- 1930 - *Psychic Self-Defense*
- 1930 - *The Training and Work of an Initiate*
- 1931 - *Spiritualism in the Light of Occult Science*
- 1932 - *Through the Gates of Death*
- 1934 - *Avalon of the Heart*
- 1935 - *The Mystical Qabalah*
- 1935 - T*he Winged Bull* - Practical Occultism in Daily Life
- 1936 - *The Goat-Foot God*
- 1938 - *The Sea Priestess*
- 1949 - *The Cosmic Doctrine* (posthuum)
- 1957 - *Moon Magic* (posthuum)

Austin Osman Spare en Rosaleen Norton

Austin Osman Spare (1886 - 1956) was een Engelse kunstenaar en occultist. Hij ontwikkelde idiosyncratische magische technieken, waaronder automatisch schrijven, automatisch tekenen en sigilliseren op basis van zijn theorieën over de relatie tussen het bewuste en het onbewuste zelf en kan als godfather van de 20e-eeuwse chaosmagie worden gezien.

Rosaleen Miriam "Roie" Norton (1917 - 1979), was een Australische kunstenares en occultist, die vooral uitdrukking gaf aan een pantheïstische vorm van hekserij, toegewijd aan de god Pan, Lucifer en natuurgeesten. Ze woonde een groot deel van haar latere leven in het bohemien gebied van Kings Cross, Sydney, waardoor ze in sommige van de roddelbladen de 'Heks van Kings Cross' werd genoemd. Vanuit Kings Cross leidde ze haar eigen heksencoven. Norton was gek op dieren.

Zowel Spare als Norton vertegenwoordigen een magie die weer teruggrijpt op de chtonische natuurwezens en krachten uit de oude heksentraditie, sensueel, seksueel en intens. Ze staan met hun rauwe onderbuikmagie ver verwijderd van de *Golden Dawn* (waar Spare niet onbekend mee was) met haar meer administratieve, vrijmetselaarachtige rituelen.

Karl Spiesberger

Karl Spiesberger (1904 – 1992) was een Duitse mystieke, occultist, Germaanse revivalist, pendelaar en runendeskundige. Tijdens zijn betrokkenheid bij de *Fraternitas Saturni* stond Spiesberger ook bekend als Frater Eratus. Onder deze naam publiceerde hij verschillende artikelen in de *Blätter für Angewandte Okkulte Lebenskunst.* Hij schreef een groot aantal occulte werken:

- 1950 - *Sinnen und Forschen*
- 1950 - *Der Traum in tiefenpsychologischer und okkulter Bedeutung*
- 1950 - *Das Problem der Tierseele*

- 1953 - *Auf den Spuren der Seherin* (mit Erich Sopp)
- 1954 - *Die Kunst, Karten zu legen*
- 1955 - *Runenmagie*
- 1955 - *Der erfolgreiche Pendelpraktiker*
- 1958 - *Runenexerzitien für Jedermann*
- 1959/1960 - *Unsichtbare Helferkräfte*
- 1961 - *Elementargeister - Naturgeister*
- 1963 - *Die Aura des Menschen*
- 1964 - *Hermetisches ABC Bd.1, Esoterische Lebensformung in Theorie und Praxis*
- 1964 - *Hermetisches ABC Bd.2, Magisch-mystische Schulung in Theorie und Praxis*
- 1966 - *Praktische Telepathie*
- 1968 - *Runenmagie Handbuch der Runenkunde,* (R. Schikowski-Verlag, Berlin)
- 1971 - *Magneten des Glücks*
- 1977 - *Das Mantra Buch*
- 1978 - *Naturgeister Wie Seher sie sehen, wie Magier sie rufen*
- 1982 - *Telepathie Die Macht des Überbewußten*
- 1986 - *Die Masken des Traumes*
- 1986 - *Phänomen Tier*
- 1987 - *Die Aura Des Menschen: Wie die Aura sichtbar gemacht werden kann und was ihre Farben bedeuten*
- 1988 - *Levitation*
- 1989 - *Auf dunklem Pfad zum Licht*
- 1989 - *Secrets of the New Age: 4 Complete Books*
- 1999 - *Magische Novellen,* (postuum door zijn weduwe gepubliceerd)

H.E. Douval

H. E. Douval (1906-1975) is het pseudoniem van de magiër Herbert Döhren. Hij was in zijn geboortestad Berlijn tot ca 1930 actief als boekhandelaar. In 1943 trouwde hij en verhuisde naar Dortmund, waar hij de rest van zijn leven bleef wonen. Van zijn zijn privéleven is verder weinig bekend, behalve dat hij zich vanaf de jaren 50 ontplooide als schrijver, waarbij hij vanuit een zeer praktisch standpunt schreef over psychologische, metafysische en spirituele onderwerpen. Zijn 12-delige serie *Bücher der praktischen Magie* behoort tot het beste en meest praktische dat hierover geschreven is. Vergelijkbaar met het werk van Franz Bardon. Douval was een vrije geest die zich noch tot de dogmatiek van een religie, noch tot die van een loge voelde aangetrokken. Betreffende zijn christelijke opvoeding spreekt zijn uitspraak *"Ein dankbarer Blick zum Himmel ist häufig besser als das schönste Gebet"* boekdelen.

Franz Bardon en de Adonistische Magie

Franz Bardon, ook František Bardon (1909 - 1958) was de belangrijkste occultist van de *Adonistische beweging,* waarbinnen hij nauwe contacten onderhield met Rah

Omir (Friedrich Wilhelm) Quintscher. In juni 1941 werd Bardon gearresteerd en naar de concentratiekampen van Wroclaw en Troppau gebracht. Na zijn vrijlating in oktober 1941 werkte Bardon tot het einde van de oorlog als een arts in München, en daarna in zijn woonplaats Opava. In 1958 werd hij gearresteerd door de veiligheidsautoriteiten van Tsjecho-Slowakije na een lastercampagne door reguliere artsen. (Bardon genas TBC en kanker met een mix van kruidenleer en Elementenleer en wekte veel afgunst). Kort daarna stierf Franz Bardon in politiehechtenis omdat hem medicijnen werden onthouden die hij sinds de martelingen door de nazi's dagelijks nodig had. Bardon werd onder meer beïnvloed door de occultisten Karl Brandler-Pracht, Quintscher en Dr. Franz Sättler Musalam.

Adonisme is een polytheïstische religie, draaiend rond vijf goden: Belus, Biltis, Adonis, Dido en Molchos. Adonis is de meest prominente in de theologie van de groep, zijnde een welwillende figuur die lijkt op een positieve Satan. In tegenstelling tot Adonis wordt Molchos verondersteld een kwaadwillende te zijn en verantwoordelijk voor de slavernij van de mensheid middels monotheïstische religies zoals het jodendom, het christendom en de islam. De belangrijkste manier waarop Adonis en Dido worden geëerd in de religieuze praktijk van het Adonisme is door het sensuele genot van geslachtsgemeenschap, zowel van de heteroseksuele als de homoseksuele variëteiten. Oprichter Franz Sättler/Dr. Musalam vatte zijn geloof samen door op te merken dat *"Adonisme aanbidding is van de Duivel [d.w.z. Adonis] is met een erotische achtergrond."* Hij was daarom een prominente voorstander van seksuele hervormingen in het begin van het 20e-eeuwse Duitsland en hield zich aan overtuigingen die later, in de laatste decennia van die eeuw, wettelijk zouden worden aanvaard. Adonisme houdt ook vast aan een groot geloof in tolerantie in algemene zin.

Bardon's kernleer:

Volgens Bardon kan de totaliteit van alle geopenbaarde krachten in de schepping, herleid worden tot de interactie van twee universele principes. Deze basiselementen zijn Vuur en Water, die eerder als principes worden behandeld dan als de fysieke manifestaties van Vuur of Water. De basiseigenschappen van vuur zijn warmte en uitzetting, en in water zijn de basiseigenschappen koude en samentrekking. Bardon verwijst naar expansie en contractie met twee andere termen: *elektrische vloeistof* (expansie) en *magnetische vloeistof* (samentrekking). Hij zei dat de beginselen niet konden worden gelijkgesteld met de fysieke verschijnselen, maar geeft aan dat er een zekere analogie tussen hen zou moeten zijn. Deze twee principes of Elementen kunnen elk in twee "richtingen" werken: aan de ene kant actief of constructief, maar aan de andere kant ook passief of destructief - ze zijn in wezen bipolair. Samen vormen ze een dubbele dipool of quadrupool, wat Bardon een "vierpolige magneet" noemt. In aanvulling op de Elementen Vuur en Water en hun bijbehorende basisprincipes worden twee extra Elementen Lucht en Aarde afgeleid. Zo wordt de wisselwerking die het evenwicht tussen Vuur en water tot stand brengt aan het Lucht-Element toegeschreven. Om uitspraken te kunnen doen over de eenheid van de Elementen Vuur, Water en Lucht, komt uiteindelijk een vierde principe tot stand, dat voortkomt uit de wisselwerking van alle drie andere principes: de stolling of immobiliteit, gesymboliseerd door het element Aarde. Bardon legt uit dat de aarde is gebaseerd op de elektromagnetische vloeistof. Bardon stelt verder dat de manifestatie van het goddelijke, Akasha, werd en wordt uitgevoerd door de Vierpoolmagneet in drie kwalitatief verschillende gradaties. Deze drie werelden of gebieden omvatten de mentaal-etherische (hoogste van deze), het astraal-etherische en het fysieke grofstoffelijke materiaal (laagste). De focus van de boeken van Bardon ligt op de magische praktijk en deze werkt dan als een zelf initiërend systeem.

- 1956 - *Der Weg zum wahren Adepten*. Ein Lehrgang in 10 Stufen. Theorie und Praxis
- 1956 - *Die Praxis der magischen Evokation*. Anleitung zur Anrufung von Wesen uns umgebender Sphären
- 1957 - *Der Schlüssel zur wahren Quabbalah*. Der Quabbalist als vollkommener Herrscher im Mikro- und Makrokosmos
- 1958 - *Frabato. Ein okkulter Roman*
- 1997 - *Fragen an Meister Arion* (postuum)

Gerald Gardner

Gerald Brosseau Gardner (1884 - 1964 was een Engelse heks, auteur, amateur-antropoloog, archeoloog en nudist. Hij was (na zijn kennismaking met het werk van Leland) de oprichter van de Gardneriaanse Wicca en hiermee een van de meest invloedrijke figuren uit zijn tijd voor de revival van wicca en paganisme. Zijn belangrijkste werken zijn:

- 1939 - *A Goddess Arrives* (roman)
- 1949 - *High Magic's Aid* (roman)
- 1954 - *Witchcraft Today*
- 1959 - *The Meaning of Witchcraft*
- 1957 - *The Story of the famous Witches Museum at Castletown, Isle of Man, a guidebook*

Doreen Valiente

Doreen Valiente (1922 - 1999) was een Engelse occultiste en auteur, die wordt beschouwd als de moeder van moderne hekserij. Ze was nog vrij jong toen ze al geïnteresseerd raakte in de magie en later claimde ze vrij vroeg over magische krachten te hebben beschikt. In 1953 ontmoette ze Gerald Gardner, liet zich door hem inwijden en werd vervolgens hogepriester in zijn coven. Ze ontdekte dat Gardners *Book of Shadows* veel materiaal bevatte dat min of meer gekopieerd was uit werk van Aleister Crowley en Dion Fortune. Met Gardners toestemming verving zij deze stukken door eigen materiaal, waaronder het bekende gedicht *Charge of the Goddess*. Valientes belangrijkste werken zijn:

- 1962 - *Where Witchcraft Lives*
- 1973 - *An ABC of Witchcraft*
- 1975 - *Natural Magic*
- 1978 - *Witchcraft for Tomorrow*
- 1989 - *The Rebirth of Witchcraft*

Aryeh Kaplan

Aryeh Moshe Eliyahu Kaplan (1934 - 1983) was een Amerikaanse orthodoxe rabbijn en auteur, bekend om zijn kennis van fysica en kabbala. Hij werd geprezen als een originele denker en productief schrijver en staat vooral bekend om zijn vertalingen van de Thora, geschriften over kabbala en inleidende pamfletten over Joodse geloven en filosofie. Belangrijk in de strekking van dit hoofdstuk zijn de postuum verschenen werken over de kabbala, waaronder de Sepher Yetzirah, een van de belangrijkste steunberen van het westers occultisme door de eeuwen heen.

- 1986 - *Meditation and Kabbalah*
- 1990 - *The Bahir*
- 2004 - *Sefer Yetzirah: The Book of Creation*

Carlo Ginzburg

Carlo Ginzburg (Turijn, 15 april 1939) is een Italiaanse cultuurhistoricus. Ginzburg studeerde in 1961 af in Pisa en doceerde geschiedenis aan de universiteit van Bologna en de University of California in Los Angeles. Met andere Italiaanse historici schreef Ginzburg in 1979 een brief aan paus Johannes Paulus II met het verzoek de archieven van de inquisitie te openen. Dit verzoek werd, met vermelding van de brief van Ginzburg, in 1998 gehonoreerd door kardinaal Joseph Ratzinger (de latere paus Benedictus XVI), met dien verstande dat alleen 'gekwalificeerde onderzoekers' werden toegelaten. Dit resulteerde in het zeer boeiende microhistorische onderzoek van Ginzburg naar de heksensabbat en de Benandanti, een Noord-Italiaanse heksencommune die tijdens astrale reizen de Malandanti (boosaardige heksen) bevocht in een soort vruchtbaarheidsrite. Dankzij Ginzburg is de "vlucht" van de heks door de lucht als een astraal reizen in een heel ander, lees serieuzer, daglicht gekomen. Zijn prachtige werk is in het Nederlands vertaald:

- 1986 - *De Benandanti; hekserij en vruchtbaarheidsriten in de 16e en 17e eeuw*
- 1993 - *Extasen. Een ontcijfering van de heksensabbat*

Alex en Maxine Sanders

Alex Sanders (1926 - 1988), geboren Orrell Alexander Carter, was een Engels occultist en Hogepriester van de Wicca. Samen met zijn vrouw Maxine richtte hij de Alexandrijnse Wicca op, na eerst tot de kring van Gardner te hebben behoord. Controversieel is Alex'bewering door zijn grootmoeder te zijn ingewijd. Iets dat echter door Maxine wordt bevestigd: Ze beschrijft Alex' grootmoeder, Mrs. Bibby als sobere dame, met veel kennis van folklore, die haar kleinzoon magie met medeweten en toestemming van zijn moeder leerde; Ook de broers van Alex waren alle mediamiek: "*It wasn't unusual to walk into the Sanders' kitchen in broad daylight to find a full materialisation séance in progress. Mrs. Sanders would be carrying on with the chores regardless of the apparitions in attendance.*" *(uit: A Talk by Maxine Sanders' part 2, Witchcraft and Wicca Issue 4, p. 4. London: Children of Artemis.)* Naast Gardner werd Alex Sanders een van de belangrijkste grondleggers van de moderne wicca. Postuum is slechts een werk van hem verschenen:

• 1984 - *The Alex Sanders Lectures*

Maxine Sanders (geboren Arline Maxine Morris op 30 december 1946) is een sleutelfiguur in de ontwikkeling van moderne hekserij en wicca en erg belangrijk voor de bekendheid ervan bij een groter publiek, wat mede te danken is aan de film: *Legend of the Witches* uit 1970 van regisseur Malcolm Leigh. Ze schreef twee autobiografische werken die een unieke kijk in haar besloten wereld en haar hoogtijdagen geven.

• 1976 - *Maxine: The Witch Queen*

• 2008 - *Firechild: The Life and Magic of Maxine Sanders "Witch Queen"*

Janet Farrar

Janet Farrar (geboren op 24 juni 1950, Janet Owen) is een Britse wicca en auteur van boeken over wicca en neopaganisme. Samen met haar twee echtgenoten, Stewart Farrar en Gavin Bone heeft ze een aantal van de meest invloedrijke boeken over moderne Hekserij gepubliceerd. Janet werd ingewijd in de *Alexandrian Wicca* door de stichters van deze traditie, Alex en Maxine Sanders. Ze ontmoette de Sanders in 1970. In de coven ontmoette ze Stewart Farrar, haar toekomstige echtgenoot en coauteur. Werken

met Stewart Farrar:

• 1981 - *Eight Sabbats for Witches*

• 1981 - *A Witches Bible Volume I & II*

• 1984 - *The Witches' Way*

• 1987 - *The Witches' Goddess: The Feminine Principle of Divinity*

• 1989 - *The Witches' God: Lord of the Dance*

• 1990 - *Spells and How they Work*

• 1996 - *A Witches' Bible: The Complete Witches' Handbook* (re-issue of The Witches' Way and Eight Sabbats for Witches)

met Stewart Farrar en Gavin Bone:

• 1995 - *The Pagan Path*

• 1999 - *The Healing Craft: Healing Practices for Witches and Pagans*

• 2001 - *The Complete Dictionary of European Gods and Goddesses*

met Virginia Russell:

• 1992 - *The Magical History of the Horse*

met Gavin Bone:

- 2004 - *Progressive Witchcraft: Spirituality, Mysteries, and Training in Modern Wicca*
- 2013 - *The Inner Mysteries: Progressive Witchcraft and Connection with the Divine*

Peter Carroll en de chaosmagie

Peter James Carroll (1953) is een occultist, schrijver, medeoprichter van de *Illuminates of Thanateros*, en beoefenaar van de chaosmagie. Carroll studeerde wetenschap aan de Universiteit van Londen. Daarna was Carroll werkzaam als onderwijzer en bracht hij vier jaar door in India en de Himalaya. Carroll's boek *Liber Null & Psychonaut* (in één publicatie) is een van de meest belangrijke werken voor de chaosmagische beweging.

- *Liber Null* (1978) *and Psychonaut* (1982)
- 1992 - *Liber Kaos*
- 1995 - *PsyberMagick: Advanced Ideas in Chaos Magick*
- 2008 - *The Apophenion: A Chaos Magic Paradigm*
- 2010 - *The Octavo: A Sorcerer-Scientist's Grimoire*
- 2014 - *EPOCH: The Esotericon & Portals of Chaos*

Raven Grimassi

Raven Grimassi (1951) is een Italiaans-Amerikaanse auteur van meer dan 20 boeken en deed 40 jaar onderzoek naar wicca, stregheria, hekserij en neo-paganisme. Onder de pseudoniemnaam "Grimassi" populariseerde hij *Stregheria*, de religieuze praktijk van de Italiaanse hekserij. Grimassi raakte in 1969 betrokken bij wicca. Tien jaar later creëerde hij zijn eigen systeem van hekserij bekend als de *"Aridian Tradition"* en publiceerde het in druk in 1981.

- 1981 - *The Book of the Holy Strega*
- 1981 - *The Book of Ways* Volumes I and II
- 1994 - *Ways of the Strega* herdrukt als *Italian Witchcraft: The Old Religion of Southern Europe* in 1995
- 1999 - *Hereditary Witchcraft: Secrets of the Old Religion*
- 2000 - *The Encyclopedia of Wicca and Witchcraft*
- 2001- *Beltane: Springtime Rituals, Lore and Celebration*
- 2001 - *Hereditary Witchcraft*
- 2002- *Wiccan Magick*
- 2002- *The Wiccan Mysteries*
- 2002- *The Witches' Craft: The Roots of Witchcraft & Magical Transformation*
- 2003- *Spirit of the Witch: Religion & Spirituality in Contemporary Witchcraft*
- 2003- *The Witch's Familiar: Spiritual Partnership for Successful Magic*
- 2004- *Witchcraft: A Mystery Tradition*
- 2008 - *Crafting Wiccan Traditions*
- 2009 - *The Cauldron of Memory: Retrieving Ancestral Knowledge & Wisdom*
- 2011 - *Old World Witchcraft: Ancient Ways for Modern Days*

- 2014 - *Grimoire of the Thorn-Blooded Witch*
- 2016 - *Communing with the Ancestors*

De 21e eeuw

Tot slot een aantal interessante nieuwkomers die nu voor een verrijking van magisch materiaal zorgen.

Robert Bruce

Australische metafysicus, helderziende en OBE-expert, alsook zeer deskundig op het gebied van psychische zelfverdediging. Onderwijst in typische no nonsense Aussie-stijl.

Jason Miller

Allround zeer praktisch ingesteld Amerikaans magiër. Miller schreef 4 boeken die zich allen kenmerken door praktisch gerichte fusion-magic, met dus wortels in allerlei culturen, al heeft hij een zwak voor houdou.

Catherine Yronwode

Werd eerst vooral bekend met haar houdou/voodoo-benodigdheden-webshop luckymojo.com. Ze schreef inmiddels meerdere boeken over traditionele houdou-magie, vooral rond kruiden, kaarsen en papiermagie gecentreerd.

John Kreiter

Mijn favoriet. Expert op het gebied van gedachtevormen, servitors en familiars (servitor companion), vanwege mijn sterk vermoeden dat magie zich hier het komende millennium op zal toespitsen. Zeer eenvoudig en praktisch geschreven boeken, met als bonus een uitstekend boek over Out of Body-technieken, die sneller werken dan de traditionele. De technieken die zijn opgenomen in dit boek, zijn op zijn werk gebaseerd.

APPENDIX II.
Begrippenlijst

Onderstaande lijst bevat een reeks meer technische begrippen die gebruikt worden in traditionele magie en de meer mystieke theürgie. Niet alle begrippen komen voor in de inhoud van dit boek, maar ze zijn assisterend bij een betere begripsvorming van magische en mystieke processen en verschijnselen.

Afhoudende Maan – de fase tussen het laatste grote aspect van een klassieke planeet met de Maan en het binnentreden van een nieuw teken van de zodiak (Directgaande Maan). Stel de Maan loopt door Leeuw en maakt op 18 graden Leeuw nog een vierkant met Mercurius (of Venus, of Saturnus etc.). De Maan moet dan dus nog 12 graden van het teken Leeuw doorlopen voordat hij Maagd binnentreedt. Indien de Maan vanaf dat laatste aspect (in ons voorbeeld het vierkant met Mercurius) geen groot aspect (conjunctie, sextiel, vierkant, driehoek of oppositie) meer maakt met een andere planeet, spreken we van Afhoudende Maan. Dit is een periode van pure vrije Maan-energie waarin er geen groei of vormkracht is. Alles wat je start tijdens Afhoudende Maan vraagt om moeilijkheden en geeft niet het resultaat zoals je dat wenste, ongeacht wat je doel en bezigheid was. Er is gewoon geen vormkracht! Afhoudende Maan is geschikt voor brainstormen, maar niet om iets te starten en dus ook niet geschikt voor magische operaties, tenzij het juist de bedoeling is dat niemand ergens substantieel grip op krijgt (zoals bij de 9/11-zwendel werd gedaan). Afhoudende Maan heeft dus niets te maken met de gewone Maanfasen en dus ook niets met Afnemende Maan.

Agalma – Goddelijke voorstelling en verbeelding die karakteristiek het profiel van een specifiek wezen weergeeft en als dochê wordt gebruikt in rituele of contemplatieve magie.

Akhrantoi – Volmaakte wezens vergelijkbaar met aartsengelen.

Apotrópaia & Apotrópaion – Magische beschermmiddelen, een amulet o.i.d. dat wordt gedragen tijdens een evocatie.

Apotropaïsche magie – Magie voor de afweer van het boze; beschermmagie.

Aretalgia (meerv. **aretalogias**) – Biografische beschrijving van alle attributen die aan een wezen worden toegeschreven, opgesomd in de eerste persoon tegenwoordige tijd. Onderdeel van de sunthemata en klesis.

Arkhêgos – Godheid waaruit daemones voortkomen als een soort kinderen. Bijvoorbeeld saters die voortkomen uit Pan. Elohim Gibor is bijvoorbeeld de Arkhêgos van de aartsengel Chamaël en de engel Samaël.

Atmoí – Verzamelterm voor alle geurwerk voor magisch gebruik als wierook en etherische oliën.

Autodesmos – Het invoceren van een wezen door de magiër in zichzelf.

Autopoptische beelden – Beelden van wezens of sferen of toekomst of andere locaties, waarbij de waarnemer in trance of onder invloed van psychotrope middelen is of met een entiteit in sustasis verkeert, maar bewust waarneemt.

Aretalogia – Het Griekse ἀρεταλογία duidt op het benoemen van alle aspecten, attributen, eigenschappen en eventueel de acties van een godheid. Dit werd gedaan in de eerste persoon enkelvoud. Aretalogia heeft een overlapping met het begrip *seira*.

Bloedoffer – Het offeren van bloed, variërend van een druppel van het eigen bloed tot bloed uit gekeelde dieren. Veel gebruikt in de necromantie, chtonische (goëtische) magie, juju en voodoo-achtige rituelen.

Coelestes – Wezens als goden *(Dei)*, aartsengelen *(Archangeloi)* en engelen *(Angeloi)* en sommige daemones.

Daemon, Daemones – Kleine god, wezen dat als intermediaire kracht fungeert in de meer verdichte astrale laag. Hoewel demon is afgeleid van daemon zijn daemones in beginsel neutraal m.b.t. goed en kwaad.

Daimonakhês – Heerser(es) van de Daimones. Een titel van Hekate.

Defixio – zie **Katadesmos**

Desmós – Het binden, contacten van een wezen.

Desmós kai éklusis – Het Binden en Loslaten van een God, engel daemon, etc. in een ander, behalve bij autodesmos.

Dochê – Ontvanger. Een dochê kan materieel zijn, een beeld of amulet of een agalma dat enkel verbeeldt wordt. Vaak vormt het totaal van de rituele opstelling en rituele uitingen (sumbola, sunthemata, sigilli, voces magicae, geuren, licht e.d.) de dochê.

Docheus – De magiër of priester zelf in de rol van ontvanger. Dit gebeurt dus altijd bij de invocatie.

Dúnamis – De machtskwaliteit van een god, engel of daemon, die bij rituele magie in onze dimensie wordt getrokken via een dochê en conversie tot energeia ondergaat die in onze dimensie effecten geeft of inzicht of unieke bewustzijnsstadia of verschijnselen.

Éklusis – Het ontbinden van het contact dat gelegd werd met een wezen.

Elementaal – 1. Natuurwezen dat behoort tot de dimensie van Vuur (Salamanders), Water (Undines), Lucht (Sylphen) of Aarde (Gnomen), terwijl Stormgeesten soms als aparte klasse worden gezien. 2. Kunstmatig elementaal, een geanimeerde gedachtevorm (servitor) of residu daarvan dat op hol slaat als entiteit met eigen wil of survivalinstinct.

Empsukhôsis – Het eigenlijke bezielen van een dochê met een dúnamis of gedachtevorm-kracht.

Energeia – In de magie, de conversie in onze ruimtetijddimensie van de dúnamis van een godheid.

Engel – Het Hebreeuwse woord voor engel mal'ach betekent boodschapper. Engelen, net als aartsengelen, zijn op te vatten als intermediairs tussen subjectief menselijk en hyperobjectief goddelijk bewustzijn.

Enthousiasmós, entheos – De god in zich hebben. Gelukkige staat van (eudaimonische) bezetenheid.

Epipnoia – Inspiratie ondergaan direct van een godheid afkomstig. Hierbij mag nooit de menselijke realiteit worden opgeofferd, aangezien juist goedaardige wezens tot psychotische ideeën over uitverkorenheid of martelaarschap kunnen leiden.

Epistrofe – De kracht die geïndividualiseerd en gespecificeerd leven en gematerialiseerde ideeën uit de existentie in de objectievere dimensies trekt. Dat wat via Hekate als entiteit of ding subjectiveerde wordt door Athena weer aan de scheppende bron (Zeus, de Demiurg) gekoppeld. Kort door de bocht geformuleerd: dat wat zich uit de veelheid losmaakt en terugkeert naar het Ene. Theürgie is een vorm van epistrofische magie tegenover goëtische magie, wat een vorm van proödische magie is.

Epithêta (enkelv. **Epithêton**) – Verbale toevoegingen bij de naam van een entiteit die wordt aangeroepen zoals de Koe-ogige Hera of de Uil-ogige Athena. Onderdeel van de sunthemata en klêsis.

Eudaimonia – Levensinstelling gericht op het volgen van de Gelukkige Daimon, welke neerkomt op het in de basis altijd bewust blijven en in de praktijk brengen van de synergie tussen mannelijke en vrouwelijke krachten. In het hoogte stadium voert de Eudaimonia tot het meesterschap over de Kakos Daimon.

Evocatio – Het doen verschijnen of contact maken met een wezen via een ritueel waarbij dat wezen buiten jezelf blijft. Meestal staat de magiër in een beschermende kring en wordt het wezen in een driehoek buiten de kring getrokken.

Ephesia grammatica – Letterlijk: Efesische letter, een groep onbegrijpelijke magische krachtwoorden gekerfd in het standbeeld van Artemis van Efese: *askion kataskion lix tetrax damnameneus aision* (of *aisian*). Deze werden gebruikt in apotropaïsche magie.

Epitêdiótês – Optimale conditie van de eigen homeostase of die van een medium voor een magische operatie of magische communicatie.

Grimoire – Boek met praktische magische instructies. Vaak tirauclaristisch van aard met sigilli van engelen of demonen of amuletafbeeldingen. Grimoire komt van het Oudfranse grammaire, een term die in de Middeleeuwen voor alle in het Latijn geschreven boeken werd gebruikt.

Harmonaia – De bereikte optimale resonantie met een wezen na het afstemmen er op via rituele handelingen.

Henôsis – Mystieke eenwording met specifiek een godheid.

Idios Daimon – De daimon die ontstaat uit alles wat iemand accepteert en positieve, creatieve, proactieve acties en daden onder auspiciën van het hoger zelf (jivan in het Sanskriet; die bemiddelt tussen de "ik" en de atman en karmische sturing geeft). De Idios Daimon is de tegenhanger van de Kakos Daimon. Het volgen ervan wordt eudaimonia genoemd.

Invocatio – Twee duidingen. In dit boek hanteren we duiding 2 (de invocatie). 1. Synoniem voor Klêsis; het aanroepen van een wezen 2. Het invoceren van een wezen bij wijze van het uitnodigen van dit wezen in het eigen lichaam en energieveld om zo het wezen te kunnen laten communiceren of handelen en hierdoor een bijzondere kennis of ervaring op te doen. Deze ervaring hoeft niet sec intellectueel voedend te zijn, maar kan zeer fysiek zijn, zoals bij voodoopriesters die ongevoelig voor vuur of verwonding door metaal worden of een wintigeest bezetene die een uur onder water blijft zonder hulpmiddel. Normaliter blijft men het eigen bewustzijn behouden hierbij.

Kairos – Op het juiste moment in tijd/ruimte; in de magie is kairos het geschikte astrologisch berekende tijdstip voor een magische handeling.

Kakodaimonia – Staat van ongeluk aantrekken, het ondergaan van een pechgolf of weerstand door vanuit de eigen staat (irritatie, angst, boosheid, vermoeidheid, inertie) te resoneren met de Kakos Daimon.

Kakos Daimon – Wezen (feitelijk een larve volgens de definitie van Franz Bardon) dat ontstaat uit alles dat we afwijzen, niet uitvoeren, negeren, ofwel bewust ofwel vanuit maatschappelijke druk of familiedruk. Het is een gefrustreerde entiteit met een zeer sterke manifestatie en overlevingswil. Deze laat zich gelden zodra we geen contact met deze "energetische vuilniszak" maken of wanneer we goed in ons vel of in een flow gaan zitten. De Kakos Daimon is de doder van alle enthousiasme en motivatie en derhalve een kracht die beheerst en onder controle gebracht dient te worden.

Katadesmos (meerv. **katadesmoi**) – Ook wel bekend als *defixio*: een bindingsbezwering om iets of iemand in je macht te krijgen. Meestal in vervloekingen gebruikt. Een overlevende bindingsbezwering die neutraal is, en ook voor autohypnotische effecten kan worden ingezet, betreft het gebruik van knopen in een koord leggen.

Kharaktêres – Griekse naam voor de gebruikelijke sigilli van wezens en aanvullende vaak meer eenvoudige tekens.

Klêsis – Andere term voor invocatio; de aanroep zelf waarmee men een wezen aanroept, als openingsonderdeel van een magisch ritueel.

Klêtôr – Evocator, aanroeper van een wezen.

Libatie – (plengoffer) Offer van iets vloeibaars. Meestal melk, honing of wijn. Veel in de voodoo gebruikt.

Lichaamsvloeistoffen – In de magie wordt veel gebruik gemaakt van lichaamsvloeistoffen voor de meest uiteenlopende doeleinden en rituelen. Sperma en vaginale afscheidingen werden en worden veel gebruikt als magische condensators, bloed in diverse vormen van magie, urine en menstruatiebloed wordt door vrouwen gebruikt in de liefdesmagie om een man te binden.

Ligatio – Het binden van een geest, engel, daemon, tijdens het ritueel.

Petitio – Een geschreven verzoek aan een engel om een probleem te verhelpen of wens in te willigen.

Proödos – De kracht die transcendent en archaïsch gespecificeerd leven en ongematerialiseerde ideeën uit de objectievere dimensies trekt in de manifeste en materiële wereld. Dat wat via Hekate als entiteit of ding subjectiveert, onttrokken aan de scheppende bron (Zeus, de Demiurg). Kort door de bocht geformuleerd: dat wat zich uit de eenheid (Mone) losmaakt en in de veelheid (Dyade) individualiseert, subjectiveert en materialiseert.

Psychopompoi – Gidsen die de ziel begeleiden en vaak van het andere geslacht zijn.

Psilocybine – Hallucinogeen uit de tryptaminefamilie, geproduceerd door schimmelsoorten, waaronder paddenstoelen uit het geslacht Psilocybe, zoals Psilocybe cubensis en het puntig kaalkopje (Psilocybe semilanceata). In het lichaam wordt psilocybine omgezet in psilocine, het gedefosforyleerde derivaat ervan, dat vervolgens deels als agonist werkzaam is op de 5-HT2A- en 5-HT1A-serotoninereceptoren in de hersenen. De kenmerkende bewustzijnsveranderende effecten van psilocybine houden tussen de 3 en 8 uur aan. Psilocybinehoudende paddenstoelen zijn zeer geschikt voor sjamanistisch-magische operaties waarbij op een seira wordt gecontempleerd of een sustasis aangegaan met een wezen om tijdelijk diens kracht en eigenschappen te absorberen en te manifesteren. Alleen voor getrainde magiers geschikt. Totaal ongeschikt voor mensen met een zwakke atman/kern-binding en/of zwak energieveld. Indien gebruikt om magisch informatie te vergaren, is het van cruciaal belang dat de visioenen of wezens die onder invloed van psylocibine-paddestoelen of truffels zelf worden waargenomen, zodat ze beschreven kunnen worden. Indien puur gebruikt voor een sustasis met een wezen is de ervaring buitengewoon intens. Zeer geschikt voor werken met vruchtbaarheidsgoden of wezens als saters.

Pharmakon – Ingrediënt dat van buitenaf wordt toegedient. Meestal slaat een pharmakon op een kruid of kruidenmix of psychotropisch middel.

Philtra – Magische spreuk gebruikt in liefdesmagie of erotische magie.

Poeders (magische) – Speciale poeders voor magische effecten als bijvoorbeeld Hot Foot Powder, Heksenzout e.v.a.. Hiervan zijn er honderden recepten in gebruik in de voodoo en houdou.

Reukoffer – Het gebruik van geuren als offer, als onderdeel van een ritueel.

Rhombus – (Snorrebot) Een speciaal bewerkt stuk hout dat aan een touw kon worden rondgeslingerd en dan een bijzonder geluid gaf. Nog steeds door Australische Aboriginal-sjamanen in gebruik voor bijvoorbeeld weermagie. Er is een sterke relatie met het Lucht-element en diens Elementalen.

Salomonische magie – Magie waarbij engelen worden gebruikt om over demonen of daemones te heersen en hen onder controle te brengen om werkzaamheden of diensten te verrichten. Koning Salomo was in de overlevering de eerste magiër die op deze manier werkte, al zal deze methode een veel oudere sjamanistische basis hebben.

Seira (meerv. **Seirai**) – Psychosferisch dimensiekoord behorende bij een specifiek wezen, waarbij dit koord wordt gecreëerd met behulp van sumbola en sunthemata, intense verbeeldingskracht en dus het totaal van het ritueel an sich. De seira dient als link tussen het wezen en zijn dunamis en het onze dimensie binnensluizen van diens dunamis als energeia of om mentaal op te stijgen (anagôgê) naar het wezen om er een mee te worden (theürgie).

Shem-HaMephorash - ook Shem ha-Mephorash of Schemhamphoras betekent letterlijk

De Expliciete Naam (van God) en heeft als alternatieven ha-Shem ha-mejûchad (De Speciale Naam) en Anaktam Pastam Paspasim Dionsim (voces magicae, uit de *Sepher Ratziel HaMalach)*. De naam wordt veel in magische cirkels en liturgie gebruikt om de bescherming van God op te roepen en demonen af te schrikken. Shem-HaMephorash wordt verder gebruikt als overkoepelende term voor de 72 engelen van de halfdecanaten van de zodiak, of zoals binnen het Duits occultisme, voor 72 Mercurius-Djinns. Dr. Thomas Rudd koppelde deze engelen aan de 72 daemones van de *Goëtia* als contrakracht.

Similia similibus – "Het gelijke door het gelijke". Het beginsel van de sympathieke magie en radionische magie, waaronder tepafoongebruik en andere psyonische middelen. In positieve zin wordt dit beginsel als similia similibus curentur toegepast in de homeopathie en spagirische geneeskunst: het gelijke wordt met het gelijke genezen. Via theürgie kan dit beginsel ook worden toegepast, door vanuit het menselijk complex bijv. woede, via de daemon-, engel- en aartsengelvorm in het theonische te dringen. Men bootst zo de homeopathische verdunning na. Voorbeeld: woedecomplex – Barzabel – Samaël – Chamaël – Elohm Gibor – El Elyon.

Staf – Magisch attribuut. Symboliseert het Vuur-Element wat het commanderende initiërende Element is.

Sunthema (meerv. **Sunthemata**) – Teken, paspoort, symbool, wachtwoord. Vooral immateriële zaken gebruikt bij rituele magie, zoals voces magicae, hymnes, rituele teksten en aanroepingen e.d. die bij het aan te roepen of te invoceren wezen horen. Volgens Iamblichus creëren de goden alle dingen door middel van beelden en duiden ze alle dingen aan via sunhemata *(De myster.136.6.ff)*. Er zijn vervolgens materiële sunthemata (waaronder: stenen, schelpen, delen van dieren, planten, bloemen, heilige beelden en iconen) en immateriële sunthemata (geluiden, ritmes, melodieën, bezweringen, lichten, cijfers, onuitsprekelijke namen van de goden). De materiële objecten die de kracht van de goden bevatten en ondersteunen, worden door de theürgen als sunthemata beschouwd en functioneren als recipiënten voor de goden of andere wezens. Dus als condensators voor een specifieke magische kracht. Zo draagt o.a. ijzer bijvoorbeeld de energie van Mars/Ares en een roos die van Venus, terwijl de kleur geel-oranje in combinatie met zwart bijvoorbeeld een sunthema van Raphaël is.

Sumbolon (meerv. **Sumbola**) – Symbool van *sumballein* : het verenigen, samenvoegen van een fragment met het hele object, dat wat twee dingen samenbrengt. Attributen gebruikt bij rituele magie, als beeldjes, bloemen, geuren, sigilli en objecten, inclusief kleding, metalen, stenen e.d. die bij het seira van het aan te roepen of te invoceren wezen horen. Sumbola zijn meer materieel dan sunthemata. In de Chaldeeuwse Orakels worden de sumbola in de kosmos gezaaid door de Demiurg en dienen ze als het essentiële middel om omhoog te klimmen en terug te keren naar de goden. Elke ziel is door de Demiurg gemaakt uit harmonische verhoudingen (logoi) en goddelijke symbolen (sumbola theia); de logoi die de essentie van de ziel vormen, zijn sumbola en kunnen worden gewekt door de theürgische riten. Het verschil tussen sunthemata en sumbola is verwarrend.

Tabella defixiones – *katadesmoi* in het Grieks: vervloekingstabletten, meestal in lood gegraveerd.

Theophora – Iemand bezeten op dat moment door een godheid of daemon.

Tirauclairisme – magie die werkt met entiteiten als engelen, djinns, daemones, devas, Elementalen, goden etc..

Vliegzalf – zalf waarin binnen de heksentraditie diverse psychotropica werden verwerkt als belladonna, ijzerhard en andere ingrediënten om uit te treden voor de sabbat. Er zijn tientallen recepten bekend.

Voces magicae – Magische krachttermen. Vaak onbegrijpelijke magische woorden of klinkerklanken die de dunamis van een wezen aantrekken en stimuleren zich als energeia te manifesteren. Chakramantra's kunnen hierbij als voorspel worden gebruikt. Voces magicae bestaan regelmatig enkel uit reeksen klinkers als IAO. Door enkel met klinkers te werken wordt geappelleerd aan het theonische facet van een wezen, gelokaliseerd in Atziluth.

Vuuroffer – Het ontsteken van een vuur als offer. *Kaarsenmagie* gebruikt specifieke vuuroffers. Veel gebruikt in de houdou.

MAGUS Vuur & Aarde
268 pagina's paperback
17 x 24 cm
rijk geïllustreerd
ISBN 9789492355676

Magische rituelen werken vanuit onze binnenwereld in de buitenwereld. Maar hoe dan precies? Deze opvolger van *MAGUS Leer & Ritueel* richt zich expliciet op de kernprocessen van magie zelf en verwijdert allereerst een collectieve blinde vlek, waardoor je begrip van tijd, ruimte, bewustzijn, energie en bezieling radicaal verandert. Het continuüm van tijd-ruimte-energie-bewustzijn is de 'klei' waarmee de magiër vormgeeft.

Je past magie straks veel effectiever toe. Ook herken je met welke magische dwangtechnieken, onze werkelijke realiteit al eeuwen gescheiden wordt van onze directe perceptie ervan, door wat in dit boek als 'het Systeem' wordt samengevat. Dit heeft er duidelijk geen belang bij dat we onze eigen magische vermogens uit de sluimerstand wekken. Al eeuwenlang worden om die reden informatiebronnen vernietigd en egregors ingezet – kunstmatige entiteiten, gevoed door de emoties van de massa, die mensen op virale wijze ertoe brengen hun eigen levens te steriliseren. Dit is de échte overschaduwing van het menselijk bestaan, steunend op de staatsreligies. Deze introduceerden 2600 jaar geleden het concept van de 'onvolmaakte wereld' als een *selffulfilling prophecy*. Je zult onder meer lezen waarom daarvoor de godin, die de bezielde Aarde belichaamde, moest worden afgeschaft en alleen een despote, virtuele god mocht aanblijven.

MAGUS Vuur & Aarde, steelt als het ware het vuur van de valse goden. De CIA hield dit vuur (patterning) zelfs decennia geheim als *classified information*. Dezelfde beproefde methodieken, waarmee grote systemen de realiteit naar hun hand zetten leer je in het uitgebreide praktijkgedeelte van dit boek. Dit omvat onder andere het creëren van gedachtevormen en een unieke selectie methoden voor het scheppen van servitors en Elementalen (hulpgeesten).

Vamachara
Raw Spirituality, God M/V, de werking van magie
en de passie van Lilith
390 pagina's paperback • 17 x 24 cm
deels in kleur geïllustreerd
ISBN 9789078070443

Anders dan het Rechter Pad, zoekt het Linker
Pad (Vamachara) geen hemel of transcendentie
om aan dualisme te ontsnappen, maar het
herstel van de synergie tussen yin en yang, God
en Godin, vrouwelijke en mannelijke energieën.

Asteroïden-gids
950 astrologische betekenissen van Asteroïden,
Centauren, Cubewano's, Damocleïden, Neptunus-
resonanten, Plutino's, SDO's en Trojanen
672 pagina's • 20 x 27 cm • 105 illustraties
paperback • ISBN 9789492355195 (vakliteratuur)

De Asteroïden-Gids is het eerste grote
astrologische naslagwerk ter wereld, dat
de duidingen in de horoscoop behandelt
van 950 asteroïden, overzichtelijk
ingedeeld in 15 categorieën. Dit boek
is inclusief tips voor het gebruik van
asteroïden in de persoonshoroscoop

Zes Assen Astrologie
De zodiak in 6 assen in plaats van 12 tekens, of hoe
je tegenoverliggende teken jou compleet maakt
110 pagina's paperback • 15 x 21 cm
ISBN 9789492355638 (ook voor beginners)

Je sterrenbeeld (lees: je Zonneteken)
wordt bepaald door de stand van de Zon
op het moment van je geboorte. Het
teken dat pal tegenover je Zonneteken
staat, vertegenwoordigt je onbewuste
ik. Dit tegenoverliggende zodiakteken
oefent een zeer belangrijke invloed uit op
je leven. Het vult je Zonneteken aan en
maakt zo je kern compleet en positief.

Spirit Beings in European Folklore 1
Ireland, England, Wales, Cornwall, Scotland, Isle of Man, Orkney's, Hebrides, Faeroe, Iceland, Norway, Sweden and Denmark
by Benjamin Adamah, 250 pages, Paperback, ISBN 9789492355553

Compendium 1 of the *Spirit Beings in European Folklore*-series covers the northwestern part of the continent where Celtic and Anglo-Saxon cultures meet the Nordic. This book catalogs the mysterious creatures of Ireland, the Isle of Man, England, Wales, Cornwall, Scotland, Hebrides, Orkneys, Faroe Islands, Iceland, Norway, Sweden and Denmark. For centuries, the peoples of these regions have influenced each other in many ways, including their mythologies and folklore. The latter is perhaps most evident in the various species of *Brook-horses* or *Water-horses*. These semi-aquatic ghostly creatures come in all kinds of varieties and are typical of the English or Gaelic speaking parts of Europe and Scandinavia. Many other ghostly entities occur only in specific areas or countries. Some even became cultural icons, such as the Irish *Leprechaun*, the *Knockers* from Wales, the Scandinavian *Trolls* and *Huldras* or the Icelandic *Huldufólk*. England has its *Brownies*, several kinds of *Fairies* and locally famous *ghost dogs*. Iceland and Scandinavia seem to "specialize" in spirit beings who appear fully materialized, such as the different species of *Illveli* (Evil Whales) and *Draugr*, the returning dead.

Compendium 1 discusses 292 spirit beings in detail, including their alternative names, with additional references to related or subordinate beings and a unique selection of illustrations.

Afturgöngur
Alfemoe
Alp-luachra
Arkan Sonney
Askafroan
Asrai
Awd Goggie
Bäckahäst or Bækhest
Banshee
Baobhan sith
Barghest
Beithir
Ben-Varrey
Bendith Y Mamau
Bergsrået
Berrey Dhone
Biasd Bheulach
Billy Blind
Black Annis
Black dog
Black Dog of Aylesbury
Black Dog of Lyme Regis
Black Dog of Newgate
Black Dog of Northorpe
Black Dog of Tring
Black Shuck
Bloody Mary
Blue-cap
Blue Men
Boakie
Bòcan
Bocanách
Bòchdan
Bockle
Bockle
Bodach
Bodachan sabhaill
Bogey
Boggart
Boggle or Bogill
Boobrie
Boodie
Bortbyting
Brag
Bran
Brigidi
Brollachan
Brown Man of the Muirs
Browney
Brownie
Brugh or Bru
Brünaidh
Bucca
Buggane
Burach-Bhaoi
Bwbach

Bwca
Bwgan
Bwgwl
Bygel and Bygel-nos
Bysen
Cabyll-ushtey
Cailleach
Cally Berry
Cambion
Caoineag
Capelthwaite
Cat-sith or Cait-shith
Cearb
Ceasg
Ceffyl dŵr
Changeling
Church Grim
Churnmilk Peg
Cirein cròin
Clurichaun
Co-Walker
Coblynau
Cofgod
Cù-sith
Cŵn Annwn
Cyhyraeth
Dando's Dogs
Dearg-Due
Derricks
Dinny Mara
Dísir
Dobie or Dobby
Dökkálfar
Dooinney-Oie
Draugr or Draug
Dreag or death-light
Duergar
Dullahan and Cóiste-bodhar
Dunters
Each-uisge
Ellefolk
Ellyl Idan
Ellyll
Faery People
Fairies
Fear Gortagh
Fenodyree
Fépükar
Fiery-eyed horses
Fin(n)folk
Fir darrig
Flyðrumóðir
Fossegrim or Grim
Freybug
Fridean
Fuath
Fylgja
Gabble Ratchets

Gabriel Hounds
Gally-Trot
Gapper-ginny
Gast
Gengångare
Gestafluga
Gille dubh
Gjenganger
Glaistig or Green Lady
Glashtyn
Gloson
Goblin
Grindylow
Grogan
Gruagach
Gruvrået
Guardian Black Dogs
Gunna
Gurt Dog
Gwiddonod
Gwrach y Rhibyn
Gwragedd Annwn
Gwyllgi
Gwyllion
Gytrash
Habetrot
Hag
Hairy Jack
Hamingja
Hamn and Huge
Hazelrigg Dunnie
Hedley Kow
Hefnivargar
Heimselskendur
Helhäst
Hob
Hoberdidance
Hobgoblin
Hogboon
Hogmen
Hoopers
Howlaa
Hrökkáll
Hrosshvalur
Hugh of the Little Head
Hulder or Skogsrå(et)
Huldufólk
Hyllemor
Hyter sprites
Illhveli
Imp
Ina Pic Winna
Jack-in-Irons
Jenny-wi't lantern
Jimmy Squarefoot
Julbock
Katthveli
Kelpie

Kern baby
Kilmoulis
Klippe
Knockers
Kraken or Hafgufa
Kvarngubbe
Lagarfljótsormurinn
Last corn cut
Lazy Laurence
Leannán sídhe
Leprechaun
Lhiannan-Shee
Lí Ban or Muirgeilt
Llamhigyn Y Dwr
Loireag
Lubberkin
Luideag
Lunantishee
Ly Erg
Lyktgubbe
Maggy Moulach
Mallt-y-Nos
Mandragora
Marmennill
Marool
Melsh Dick
Merrow
Moddey Dhoo
Modyrmi
Mooinjer veggey
Mothan
Mullearteach
Myling or Myrding
Na fir ghorma
Näcken or Nøkk
Nattramnar
Niägruisar
Nicneven
Nissir
Nuckelavee
Nuggle
Nykur
Oakmen
Oberon
Padfoot
Peg o' Nell
Pillywiggins
Pisky or Pixie
Plant Annwn
Plentyn cael
Pobel Vean
Poldies
Pooka or Púca
Portune
Puddlefoot
Quhaip
Rå
Raudkembingur
Raw Head & Bloody-Bones
Redcap
Robin Goodfellow

Sea Mither & Teran
Sea-witches
Selamóðir
Selkie
Selkolla
Seonaidh (Shoney)
Shellycoat
Shopiltee
Sianach
Silky
Sjörået
Skoffin
Skogsrået
Skötumóðir
Skriker or Trash
Sleih beggey
Sluagh
Spittal Hill Tut
Spriggan
Sprite
Spunkie
Strandvaskare
Svartálfar
Svipir
Tangie
Tarbh uisge
Tarrans
Tchico
Thevshi or Tash
Tom Dockin
Tom-Poker
Tomten or Nisse
Tomtormar
Troll
Trow
T'yeer-na-n-oge
Tylwyth Teg
Uldra
Uppvakningar
Urchin
Urdarköttur
Urdarmani
Utburd
Útburdir
Utilegumenn
Vættir
Vård
Vatnaormur
Vitorm
Walküre
Water Wraiths
Wee folk
White Ladies
Will-o'-the-wisp or Ignis fatuus
Wisht or Wish Hounds
Wulver
Yeth Hound

Spirit Beings in European Folklore 2
Germany, Austria, Alpine regions, Switzerland, Netherlands, Flanders, Luxembourg, Lithuania, Latvia, Estonia, Finland, Jewish influences
by Benjamin Adamah, 256 pages, Paperback, ISBN 9789492355560

Compendium 2 of the Spirit Beings in European Folklore-series covers the German-speaking parts of Central Europe, the Low Countries, the Baltic region and Finland. Via the Ashkenazi Jews, spirit beings from the Middle East entered Central European culture, which are also included. This originally densely forested part of the continent is particularly rich in nature-spirits and has a wide variety of beings that dwell in forests and mountainous areas (Berggeister) or act as atmospheric forces. Also dominant are the many field-spirits and variations of Alp-like creatures (Mare, Nightmare). There is an overlap with the Nordic and Eastern European Revenant and Vampire-types, and we find several water- and sea-spirits. Among the German-speaking and Baltic peoples, invoking field-spirits was an integrated part of agriculture, with rites continuing into the early 20th century. The Alpine regions have spirits who watch over cattle. In general, forest-spirits are prominent. Germany has its Moosweiblein and Wilder Mann (Woodwose), the Baltic region has its Mātes, and Finland its Metsän Väki. Then there are ghostly animals, and earth- and house-spirits such as the many kinds of Kobolds, the Dutch Kabouter, and the Kaukas of Prussia and Latvia.

Compendium 2 discusses 228 spirit beings in detail, including their alternative names, with additional references to related or subordinate beings and a unique selection of illustrations.

Aitvaras	German field	Metsavana	Stafia	Abyzou
Ajatar	demons	Mittagsfrau	Stalo	Agrat bat Mahalath
Alb or Alp	Gierach	Moort or Mahr(t)	Stampa	Alabasandria
Alke	Gierfraß	Moosgeiß	Steinklammgretel	Alukah
Almgeist	Glöckler	Moosweiblein	Steipmännchen	Dybbuk or Dibbuk
Alpenmännchen	Gnomes	Mountain-spirits	Stüpp	Eisheth Zenunim
Alpmutter	Gongers	or Berggeister	Sumpurņi	Estrie
Angzrerweibl	Graumännchen	Murbl	Swan Maiden	Ghoul
Aufhocker	Greiss	Nachtahnl	Sylphs	Lilith and the Lilin
Aulkes	Habergeiß	Nachtgiger	Syöjätär	Mazzikin
Bachhund	Haltija or Haltia	Nachtkrabb	Tatzelwurm or	Naamah
Bahkauv	Haselwurm	Nachtpferd	Stollenwurm	Onoskelis
Barstukken	Hausschmiedlein	Zawudschawu	Tobelhocker	Se'īrīm
Beatrik	Hehmann	Nachzehrer	Uldra	Shedim
Bergmanderl	Heidenfräulein	Napf-Hans	Undine	Sheld beit ha-Kisset
Bergmönch	Heinzelmännchen	Neuntöter	Unkatl	and Šulak
Biersal	Hiisi	Nixe, Wasserfrau,	Vadātājs	
Bilwis or Bilwiz	Hinzelmann	Wassermann	Vanapagan	
Birkenjungfer	Hödeken	Nörgelen	Veen emonen	
Bisterk Ding	Hommelstommel	Oligsmännchen	Vēlēs	
Blauhütl	Hoymann	Ossaert	Vellamo and Athi	
Blutschink	Irrlicht	Otso or Metsän	Velns	
Bombatsche Kätchen	Irrwurzeln	kuningas	Vetevana	
Boreas or	Jievaras	Oude Rode Ogen	Waldweibchen von	
Sturmgeister	Kabouter	Painajainen	Wilhelmsdorf	
Borries	Kaolmenke or	Para	Walen	
Böxenwolf	Kaspar	Peko	Wassermann	
Busebeller	Kasertörggelen	Perchta	Wechselbalg	
Butzemann or Putz	Kaukas or Kaukutis	Petermännchen	Wehklage	
Chlungeri	Kautek	Picullus	Werewolf	
Dockele	Kiddelhund	Pinčiukas	Winselmutter	
Dachsteinweibl	Kielkropp	Piru	Wichtel or	
Dialen	Klaboutermann	Platschmrechen	Wichtelen	
Donanadl	Kludde	Poltergeist	Wiedergänger	
Donaumandl	Kobold	Pompwief	Wilde Jagd or	
Doppelgänger	Kodukäija	Puck or Puk	Wilde Goich	
Doppelsauger	Koolhoas	Pūķis	Wild Man	
Drak	Kornmann	Querxe	Windgspral	
Drud	Krampus	Roesschaert	Witte Wieven and	
Ebajalg	Kratt	Ròggemouer	Weiße Frauen	
Eismanndl(e)	Kuhwampen	Roggenhund or	Wolpertinger	
Ekerken	Kupolė	Kornhund	Wouzl	
Elbst	Kurbur the Klabauf	Roggenmuhme	Zmora	
Elementals or	Lange Wapper	Roggenwolf	Zonnet	
Elementalgeister	Langtüttin	Rübezahl or		
Elwetritsch	Laukų dvasios	Liczyrzepa		
Elves	Lauma	Runsa		
Emuu	Laumė	Rüttelweiber		
Erdhenne	Lauterfresser	Salamanders		
Fänggen	Leckfräulein	Salige Frauen		
Fenixmännlein	Leeton	Sandman		
Feurige Hund	Lietuvēns	Sauzagel		
Feurige Männer	Lindwurm	Schabbock		
Feuerputz or Feuer-	Loreley	Schlitzöhrchen		
mann	Ludki or Luttchen	Schrat		
Flodder	Luupainaja	Schrätteli or		
Föhrweibele	Marluzine	Schrättele		
Frau Gauden	Mātes	Sgönaunken		
Frau Holle	Menninkäinen	Siogutis		
Freil	Mermaid	Sommeltjes		
Gabwartus	Metsaema	Spillaholle		
Genius cucullatus	Metshaldjas	Spoukhoas		

Spirit Beings in European Folklore 3
Russia, Belarus, Ukraine, Poland, Romania, Hungary, Bulgaria, Czechia, Slovenia, Serbia, Croatia, Albania, Georgia, Turkish regions, Roma-culture
by Benjamin Adamah, 246 pages, Paperback, ISBN 9789492355577

Compendium 3 of the Spirit Beings in European Folklore-series offers an overview of the mysterious, sometimes beautiful and often shadowy entities of the Slavic countries, the Balkans, the Carpathians, Albania, Georgia, and the Turkish and Romani peoples. Many types of Vampires and vampiric Revenants are included – in their original state and purged of later applied disinformation. The undead are prominent in the folklore of Eastern Europe and Albania. Also typical are farm- and household-spirits such as the Domovoy, water-spirits and forest demons like the Russian Leshy, the Chuhaister, or the evil Polish Bełt, who like the Ukrainian Blud, leads travelers off their path until they are lost in the deepest part of the forest. Unique is the Russian Bannik or spirit of the bathhouse. Amongst the Slavs, some 'demons', like the Boginka for example, originally belonged to the pre-Christian pantheon. Eastern Europe, in contrast to its returning dead, is rich in seductive female spirits such as the Romanian Iele, the Russian Russalka, the Vila of the Eastern and Southern Slavs and the Bulgarian Samodiva. Via the Balkans, Greek influences entered Slavic culture, while there are also spirits that intersect Germanic and Nordic folklore.

Compendium 3 discusses 255 spirit beings in detail, including their alternative names, with additional references to related or subordinate beings and a unique selection of illustrations.

Äbädä	Dobrochoczy	Lazavik	Pùrtk	Wurdulac
Al, Ali or Hal	Dola	Leshy	Pustecki	Wurlawy
Ala	Domovoy	Liczyrzepa	Raróg	Yovnik
Aikonost	Dousheta	Lidérc	Rétnik	Zagorkinia
Almas	Drak	Likho	Rokita	Zână
Archura	Drekavac	Likhoradka	Rokitnik	Zaraza
Avet	Drioma	Llogat or Sampiro	Rozhanitsy	Zburător
Bába	Dschuma	Lioubgal	Rusalka	Zduhać
Baba Hârca	Dvorovik or	Lisna	Samca	Zlydni
Baba Yaga	Dvorovoi	Lisovyk	Samodiva	Žmij
Babay or Babai	Dwojedushnik or	Lisunka	Sântoaderi	Zwodziasz
Baglenniki	Dvudushnik	Lubia	Sânzienele	
Bannik	Dydko	Lubiczk	Sárkány	
Bełt	Dziwożona	Lugat	Sątopef'an	
Berehynia	Eretik	Lutk	Seemaćić	
Bezkost	Fajermon	Macica	Shahapet	
Bibi	Fene	Mamuna	Shatany	
Bichura	Fext	Marchołt	Shtriga	
Bieda	Gierach	Marţolea	Shubin	
Bieluch	Gnieciuch	Marudą	Sirin	
Bies or Bes	Gornapshtikner	Matsil	Skarbnik	
Błędnica	Grad	Mavka or Miavka	Skrzak	
Blud	Graniecnik	Mężyk	Şobolan	
Błudnik	Grobnik	Mjertovjec	Spiriduş	
Bobak	Grzenia	Morol	Spor	
Bobo	Guta	Moryana	Srala Bartek	
Boginka	Gveleshapi	Mullo	Stichija	
Bohynia	Gwizdek	Muma Pădurii	Stopan	
Bolotnik	Habernitsa	Muroï	Strigoi	
Bolotnitsa	Hozjajka mednoj	Murony	Strzyga	
Bòrowõ Cotka	gory	Nav	Stuhać	
Bosorka	Hurbóż	Nëczk	Şüräle	
Boszorkány	Iele	Nichnytsia	Susulu	
Božalość	Iye	Nocnica	Szëmich	
Brodarica	Jablón	Northnica	Szépasszony	
Brzeginia	Jaroszek	Nosferatu or Nosferat	Tęsknica	
Bubus or Mumus	Jasiek-Ptasiek	Oblakinia	Topielica	
Buka	Jaud	Obot	Tündérek	
Bukavac	Jędza	Odmieniec	Uboże	
Bzionek	Jigrzan	Omacnica	Ubyr	
Căpcăun	Jikhar'	Ördög	Upyr	
Chesme	Julki	Ovinnik	Ursitoare	
Chichiga	Kaji	Pasichnyk	Ustreł	
Chobold	Karakondjul	Perelesnyk	Utoplec or Topnik	
Chochlik	Karakondžula	Pereplut	Vadleány	
Chowaniec	Karankoncolos	Permonik	Vălvă	
Chuhaister	Keshalyi	Pikòn	Vampire	
Cicha	Khovanets	Pipa	Vântoase	
Cikavac	Kikimora	Pitsen or Pitsyn	Vârcolac	
Cmentarna baba	Kłobuk	Płamęta	Vedmak and Vedma	
Ćmuch	Kocmeuch	Plonek	Vetevana	
Cmuk	Koshchei	Plunek	Vila	
Csordásfarkasa	Korgorusze	Pokuć	Vitryanik	
Čuma	Krasnoludek	Polevik	Vodyanitsa	
Czart or Czort	Kresnik	Pólnica	Vodyany or Wodnik	
Damk	Krvoljac	Poludnitsa	Volkolak	
Dev	Kudiani	Poroniec	Vubar or Vupăr	
Devi	Kudlak	Poświst	Vupkăn	
Dhampir	Kukudh	Potercha	Wëkrëkùs	
Diabeł Boruta	Kulshedra	Pricolici	Wiedźma	
Djall	Łapiduch	Prigirstitis	Wieszczy	
Dobilni	Latawica	Psoglav	Wietrzyca	

Spirit Beings in European Folklore 4

France, Brittany, Wallonia, Portugal, Italy, South Tyrol, Malta, Greece, Spain – Basque Country, Asturias, Catalonia, Cantabria, Galicia, Valencia
by Benjamin Adamah, 250 pages, Paperback, ISBN 9789492355584

Compendium 4 of the *Spirit Beings in European Folklore*-series covers an area that starts with Wallonia and continues via France and the Pyrenees, through the Iberian Peninsula, to Italy and Greece. This results in a very diverse and colourful collection of spirit beings, due to the many included Basque nature-spirits or *Ireluak*, the Spanish *Duendes*, the Celtic spirits of Brittany, the prankster Italian *Folletti* and the creatures from Greece. Some creatures from Breton folklore are particularly gruesome, such as the hollow-eyed *Ankou*, the *Werewolf*-like *Bugul-nôz*, or the ghostly and *Will-o'-the-wisp*-like *Yan-gant-y-tan*, who roams the night roads with his five lit candles. Most Italian ghosts are less gloomy, while the Iberian Peninsula is home to everything ranging from the 'Beauty' to the 'Beast'. *Compendium 4* contains – amongst other things – many kinds of dwarf-spirits or *Goblins* (*Lutins, Nutons, Folletti, Farfadettes, Korrigans, Minairons*) various seductive and feminine spring creatures, *Wild Man*-varieties (*Basajaunak, Jentilak*) and an extensive section on the *Incubus-Succubus*. It is fascinating to discover how many types of European spirit beings (from *Kobold* to many female spring-spirits), described in the other Compendiums, can be traced back to creatures from Ancient Greece.

Compendium 4 discusses 270 spirit beings in detail, includes their alternative names, additional references to subordinate beings and a unique selection of illustrations.

Aatxe	Daktyloi	Hupeur or Hueur	Mirokutana	Tchén al tchinne
Addar	Dames Blanches	Hutzêran	Monuca	Telchines
Aidegaxto	Debru	Hyades	Mora	Tentirujo
Aideko	Dianos	Iditu	Morgens or Marie-Morganes	Tourmentine
Akelarre	Dip	Ihizi		Tramontino
Akerbeltz or Aker	Doñas de fuera	Incubus / Succubus	Mormo	Tranganarru
Alarabi	Donyet	Inguma or Mauma	Moro Mussa	Trasgo
Aloja	Dryad	Intxisua	Mourioche	Trastolillos
Alseids	Duende	Inuus	Mouros	Trenti
Amalur	Dusios	Ipotx	Muladona	Tronantes
Amilamia	Eate	Iratxoak	Munaciello	Truffandec
Ana Sösana	Egoi	Irelu	Naiads	Txaaigorri
Anguana	Eguen or Egu	Ireltxu	Nain	Urtzi
Anjanas	Ehiztari beitza	Janara	Napaeae	Ventolines
Ankou	El Broosha	Janas or Gianas	Negret	Voirloup
Annequin	Eleionómai	Jaunagorri	Nereids	Vrykólakas
Antaura	Elfos	Jean de l'Ours	Nicole	Washerwomen
Apabardexu	Empusa	Jentilak or Gentiles	Nitus	Xana
Apalpador	Enanos	Jetins	Nuberos	Yan-gant-y-tan
Ardi	Etsai	Juancaballos	Nuton	Youdic
Argiduna	Etxajaun	Kallikantzaros	Nymph	Zakur
Arquetu	Falugas	Karnabo	Oceanides	Zaldi
Arrainandere	Fantasti	Katakhanás	Ogre	Zamari zuria
Atarrabi or Atarabi	Fantines	Kères	Oilar	Zezen or Zezengorri
Auloniads	Farfadets	Kobalos	Ojáncanu	Zirri Mirri,
Ayalga	Faunus	Korrigan	Paniskoi	Zirpi Zarba and
Badalisc	Fées	Lamia	Papu	Zirpi Zirbi
Banyoles	Fées des Houles	Lamina	Parisette	
Barbegazi	Feitue	Lampádes	Patuek	
Basajaun or Baxajaun	Fions	Lares	Pegai	
Basandere	Folletto	Lehen	Pegasides	
Bécut	Fuì	Lemures	Peix Nicolau	
Befana	Gaizkiñ	Lenghelo	Penates	
Bella 'mbriana	Gallu de la Muerte	Leuce or Leuke	Perro del Urko	
Berbéch, Malasén & Sblesén	Galtzagorri	Limnades	Pesadilla	
	Gambastorta	Linchetto	Pesanta	
Bête du Gévaudan	Gambosins	Lobo hechizado	Pie-pie van-van	
Beuffenie	Gatipedro	Longana	Pilous	
Bildur aize	Gaueko	Loup-garou	Prakagorri	
Birao	Gello	Lutin	Puigmal	
Borda	Genius	Mahwotte	Quarantamaula	
Broxa	Genius loci	Maide	Ramidreju	
Brouculaka	Gerixeti	Mairi	Rongeur d'Os	
Buffardello	Gizotsoa	Mairu	Sarramauca	
Bugul-noz	Gnefro	Maju	Sarvanot	
Busgoso	Gorgons	Malabron	Satyr	
Butoni	Gorri txiki	Mamur	Saurimonde	
Caballi	Grand Bissetere	Manes	Sbilfs	
Cabeiri	Gripet	Manona	Sèrvan	
Cama-Crusa	Groac'h	Marabbecca	Sgranf	
Camenae	Guajona	Mari	Silvanus	
Cauchemar	Guaxa	Marraco	Simeot	
Centaur	Hadas	Maru	Sirens	
Cheval Mallet	Hamadryad	Mateo Txistu	Sorginak	
Chevêche	Hárpyia	Mazapégul	Sorsain	
Coco	Herensuge	Mazaröl	Sottai or Sotré	
Couzzietti	Herrauscorritsehe	Mazzamurello	Squàsc	
Craqueuhhe	Hippocampus	Meiga	Strix	
Crinaeae	Hodei	Melinoë	Sugaar	
Croque-Mitaine	Hombre de las Narices	Mélusine	Tantugou	
Cuegle	Houzier	Mikelats	Tarasque	
		Minairons	Tartaro	

www.ingramcontent.com/pod-product-compliance
Lightning Source LLC
Chambersburg PA
CBHW081654120626
46550CB00010B/2897